推进文旅融合 实现高质量发展

长三角六市群众文化工作的思考与实践

张杰 汤小河 —— 主编

江苏大学出版社
JIANGSU UNIVERSITY PRESS
镇江

图书在版编目(CIP)数据

推进文旅融合 实现高质量发展 ：长三角六市群众文化工作的思考与实践 / 张杰，汤小河主编. — 镇江 ：江苏大学出版社，2022.1
ISBN 978-7-5684-1769-3

Ⅰ. ①推… Ⅱ. ①张… ②汤… Ⅲ. ①群众文化—文化工作—研究—华东地区 Ⅳ. ①G249.275

中国版本图书馆 CIP 数据核字(2022)第 002989 号

推进文旅融合　实现高质量发展:长三角六市群众文化工作的思考与实践
Tuijin Wenlü Ronghe　Shixian Gaozhiliang Fazhan:
Changsanjiao Liu Shi Qunzhong Wenhua Gongzuo de Sikao yu Shijian

主　　编/张　杰　汤小河
责任编辑/吴小娟
出版发行/江苏大学出版社
地　　址/江苏省镇江市梦溪园巷 30 号(邮编：212003)
电　　话/0511-84446464(传真)
网　　址/http://press.ujs.edu.cn
排　　版/镇江市江东印刷有限责任公司
印　　刷/镇江文苑制版印刷有限责任公司
开　　本/718 mm×1 000 mm　1/16
印　　张/19.5
字　　数/330 千字
版　　次/2022 年 1 月第 1 版
印　　次/2022 年 1 月第 1 次印刷
书　　号/ISBN 978-7-5684-1769-3
定　　价/58.00 元

如有印装质量问题请与本社营销部联系(电话:0511-84440882)

编委会

序　言

当把这本 33 万字的论文集捧在手中时，我心中真有一份难言的欣慰！

《推进文旅融合 实现高质量发展：长三角六市群众文化工作的思考与实践》的作者来自长三角三省六市（宁镇扬泰马嘉），文章取材各异、观点各异、角度各异，因而无论是撰稿作者的覆盖面还是篇章的内容，均堪称广泛。书如其名，其中既有思考，也紧扣实践，既流露出完备深厚的理论修养，又显示出紧密联系当下的务实，绝非蹈空凌虚，不着边际。镇江市文化馆、镇江市群众文化学会有幸承担此书出版的具体工作，过程与其说是辛劳，毋宁说是沉甸甸的愉悦。

说到这本书，不能不提它诞生的“土壤”：长三角六市稳定的交流机制。它旨在全方位、多层次、多维度地探讨积累宝贵经验，拓宽参会者的眼界，有效推进文旅融合，助力旅游产业发展，推动三省六市群众文化理论、创作和活动的深度交流与合作，形成“以文会友、以文聚友、以文交友”的新格局，开创公共文化服务的新局面。

而作为六市交流的思想结晶，论文集在群众文化如何高质量发展，六市如何联通共赢，特殊（疫情防控）时期群文工作如何应对，以及如何推进文化馆（站）运行机制、服务理念、服务手段、服务方式、服务内容的大胆突破等方面，展开了富有深度和创见的研讨——那一篇篇洞见不凡、缜密周详、引证严密而又紧紧观照着现实的论文便是明证。

从书中，我们看到了数字文化馆体系架构研究、茅山道教音乐传承与发展的思考、文化旅游及其演艺现象、用特色小镇构筑文旅融合发展新高地、群众文化活动的时代价值与管理创新、文旅融合视域下文化馆景区分馆建设探析……林林总总，令人目不暇接。我循着他们的笔端，留连于沿途的风光旖旎，每翻过一页，就如同发现一片新的风景，空山新雨，奇峰巍然，清溪落花，芳草鲜美，这样的阅读，是不折不扣的享受。另有一点引人注目的是，几个市的专家不约而同就当前疫情背景下如何更好更完善地开展群文活动，提出了各自的不俗见解，体现了对现实的关切和文化人应有的人文关怀与担当。观点或为一家之言，但字里行间的温度分明感受得到。

不夸张地说，此书的出版，是我们群文界一份丰美的收获，更是在推进文旅融合，促进区域互动，扩大六市影响力，提升公共文化服务方面跨出的稳健一步。同时，其他五市专家的多篇精辟的论文，对于镇江市如何创建国家公共文化服务体系示范区、创建中国休闲城市、创建东亚文化之都等，也都提供了不同的思路、别样的启发与可供借鉴的经验。借论文集出版的契机，在此向五个兄弟市表示真挚的感谢，对江苏省文化馆、江苏省群众文化学会提供的宝贵的平台和大力支持表示感谢。我想，这本书一定不是一个句号，而是一个分号；不是一个结束，而是新的开始——一个更紧密、更深层次的相互推进，相互促进，相互学习，相互增益，相互沟通，通力合作，携手并进，共同提升的新阶段的开始！

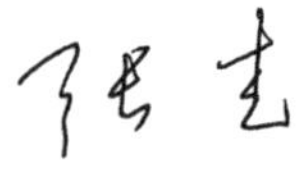

（镇江市文化馆馆长、江苏省群众文化学会书法专业委员会主任委员）

目录
contents

南京 Nanjing

镇江 | Zhenjiang

泰州 | Taizhou

嘉兴 Jiaxing

南京

锤炼“四力”担当有为
——试论特殊（疫情防控）时期群文工作者的素质提升

作者 // 陈晓菡
单位 // 南京市高淳区文化馆

新冠肺炎疫情，这场2020年年初以来的全球危机，正如历史上历次重大传染病的暴发一样，给人类诸多领域带来了深刻变化，公共文化服务领域也不能幸免。从疫情肆虐到目前阶段的常态防控，保持安全的社交距离作为抗击疫情最有效的方式，影响到了各类人员密切接触的公共文化活动：如聚集型的群众活动被叫停、场馆打烊、展览演出停办等。这些都打乱了往年常规的群文工作的节奏，同时也对文化馆从业人员提出了新的要求。

长久以来，公共文化服务领域一直是机遇与危机并存，在高速发展的同时隐伏着诸如供给效能、结构模式、经费来源、人才匹配、内部体制等种种危机。疫情作为一种外界的压力，对公共文化服务是考验，对群文工作者更是一种锤炼，不仅倒逼公共文化效力提升，更倒逼群文工作者能力的重塑。在2018年全国宣传思想工作会议上，习近平总书记指出“宣传思想干部要不断掌握新知识、熟悉新领域、开拓新视野，增强本领能力，加强调查研究，不断增强脚力、眼力、脑力、笔力”。在现阶段，聚焦“四力”，不仅是打造一支强有力的群文队伍的关键，也将有益于更为扎实地完成群文工作，从而高标准地履行好党和人民赋予的使命担当。而在疫情中，正是由于践行“四力”，才使得文化馆人能更好地服务群众、有所作为。

一、增强脚力

1. 扎根基层，践行初心担使命

防疫是一场没有硝烟的特殊战斗。“疫情就是命令，防控就是责任”，自疫情发生以来，各地文化馆人员被抽调下沉一线已成常态。他们或主

动承担起防控宣讲、科学指导的责任；或参与值班值守，筑造防疫的“铜墙铁壁”；或冲锋在前，深入街道、社区各个角落，全面排查，登记造册。他们用实际行动在防疫工作中与群众同呼吸共命运，切切实实增强了“脚力”。“求木之长者，必固其根本；欲流之远者，必浚其泉源”，唯有守得住初心，记得住使命，才能扎根基层、砥砺奋进，所以群文人要扎实做好各项工作，首先就需要端正服务态度，亲身走进基层、走进一线，从群众中来，到群众中去，以实际行动赢得群众认可。

2. 扎根本土，精准调研出良策

疫情防控期间，为更好地服务当地百姓，以群众喜闻乐见的方式进行文化抗疫，如开展彰显地方文化的非遗抗疫，或整合当地资源、形成合力、开展特色线上培训，等等，首先就需要立足本土、切实做好调查，既要俯下身、沉下心，深入学习研究本区域非遗项目、风土人情，增强田野调查的基本功；也要深入互联网，掌握网络传播规律，做好线上调查。通过练就有形和无形的“脚力”，对本地的团队、群众文化基础、人口结构等基本情况有清晰的认知，从而精准对接、锁定需求，打造当地个性化文化菜单。其次，群文工作者应以成为本地文化专家为目标，坚守深耕一方水土，主动担负起本地文化守护者、建设者和传承人的主体责任，勤于走访，虚心学习，才能在当地工作中真正做到游刃有余。

二、增强眼力

群文工作者要不断增强“眼力”，以敏锐前瞻的视角跟随党与时代的步伐，保持思想的先进性，“胸怀大局、把握大势、着眼大事”，才能在工作中更好地找到切入点和着力点。

1. 把握政治方向，发挥宣传作用

文化馆作为政府公益性事业单位，是学习、宣传、实践先进文化的主体力量。在公共文化工作中增强眼力、把握政治方向，一方面体现在家国情怀和责任担当中，深度把握国情、党情、社情和民情，以各种方式宣传党的方针，确保群众文化实践在思想正确性上的不可动摇性；另一方面在弘扬民族文化过程中，指导群众对艺术的真、善、美有正确的认知。在疫情防控期间，文化馆人要坚持底线思维，克服麻痹思想，进一步增强使命感，通过对群众文化实践活动提供指导，确保其健康的精神方向，在寓教于乐中进行科普宣传，强化与公众的纽带，维护群防群控的良好舆论引导，凝聚基层的力量，起到巨大的精神助推剂作用，在传递正能量和进一步宣传社会主义核心价值观上，起着不可替代的作用。

2. 把握时代方向，发挥引领作用

文化馆的服务内容除了民族性、科学性、思想性和艺术性以外，还具有鲜明的时代性，随社会而发展，随时代而进步，工作侧重点也随时势变化有所不同，因此把握时代方向的引领意识尤为重要。文化馆要争当时代文化的先头兵，站位要高，眼光要远。这一方面体现了时代担当，一方面也贴合群众的心声与诉求。

在每个不同的历史时期，文化馆应当按照公共文化服务体系的要求，在服务意识、机制、功能、能力和水平等方面做出新的探索。现阶段，公共文化服务发展要根据十九大报告对文化的定义，按照国家“十三五”的规划和即将出台的“十四五”规划，加强公共文化产品和服务的供给，提升公共文化服务效能，推进文旅融合、文化与科技融合。特定时期的特定公共文化服务要求，总会带有特定历史时期的文化印记，也更能体现文化馆的方向引领与时代担当。疫情防控期间，数字文化馆的多方探索是时代发展的必然要求，而以抗疫为主题在线上开展的多项主题活动，在营造全社会氛围、调节改善社会心理和引领风向方面发挥了重要作用。

三、增强脑力

1. 驾驭“云脑”，智慧模式赋予效能

疫情迫使线下闭馆，活动中断，但也全面激发了线上活力，凸显了“互联网+”文化馆的重要性。“科技智慧赋予效能”，当前，人工智能方兴未艾，大数据、云计算、算法推荐等技术已十分成熟，针对现时代的文化服务需求的快速增长，要破解公共文化服务“供需错位”“信息不对称”等难题，就必须驾驭“云脑”，做到智慧转变。现代公共文化服务体系建设已进入“效能提升”时代，公共文化要乘势发展，拥抱网络、拥抱数据，占领云服务的新阵地。

疫情是对数字文化馆运行的一次考验。疫情防控期间，各地文化馆不断探索，如通过微信网络等宣传疫情危害和防疫知识，利用各类数字文化资源开展线上群文活动，通过线上文艺抗疫、网络非遗抗疫、在线

学艺等方式为打赢疫情防控阻击战擂鼓助阵；通过各种云资源、慕课、云展播、云投票等丰富服务内容，有助于提高文化馆的服务效能，部分满足了人民群众在疫情防控期间“长知识”“提修养”“升气质”的文化需求。随着疫情的好转，线下活动会随之恢复、回暖、反弹，但线上服务的重要性已经不言而喻。原来线下为主、线上为辅的公共文化服务可能逐步转为依托实体阵地服务、线上与线下齐头并进的模式。

2. 与时俱进，知识能力更新结构

疫情倒逼公共文化改变服务方式，也促使群文工作者不断学习精进，增强“脑力”。数字文化馆内容日渐丰富，网络直播、线上课程的打造、在线群文活动的策划等都对文化馆人才需求和人员知识结构提出了更高要求，过去的一两名临时或由其他部门人员兼职的网络信息员已然不够。现在，文化馆不仅应有专业的数字化部门，且应培养全员的数字意识。在自媒体时代，一部手机即一个站点，“抖音”“快手”“bilibili”等平台的不断兴起，也要求公共文化服务内容的传播方式贴近年轻人，要充分利用新载体，适当时尚化、流行化，做到与民同乐、与时共舞。

文化修行如逆水行舟，不进则退。许多群文干部常年从事基层工作，或长期位于同一岗位，状态疲乏，知识结构严重老化，缺乏创新精神，这便需要对自身的知识结构进行更新迭代，在现阶段只有对网络新媒体、新平台等新的技术手段有所掌握，对政策透彻领会，对文化、艺术中的新现象、新理论有所了解，不断思考，增强“脑力”，才能跟上时代步伐，更好地发挥公共文化服务的影响力。

四、增强笔力

1. 打造精品，提升文艺作品创作能力

我们身处的壮阔时代为文艺创作提供了无尽的素材。文化馆承担着当地的群众文化宣传工作，群文工作者要发挥自身职业优势，做到为时代画像，为人民抒怀。尤其在疫情防控的特殊时期，无数感人故事和英雄人物激发了各地群文工作者和文艺爱好者的创作热情，他们对人民的冷暖感同身受，手中的笔与时代的脉搏同频共振，把创作激情与对疫情中百姓的关切之情融为一体，有一分光，发一分热。于是，一批又一批的抗疫主题文艺作品不断涌现，或致敬战疫一线人员，或讴歌最美逆行

者医生护士，或聚力支持武汉，或表达必胜信念，或科普防疫知识，或宣传防疫政策。艺术形式也各有千秋，美术工作者以油画、国画、版画、漫画等形式展现了疫情的方方面面，音乐工作者谱写了大量歌曲，文学工作者用散文、诗歌、评论等形式发声，曲艺工作者以快板、单弦、评书、大鼓、琴书、相声等形式叙述了一个个真切的故事……其中仅在江苏省公共文化云平台上传的抗疫作品就达571部之多，让人不禁感叹群文工作者创作力之旺盛。但值得注意的是，其中大多数为中规中矩之作，甚至有个别作品较为粗糙，看得出是未经打磨就匆忙上线，叫得响、传得开、留得住的精品却是凤毛麟角。我们不能否认文化馆人的勤奋，但在提高数量的同时，也要努力做到以下两点：

第一，“把提高质量作为文艺作品的生命线”，对创作要有深入思考和反思，多改稿多提高，确保作品经得起推敲，既要有“坐冷板凳”的定力，更要有“语不惊人死不休”的追求，立志将最好的精神食粮奉献给人民。

第二，秉持“用心用情用功”的真诚创作态度，摒弃浮躁的心理，有感而发，把人民的喜怒哀乐用生动的艺术语言体现出来，尤其抗疫文艺作品更需要独特的视角，避免雷同、扎堆、跟风，最终只有那些“沾泥土”“带露珠”“冒热气”的鲜活之作才可能在人们心中留下印迹。

2. 勤思擅写，提升公共文化理论研究能力

2020年3月起，中国文化馆协会发挥平台作用，集结各方力量开展了一场关于“文化馆事业发展的思考与讨论”，11位专家分别就11个论题，高屋建瓴地对文化馆事业的各个方面进行了剖析，引发了讨论热潮。疫情对文化馆事业各方面都产生了深刻影响，由此衍生了许多课题，如公共文化服务在疫情防控时期出现了哪些新模式、新现象；后疫情时期，有哪些模式会持续，哪些结构会发生调整；通过疫情防控期间的工作总结规律，面对必将出现的公共文化服务的大转型，如何推进文化馆事业的进一步发展……这些都值得我们在群文实践中进一步思考探究。

写作是思维的外在表现形式，理论是实践的升华。愈来愈专业化和复杂化的群文工作，终究离不开正确思想的指导和科学理论的支撑。在人们印象中，“搞文艺的”总是对唱唱跳跳更感兴趣，对理论存在“畏难”情绪，加之写作是件劳心费力的事，往往存在着“怕写”“不愿写”

的问题。从勤思考、勤练笔到擅思考、精笔力是一个文化馆人不断成长的过程，而那些从实践中提炼的经验理论，也将成为后人的踏脚石，为群文工作进一步创新拓展提供基础。因此，文化馆人不仅要精益求精开展创作，还要将真知灼见诉诸笔端，不断锤炼笔杆子，增强“笔力”。

文化馆一直把为人民谋文化福祉、为民族谋文化复兴作为初心和使命。目前，我国公共文化服务建设的现状与人民群众对美好生活的向往方面仍存在差距。为不断满足人民对文化的美好期盼，群文工作者时常面临挑战，这也是一个不断锤炼“四力”的过程。“四力”作为一个相辅相成的统一体，有着丰富的内涵。我们应时常反躬自省，在实干中历练，练就从事群众文化工作的真本领，以崭新的姿态拥抱新时代、担当新使命、展现新作为。

参考文献

［1］邓绍根．宣传思想队伍如何切实增强“四力”［EB/OL］．［2018-10-30］．http：//theory．people．com．cn/GB/n1/2018/1030/c40531-30370301．html．

［2］杨志今：切实保障人民群众基本文化权益［EB/OL］．［2010-08-11］．http：//www．chinadaily．com．cn/dfpd/whtzgg/2010-08/11/content_ 11139876．htm．

［3］邓念国，李颖．迈向精准化：传统公共服务供给双重困境之新解［J］．天津行政学院学报，2019（6）．

特殊（疫情防控）时期文化馆数字化服务的文化传播学解析
——以南京市文化馆为例

作者 // 胡亚珩
单位 // 南京市文化馆

2020年新年伊始，中国迎来了一场突如其来的“大考”——新型冠状病毒肺炎肆虐，倾尽举国之力，中国人民才在春夏交接之际取得显著成绩，但各行各业因此次疫情都或多或少遭受了打击。作为基层群众文化活动的组织者，文化馆积极响应了国家“禁止人群聚集，暂停娱乐活动”的号召，停止了一切演出及培训活动，群众文化活动的开展似乎也因此陷入了寒冬。

在此特殊（疫情防控）时期，文化馆作为文化的传播者，并没有停止文化传播和文化普及的脚步，而是借助“互联网+”时代的新媒体平台，将文化活动搬到线上，开展了丰富多彩的文化传播活动。那么，特殊时期的文化馆数字化服务又具有怎样的优势，能够给予我们什么样的思考与启示呢？笔者将以南京市文化馆在此次疫情防控期间的数字化服务为例，从文化传播学的角度进行解析。

一、南京市文化馆特殊（疫情防控） 时期数字化文化服务

南京市文化馆在此次特殊（疫情防控）时期，利用新媒体时代的数字手段，将线下演出及培训活动搬到线上，使人们足不出户便能欣赏到高质量的文艺演出，学习到优秀的文化知识，尽享丰富的文化大餐。

1.“艺时间”南京历代名歌沙龙

由南京市文化馆“艺时间文化微空间”和南京艺术学院流行音乐学院音乐传播系共同出品的“南京历代名歌沙龙”系列节目在此次疫情防控期间正式上线，先后共推出如“格登代”“桃叶歌”“锄头舞歌”“机房苦”“吓老鹰”等15期，从《南京历代名歌》（南京出版社出版）一书中精选出15首具有代表性的南京地区名歌，结合音乐与视频录播的形式，将历代

南京名歌中反映出的音乐文化风貌生动再现，通俗易懂，雅俗共赏。

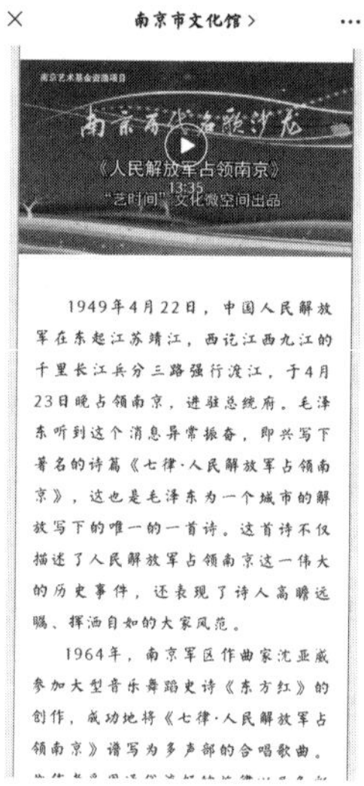

2. “听老查白话南京民间故事”

南京市文化馆邀请了南京白话市级非物质文化遗产传承人查志华老师，以正宗的南京白话讲述了诸如《张渤与桃花仙子的传说》《送春的由来》《韶韶南京的梧桐树》等具有南京地域特色的民间故事，将查老师的讲述录制成视频，在微信公众号及微博、B 站推出，以最亲切的语言、最生动的讲述，传播南京本土文化。目前已制作发布了 18 期，并仍在持续。

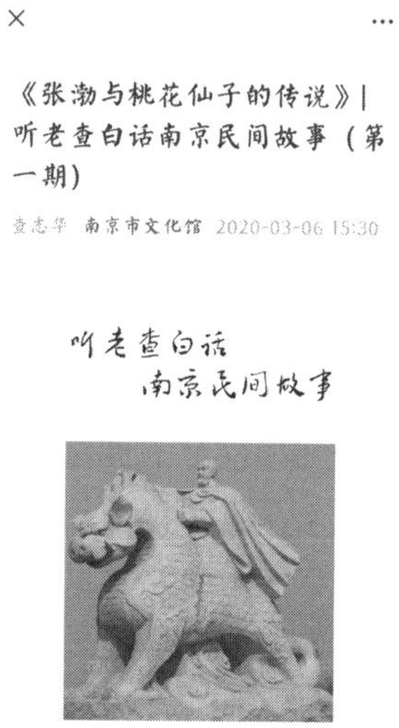

3. 停课不停学　我们在行动

针对南京市老年大学及少儿培训班因疫情而停课的现状，南京市文化馆精心录制了线上教学课程，邀请了舞蹈、美术、摄影、运动等多门类别的老师，将教学内容精心录制成课程视频，使学员们在家也能跟着学习，同时普及了运动战“疫”知识，增强了学员们的抵抗力。

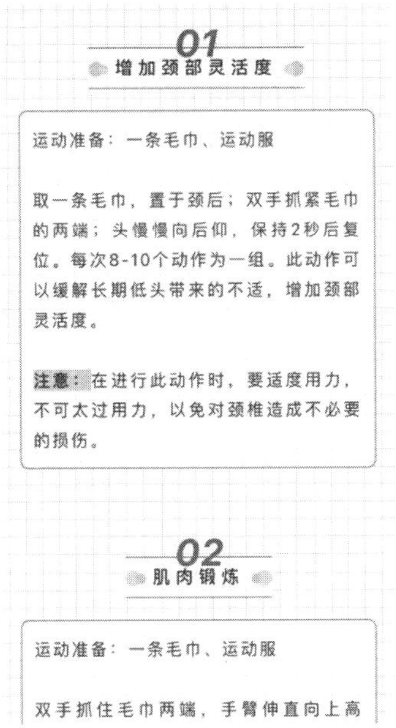

4. 2020 金陵群文微课堂

金陵群文大课堂是南京市文化馆出品的品牌项目，旨在通过讲座的形式向大众普及文化知识，多年来始终广受好评。2020 年的特殊（疫情防控）时期，南京市文化馆将群文大课堂搬到了线上，举办了 2020 金陵群文微课堂，以线上讲座的形式继续向群众传播优秀文化并进行直播，寓教于乐，为禁足在家的市民增添了一丝乐趣。

著名古琴家马杰谈古琴艺术与传统文化（第一辑）——2020金陵群文微课堂（三）

南京市文化馆　3月18日

著名古琴家马杰
谈古琴艺术与传统文化

金陵课堂三群文微课堂（三）

第一辑

当下
全国人民团结一心在党中央领导下

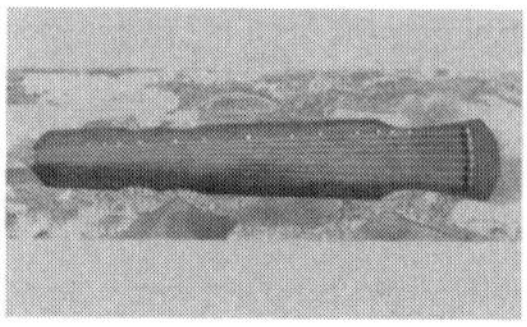

古琴艺术博大精深，琴学典籍浩如烟海。前人给我们留下了许多的经典而丰富的古琴文化和古琴艺术，琴学、琴论、琴律、琴谱、琴曲、琴诗、琴画、琴人，包括后来的琴派等等，都是古琴文化的组成部分，本次《古琴艺术与传统文化》微课堂将分三期向大家推送。

第一期
赏析经典传统曲目《春晓吟》和《忆故人》
第二期
欣赏我创作的曲目《栖霞钟声》
第三期
说一说古琴与传统文化以及古琴与书画的关系

5.“采云追乐”520 云朵音乐厅

剧场演出暂停，南京市文化馆 2020 年的“520 音乐厅”将阵地转移到了网络平台，推出了“采云追乐”520 云朵音乐厅，邀请著名音乐家来讲述和演奏优美的音乐，每一期都有一个节目单，人们可以在线上点播自己想听想看的音乐节目，让高雅音乐走进千家万户，用音乐点缀宅家的日子。

采云追乐——“520”云朵音乐厅上线啦！

李飚　南京市文化馆　3月24日

采云追乐
——“520”云朵音乐厅（一）

“击”动人心—打击乐演奏大师李飚专场音乐会

第一辑

李飚打击乐团于 2005 年建立，所有成员都是极有天赋的音乐家。他们演奏的音乐风格涵盖古典、现代、爵士、流行，演奏的曲目非常丰富，除打击乐经典作品和其他作曲家为乐团创作的作品外，乐团还经常演奏自己成员创作的作品。

《塔克拉玛干》视频

6. “疫情无情人有情”抗疫主题美术书法摄影作品展

在此次疫情防控期间，南京市各区文化馆人纷纷投入抗疫救灾的工作中，部分基层干部下到社区帮助卫生部门进行疫情防控，而一些优秀的文艺骨干们则拿起手中的纸笔和相机，创作出一幅幅感情真挚、饱含祝福与期望的作品。南京市文化馆将这些优秀的作品整合起来，推出“疫情无情人有情”抗疫主题美术书法摄影作品系列展览，用微信平台构建线上展厅，使广大艺术爱好者“在家也能看展览”，既歌颂了抗疫先锋的奉献精神，也传递了党和人民“万众一心，抗击疫情”的必胜决心。

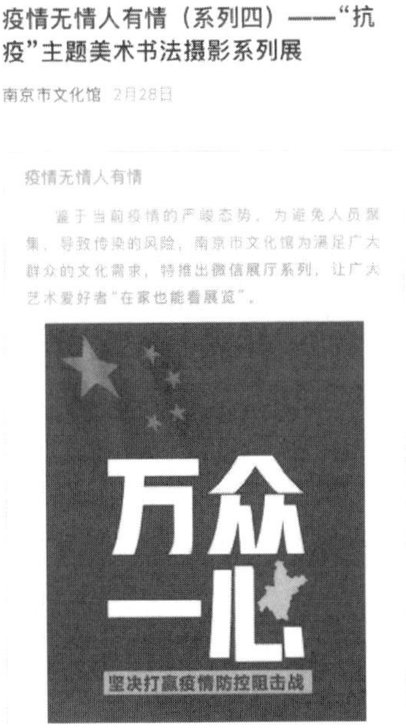

《严防》张紫琴（语）

《天亮啦》李宁

二、文化馆数字化服务的文化传播学分析

文化，是一个抽象的概念，它特指一定的时代背景下，不同地域、不同种族、不同生活经历的人民在生活和实践中创造出的精神财富，是蕴含着丰富的时代底蕴与人文气息的产物。因为它的抽象和不可量化，因而必须依靠一定的载体、通过一定的渠道进行传播，而研究人类文化

传播现象及其规律的科学就是文化传播学①。

一项完整的传播行为由传播者、信息、受传者、媒介和反馈五个要素组成，它们相辅相成、互相作用，使得传播内容在一定范围内取得效果。传播过程中最重要的环节就是媒介。

人类文化的传播媒介经历了一个历史的发展过程：从口口相传到纸媒的诞生，到广播电视、电影等影音媒介占据主角地位，再到现在“互联网+”时代数字新媒体开始成为大众传播的主要媒介。网络数字媒体较之传统媒介有着独特的优势，例如传播时效的即时性、传播内容的反复性、受传双方的主动性、受传双方的交流性及选择的自由性等，在此次特殊（疫情防控）时期，网络数字媒体显现出了文化传播活动的独特优势。

1. 传播途径打破空间局限，传播效果直观

疫情肆虐期间由于防控需要，必须避免人群聚集，文化活动的传播现象也因此发生了改变：由原先剧院或广场演出的传播者直接向大众传播，转变为借助新媒体作为媒介进行文化的传播。人们通过手机、电脑等，随时随地都可“参与”文化活动，一些录制的视频节目还可反复观看，不受时间限制。英国著名的传播学家丹尼斯·麦奎尔是这样定义大众媒介的：它是一种有组织的、公开的、远程的和迅速的传播方式②。新媒体在此次疫情防控期间成为主流的文化传播手段，正是由于其在文化传播与共享之中打破了时间、空间的局限，拓宽了传播渠道，从而加快了文化传播的速度。

数字新媒体传播文化活动，因其传播内容的丰富多元，在传播效果上较之传统纸媒或现场演出有着独特优势。第一，现代多媒体技术不断更新，经过录制、后期编辑整合后的文化活动信息使得受众在视觉、听觉等方面的感官体验都有了显著提升；第二，由文化活动发布者推出的数字化文化服务，是经过筛选和提炼后的优质产品，是融合了文字、图片、影音等多种媒介形式而形成的系统化的信息，大众在接受这类信息

---

① 周晓明．关于文化传播学学科定义的一点思考．张三夕．媒介与历史——文化传播学读书报告集［M］．广州：广东世界图书出版公司，2017：6.

② 李凌霄．媒介角色再认知——丹尼斯·麦奎尔的媒介理论分析［D］．呼和浩特：内蒙古大学，2019.

时省去了自身对信息筛劣选优的时间，更加准确直观地了解到文化活动的内涵；第三，目前文化馆数字化服务中很重要的信息传递方式就是直播，这种方式直接颠覆了以往视频信息点对点传播的单一方式，由点对面呈网状覆盖更广泛的受众群体，在同一时间内可以使更多的人享受到文化成果，增加了受众群体的参与性。

2. 传播优秀文化基因，做好文化“把关人”

此次疫情的严峻考验留给中国人民很多思考的空间，例如对健康生活的追求、对医护人员的敬重、对底层劳动者的关爱，以及对民族自豪感的弘扬等。这样的特殊时期赋予了文化馆人新的使命，那就是做优秀文化基因的传播者和时代精神的发声者，文化馆人应不遗余力地参与到万众一心、众志成城的抗疫行动中来。

“文化基因”这个词，来源于英国生物学家理查德·道金斯《自私的基因》一书，他强调文化传承中占据基础地位的就是文化的基因，因为文化基因有着单元性、记忆性、复制性和渐变性等特征，其存活价值来源于人们的心理诉求①。优秀的文化基因是经过长期的历史演变和社会发展而留存下来的宝贵财富，是人民群众喜闻乐见的精神指引。例如疫情防控期间白衣天使们无私奉献的仁心仁术、父母与子女之间的骨肉亲情，以及陌生人之间互帮互助、慷慨解囊的侠义之举等，文化馆人要深入发掘这些优秀的文化基因，将其作为自身创作的基础和动力，利用数字新媒体平台向大众进行传播。

文化馆数字平台作为大众媒介的一分子，在文化传播的过程中具有一定的公共性和公益性。作为社会信息的生产者和提供者，文化馆在满足社会群体对信息的需求方面起着一种公共服务的作用，对群众的意识引导和文化普及具有十分重要的意义，因此应当主动承担起相应的社会责任和义务。

这就要求我们以身作则，做好文化信息传播的“把关人”。“把关人”一词，是美国社会心理学家、传播学奠基人之一库尔特·卢因提出的，他认为在群体传播中存在着一些“把关人”，只有符合群体规范或“把关

---

① 理查德·道金斯. 自私的基因［M］. 卢允中，张岱山，王兵，译. 长春：吉林人民出版社，1998：238-244.

人”价值标准的信息内容才能进入传播的渠道。虽然这个理论在当时是以新闻报道作为研究对象的且具有一定的局限性，但放在当今社会文化传播领域仍然有着重要意义，那就是要求文化馆需成为时代精神的发声者。我们在进行文化传播活动的时候要紧跟时代主流，把控意识形态，用作品反映社会现实，赋予其文化价值，将社会正能量传递给每一个人。

3. 受众接受信息的方式改变

在传统的文化活动传播模式中，受众接受文化信息是被动的，一场文艺演出或展览，参与者直观面对文化信息，被动地处于传播者—媒介—受众这一传播链条的末端。而现在由传统媒体向数字媒体的转变，使得受传者从单纯的受众转变为用户群体，文化的传播进入了一个主动选择的时代。

文化馆的微信公众号、微博账号等只是为用户群体提供了参与文化活动的平台，文化传播的成功与否还要经过展现与接触、选择与采纳等阶段，文化活动的价值内涵能否被用户认同，文化传播者的声望能否被用户熟知并接纳等，是影响文化传播的内在因素，文化传播者的信誉和专业权威性越高，文化传播的效果越好，这一现象叫作传播的可信性效果。比如疫情防控期间，由央视和哔哩哔哩视频网联合出品的纪录片《在武汉》，播放量超 10 万，评分 9.9 分，反响巨大，这与纪录片本身的高质量和央视平台的权威影响力是分不开的。

文化馆的数字化服务实际上是将数字媒介进行社会化地运用，其传播链条的中心由传播者变为受众。受众群体可自由地选择和关注自己感兴趣的内容，并且在接受信息的过程中及时给予反馈；传播者将更多地利用数字媒介迎合受众的审美，创作出吸引更多用户群体的文化作品。这种受传双方在传播过程中地位的改变，并不是对大众传播时代的背弃；相反，它是传播形式的进化更新，是大众传播的继承与发展。

三、特殊（疫情防控）时期文化馆数字化服务存在的问题

在此次疫情防控期间，南京市文化馆的文化活动借助于数字媒体技术，打破了时间空间局限，拓宽了传播渠道，创新了传播方式，使得文化活动信息更贴近群众，受众的主动性增强。但同时，因为传播方式、传播平台、传播媒介等方面的局限性，也突显出了一些问题，影响了文

化传播的效能。

1. 传播方式稍显碎片化，受众难共鸣

此次疫情防控期间，南京市文化馆多将自身品牌项目转为线上录播或直播形式，借助新媒体技术开展文化活动，关于南京地区抗疫故事或抗疫作品的展播所占比例并不大。数字新媒体作为文化活动的载体，其传播方式依托的是通信技术与计算机技术的发展，多元化的信息整合使得传播内容丰富多样，但同时由于信息篇幅的限制和单一的“你发布我点播”的传播形式，因而文化活动内容稍显碎片化，即使展播了一些具有社会和时代意义的抗疫作品，但引起的受众的共鸣效果远不及现场演出或线下活动，观众给予的反馈也存在一定延时性，对文艺作品的真实感受很难准确传达。

2. 受众参与度不高，易疲劳

目前南京市文化馆数字化服务主要借助于微信公众号、官方网站、微博及哔哩哔哩视频网来进行，传播的平台较多，但用户群体的参与度和关注度较低，并未达到预期。究其原因在两个方面：一是数字化服务平台建设不完善，目前南京市文化馆的数字化文化馆建设还处于初期阶段，对微信公众号、官方网站等平台的功能开发不完全，受众在使用和接收文化信息的过程中满意度不高；二是目前南京市文化馆线上文化活动大多以录播系列节目的形式展现，虽然内容丰富但战线冗长，容易给受众带来疲劳感。

3. 依赖数字媒体，受众群体普及不均

新媒体时代是信息共享的时代，传播文化活动信息依赖于数字化媒体资源，但由于社会不同主体占据的文化资源不均、受教育程度差距较大，因此在文化信息的传播中，极易造成受众群体的知沟扩大。知沟，即知识的沟壑，指的是在信息传播过程中，社会经济地位较高的人获得知识信息的速度远快于社会经济地位较低的人，从而造成两者之间知识差距的扩大。

究其原因在于社会经济地位较高者对知识和信息的获取能力较强，已有的信息储存量使得他们对新事物、新信息的接受度较高，文化传播的内容与其生活的层次相近，更容易被其接受。相反，新媒体信息技术的发展使得智能电子信息设备成为新媒体时代文化传播的重要载体，而

对于那些社会经济地位较低者，由于他们占据的社会资源较少、经济能力较弱、对现代科技和信息技术的敏感度较低，因此受疫情影响，这类被止步在家的人们，以及不会使用智能手机的老人，就很难真正享受到文化馆的数字化服务。

四、对提高文化馆数字化服务效能的思考

在信息技术高速发展的今天，智能化、网络化的数字新媒体已经逐渐在文化传播模式中发挥新的作用，改变了传统大众传播的模式，更加注重受众群体的主动性和参与性，这就意味着在新媒体时代怎样更好地利用数字媒体平台开展文化互动、加快全民艺术普及，是文化馆人亟待思考与解决的问题。因为疫情暂时停止的线下活动搬到线上，播放录播系列节目，展出书画作品，仅仅是延续品牌项目，这是远远不够的。那么，文化馆要怎样从内而外加强文化传播效果、提高文化馆数字化服务效能呢？

1. 关注自身，培养数字化人才队伍，提升文化服务能力

一项服务成功与否，究其内因必然是需要优质的服务内容和强大的服务能力，而能力的体现归结于人才的培养。国家软实力的竞争是人才的竞争，文化馆数字化服务能力的竞争也同样与人才队伍息息相关。此次疫情防控期间南京市文化馆推出的系列节目，现场录播及后期剪辑、字幕添加、节目推送等都是由馆内同志们共同完成的。虽然大家都积极投入文化活动的准备与制作中，但由于从事数字化服务的专业人才较少，对数字化服务的专业意识不足，因而创作推出的服务内容仍有很大提升空间。在今后的工作中，应当加强培养数字化人才队伍，提高服务意识，提升业务水平，从而提升文化馆自身的数字化文化服务能力。

2. 联系外界，拓宽平台参与机制，吸引更多优秀资源

除了加强人才培训、提升服务能力外，提高数字化服务内容的质量、发掘和创作更多优质的文化服务产品，同样也需要我们在今后不断完善。在未来的数字化服务中，我们应当探索新的传播模式，打破数字化文化馆就是网站和公众号建设这一狭隘观念，将服务阵地衍生到更多平台，例如抖音、微视等短视频平台，制作优质的短视频内容，吸引更多年轻受众群体。同时，在线下媒体平台的建设中，还应当多调研参考优秀案

例，设计建立如多媒体动态展厅、人文故事解谜游戏等小程序或 APP，利用先进的 3D、AR 技术等，打造身临其境的线上文化活动。

在短时间内达成以上目标，仅仅依靠文艺骨干的创作和文化馆自身的硬件条件是很难完成的。因此，我们应当适当拓宽平台参与机制，将文化馆的服务向社会化转变，将优秀的文艺团队或第三方制作公司引进来，共同参与到数字化服务内容的制作和推送中，吸收更多优秀的资源融合共享、互助共建，从而吸引更广泛的用户群体，扩大文化传播的受众范围。

3. 扎根群众，以群众需求为导向，传播优秀时代文化

文化馆的数字化服务，归根结底是公共文化服务，是将不断满足广大人民群众快速增长的精神文化需求作为根本目标。因此，我们必须扎根于群众，以群众的需求为导向，结合时代特色，传达时代精神。此次疫情防控期间的数字化服务，让人民群众足不出户就可进入名师课堂，欣赏高雅音乐，的确起到了一定的文化传播作用，但对于一些基层群众，由于他们对文化的理解能力有限，因而可能很难融入这种线上文化活动中。在今后的数字化服务工作中，我们应当注重基层群众的诉求，开通反馈渠道，收集基层群众的意见和建议，适当在服务内容上更贴近基层。同时，文化馆作为时代精神的发声者，更应当在传播内容上多体现社会主流文化，将时代精神和社会正能量融入服务内容中，向大众传播优秀的时代文化。

五、结语

当今新媒体信息技术飞跃发展，数字化文化馆已经成为文化馆开展文化服务的必然趋势，数字化服务将在未来很长一段时间内成为文化馆服务模式的主体，传统的群众文艺活动演出或培训形式将受到很大挑战。对新时代的文化馆人来说，这同样也是一种机遇，以受众为中心的传播模式将使群众认可与肯定成为衡量文化馆服务能力的重要标准。只要我们始终秉承初心，将人民群众的需要作为我们服务的宗旨，努力提升自身服务能力，创造具有时代价值的优秀文化作品，吸引更多优质资源参与到公共文化服务建设中来，我们文化馆的数字化服务定能取得成效，完成时代赋予我们的文化传播者的使命。

数字文化馆体系架构研究

作者 // 季　赟
单位 // 南京市鼓楼区文化馆

文化馆的数字化建设是近年来大家比较关注的话题，全国各地的文化馆同仁们从各个方面摸索着数字化的建设方法：有的将文艺、教学活动转化为数字化的视频进行存储，并展示给服务对象；有的引进了专业的公司搭建自己的数字化平台，并通过电脑、手机等终端设备提供数字化服务；有的引入了先进的 AR、VR 技术，通过 AR 的增强现实技术在直播的时候增加趣味性，通过 VR 的虚拟现实技术将演出活动、展览、教学全程拍摄记录下来，让老百姓可以随时随地通过手机或 VR 眼镜身临其境地观看。种类繁多的数字化建设方式确实让大家耳目一新。但同时我们也发现，目前全国范围内文化馆数字化建设存在着一个严重问题，那就是“各自为政”“不互通”“不共享”，大量功能和资源的重复开发造成巨大的资源和资金浪费。因此，当前数字化建设迫在眉睫的一件事就是要搭建一个完整统一的体系架构。

一、数字文化馆体系架构的概念及意义

1. 数字文化馆体系架构的概念

要研究数字文化馆的体系架构，首先我们要弄清楚数字文化馆体系架构的概念。由于数字文化馆的建设也是近几年才开始的，因此大家也是在不断的摸索中总结经验。具体数字文化馆的体系架构是什么，相信每个人心中都有着不同的答案。笔者认为，数字文化馆的体系架构是指：能够包含各级文化馆的基本业务工作内容的、能够为各级文化馆提供具有数字化建设基础功能并可以支持定制开发的、能够为各地已有的数字化内容互通接口的一种自上而下建立的标准化数字文化馆服务体系。它应当包含以下两个方面的含义：

（1）基础设施的体系架构

这里的基础设施是指文化馆进行数字化服务需要具备的硬件设施条件，如数字化服务平台、数字化服务设备、以数字化的方式存储的各类特色文化资源等。

如何建设一个让更多人使用和分享的数字化服务平台；如何让自己的数字化服务设备在本区、本市乃至本省得到更充分的使用；如何拥有更多的网络存储空间，将本地的特色资源分享给他人，同时能够浏览到其他地域的特色文化资源，这些都是我们需要思考的问题。只有对这些能够为文化馆提供日常数字化服务的基础设施进行分类、统一管理，搭建合理的体系架构，才能使其得到更充分的利用，节约成本惠及大众。

（2）服务功能的体系架构

服务功能是指通过数字化的手段开发出来的，能够提供数字文化服务的各类应用软件或数字化平台中的各个功能模块，如场馆信息统计、智能预约系统、在线抢票功能、在线视频教学、网络直播演出等。这些功能和文化馆日常提供的公共文化服务内容密不可分，甚至可以通过互联网的特性衍生出更多的公共文化服务类型和功能。

在构建数字文化馆体系架构时，我们需要结合全国文化馆的常规服务内容来构建通用的服务功能体系，以保证大多数的文化馆能够结合自己的业务内容开展数字化服务工作。同时还需要兼顾未来可能出现的新形式的服务内容，为新服务功能的开发预留充分的接口。

2. 数字文化馆体系架构设计的意义

（1）有利于实现数字服务的标准化

数字文化馆体系架构的设计有利于规范和统一全国范围内数字文化馆的主体框架，形成行业标准，从而保证全国各地的数字文化馆具备基础的数字化服务能力。

（2）有利于实现资源的共建共享

经过统一规划构建的数字文化馆体系，能够在保证基础服务功能的前提下，根据当地文化特色或服务过程中总结出来的先进经验，进行定制功能开发，并能够将开发的新功能分享给其他有同样需求的地区，实现共建共享。这就好比整个数字文化馆体系是一棵参天大树的树干，各个文化馆就是枝叶，所有枝叶的水分和营养都由树干提供，而枝叶茂盛反过来又可促进树干生长而不是遍地都长着高矮不齐的小树，以免需要花费更多的精力去照料。

（3）有利于实现数字文化服务均等化

数字文化馆体系架构，应当按照全国或全省一盘棋的设计理念来规划，由国家或各省来牵头进行开发、分配资源。这样一来，各地区基层的文化馆将不再受到资金、资源、硬件条件的束缚，可全面加入数字文化馆体系的建设中来，从而进一步实现数字文化服务的均等化。

（4）有利于吸引社会资本

构建完成的数字文化馆体系相当于一个全国范围的大平台，会有无数人加入其中享受全国各地的文化服务，这自然也会带来无限的商机。与之前主动寻找资金参与公共文化服务不同，当一个平台拥有一定规模的用户并具备一定的影响力和号召力后，社会资本将会主动找上门来并通过互惠互利的方式开展公共文化服务，从而减轻政府财政负担。

二、如何进行数字文化馆体系架构设计

1. 确定基础设施体系架构的模式

从基础设施的体系架构出发，先确定整个数字文化馆体系应当采取的架构模式。这一模式的建立必须以全国范围内的公共文化需求量及各地区经济发展的水平等参数为依据，对全国范围内的数字文化馆进行架构设计。

笔者认为，目前我国文化馆体系中，省、市一级文化馆具有得天独厚的优势，拥有大量的资源和资金，同时也都希望在数字化建设方面能做出一些成绩，但它们对基层文化馆日常的数字化服务，以及地方特色文化如何转化为数字化服务还缺乏实际操作的经验；各区县、基层的文化馆则因时常受到资金、资源等因素的困扰，很多时候纵然有想法也无法实现。众所周知，文化馆的数字化建设需要投入大量的资金和资源来进行保障，如数字化的设备、数字化的平台及功能开发、网上数字存储空间的租赁……这些都需要大量的资金支撑。如果各个文化馆都独立地进行数字化建设，那么消耗无疑是巨大的。

根据现在的实际情况，笔者认为，建立一个由省、市级文化馆主导开发，基层文化馆加盟完善的模式设计，才是适应当下文化馆数字化建

设的一种合理体系架构。在这种设计模式下，由省、市级文化馆牵头进行数字文化馆主体框架的开发和设计，搭建通用的数字化服务平台，共享网络资源存储空间和数字化媒体资源，并开放给各区县、基层文化馆使用。各区县、基层文化馆只需支付一定的维护费用，就可以保障这些功能的正常运转。各区县、基层文化馆在实际使用过程中，会根据使用效果不断总结经验，提出改进或开发全新功能的新需求，并反馈给省、市级文化馆。省、市文化馆针对新需求投入经费进行开发，并将开发完成的功能与同样使用该平台的其他文化馆共享。如此一来，就形成了一个共建共享的良性循环的局面，大大节省了数字文化馆建设所需投入的成本。

2. 确定服务功能的体系架构标准

在基础设施架构模式确定后，我们需要思考数字文化馆应当具备哪些基础的服务功能，在搭建基础设施的同时开发这些各地文化馆都可以使用的常规数字化服务功能，从而形成一个全省乃至全国通用的数字化服务功能框架体系。这一体系的建立，将为全国范围内的数字文化馆建设确定标准，从而保障各地区都能够开展基础的数字化服务。

基本的数字化服务功能框架体系中应当包含与文化馆日常群众文化服务工作职能密切相关的三大类型，同时也是最容易转化为数字化服务的三大类型，具体包括：

（1）群众文化活动的数字化服务

群众文化活动是各文化馆最重要的工作内容，它包含了各类大、中、小型文艺演出活动、各类群众文艺赛事、各个艺术门类群众团队的组织管理等方面的内容。群众文化活动的数字化是实现群众文化服务均等化目标的捷径，需具备活动的在线直播、视频的上传与在线浏览、赛事的在线报名、艺术团队的在线申报与管理等多个基础功能模块。

（2）艺术培训课程的数字化服务

艺术培训与普及是文化馆另一个重要的工作内容。通常情况下，面对面培训课程受到时间、场地、师资力量等因素的制约，每次能够培训的群众人数十分有限。数字化手段的运用将打破这些限制，群众文艺爱好者可以随时随地参与各地举办的各类艺术培训。数字化服务必须要具备课程发布、课程报名、直播授课、录播回放等基础的功能模块。

（3）文化场馆的数字化服务

文化馆评估定级时对文化场馆面积做了很高的要求。每个地区必须要有足够面积的公共文化活动场地来满足人们日益增长的文化需求。这些场馆包括艺术教室、舞蹈排练厅、合唱排练厅、器乐排练厅、展览厅、多功能教室、报告厅、剧场等。以往需要根据使用需求，人为地进行分配和使用，过程烦琐还浪费人力、物力。数字化手段的运用可以将所有的功能性场馆全部通过网络发布给群众，在定好的规则框架内有序地进行预约和使用。比如通过在线预约模块预约使用时间，通过智能门锁模块扫码开锁，并通过大屏显示所有场地的使用情况，文化馆的工作人员只需要进行简单的管理即可。

3. 充分预留接口，引入各地已成型的数字化服务功能

由于目前全国各地的文化馆都在尝试数字化建设，有的地方已经投入经费开发了自己的平台，培养了自己的用户群，因此在整个数字文化馆体系开发的同时，需要充分预留接口来对接目前已成型的数字化建设成果，把已有的功能整合进整个数字系统中来。

三、结语

在科学技术飞速发展的当下，数字文化馆的建设是必然趋势。只有搭建了合理的体系架构，数字文化馆的建设才能少走弯路，实现共建共享、互惠互利。也许笔者个人的想法并不成熟和完善，但如果每一个文化馆人都能够开阔思维，为数字化建设出谋划策，相信未来的数字文化馆将会绽放出更加夺目的光彩。

凝聚与流动：创建具有城市人文精神的文化馆
——以南京市秦淮区文化馆为例

作者 // 李　星
单位 // 南京市秦淮区文化馆

在全球化与大数据时代互融的背景下，一个城市的发展面临着多方面的挑战。城市所具有的创新能力逐渐成为城市发展的奇点，而创新的动力却需要在经济效益的基础上向更多方向探索。这时，人文资源与自然环境作为城市生活最直接的背景，无疑是一个城市发展的底色。为了能够长远地使一个城市在地区发展或国际竞争中稳扎稳打地进步，人文景观的建构成为中国城市发展中重要的一环，它在城市规划中逐渐成为文化新载体。

一、城市规划中的文化馆角色

提到一个城市的发展，人们往往会联想到其中隐含的诸多经济发展规律。的确，城市发展往往需要多元产业做支撑，但产业并非制造业一家独大，政府在城市发展规划中不断探索着新的城市发展改革道路。正如2020年的城市发展研究所说："在推动地方经济发展的动机下，政府从城市高速增长时期以资本为中心的招商引资，转向高质量发展阶段以人为中心的公共品供给改善，可以产生显著改善民生的效果。"① 因此，除经济效益以外，更能彰显城市特色、供给长效公共产品的是公共文化服务，它已经逐渐成为城市规划中更切实改善民生、培养城市文化生态、创造城市人文景观的新"增长点"。

如果公共文化服务能作为城市新的发展契机，它必然不能是束之高阁的阳春白雪，也不会是随心所欲的自娱自乐。以政府为主导、积极引导社会参与、实现共建共享，始终是公共文化服务实施的应有之义。而

① 蔡昉. 城市发展中的人口、政府和公共服务［J］. 国外社会科学，2020（2）：22.

将公共文化服务提到城市发展计划中，不论在政策上还是文化水平上都是一个循序渐进的过程。2005 年中共十六届五中全会提出了逐步形成覆盖全社会的比较完备的公共文化服务体系，第一次将公共文化服务的建设提升至政策性概念的高度。此后，2007 年和 2011 年召开两次公共文化服务专题研究；2015 年，中共中央办公厅、国务院办公厅印发了《关于加快构建现代公共文化服务体系的意见》；2017 年，全国开始施行《中华人民共和国公共文化服务保障法》。从此，公共文化服务的保障完成了从政策层面向法律层面跨越，这意味着公共文化服务的运行实施将更科学、更完善。

伴随着公共文化服务政策的一步步深化，作为基层公共文化服务机构的文化馆在城市规划中的角色也在悄然变化。以秦淮区文化馆为例，近年来的理论研究屡屡获奖①。在秦淮区文旅局的支持下，文化馆与图书馆联合开展了“转角遇见”系列活动。由此可见，文化馆无论是从政策保障上，还是从发展认识上，已经不再是单一、单向地提供公共文化服务的机构，而是能够整合调动地区文化资源、挖掘群众文艺创造潜力、创造地区优质文化品牌、体现中国特色文化价值的基层文化枢纽。因此，作为提供公共文化服务的重要机构，文化馆应充分利用其自身文化资源和人才资源，从人的精神需求出发，探索中国文化立于世界的意义。

二、凝聚文化记忆的文化馆演进

当全球化成为时代浪潮，伴随经济贸易在全球流通的还有文化的交融，甚至竞争。面对当今世界多元文化格局的发展态势，中国在坚持本国特色文化、坚定社会主义文化价值观的基础上，注重向“文化育人”的更深层次探索，即在提升国民文化素质、增强民族凝聚力的过程中，通过与民众共建集体文化记忆的方式，培养民众的文化认同感和民族自豪感，引导民众在继承传统文化的基础上有所创新，追求积极向上的健康文明生活。而在全球化格局的背景下理解文化记忆，必然突出文化的公共性和公益性，这自然与新中国成立以来的公共文化事业战略息息相关。

---

① 如张亚欣的《以“精品”实施“精准”——文化馆公共文化服务精准化机制创新实践》获南京市 2019 群众文艺创作理论创作二等奖。

从“为工农兵服务”到“为人民服务”，进而再到“满足人民精神需求”，中国的公共文化事业在不同阶段有着不同的目标和任务。1983年，全国人大五届五次会议提出了“县县有图书馆、文化馆，乡乡有文化站”的战略布局，这奠定了文化馆承担公共文化服务的政策基础，也为明确文化馆在公共文化事业体系中独特的文化记忆效能铺平了道路。

为了彰显文化的先进性和多样性，满足人民群众多元的文化需求，文化馆在演进过程中开展了多样的业务门类，因地制宜地汇聚文化资源、凝聚文化记忆。“人们通常正是在社会之中才获得了他们的记忆。也正是在社会中，他们才能进行回忆、识别和对记忆加以定位。”① 而从省到镇的各级文化馆、文化站，也在紧跟政策指导的过程中找到了与时代结合的契合点。例如，秦淮区文化馆一方面挖掘整理非物质文化遗产，另一方面将具有历史纵深感和层次感的文化遗存做好文化资源的二次利用，强化群众文化与旅游、节庆、演出等活动的融合功能。再如，北京市朝阳区文化馆在探索“文化治理”的形势下广泛参与了798当代艺术的文化品牌建设，不仅使798地区成为北京独具特色的艺术文化聚集地，更产生扩散效应，逐渐成长为具有国际影响力的中国当代艺术中心。

文化记忆总是关切着传统文化的当代传承，而文化馆正是以一种实践者的角色参与其中。南京市秦淮区拥有丰富的历史文化资源，秦淮区文化馆在区政府规划的指导下，持续促进整合区域内的文化遗产，建立了健全的传统文化体系，从物质文化与非物质文化的根源上保障了文化记忆的延续。文化馆重视在文化记忆建构的层面上探索发展道路，这不仅仅意味着对历史的尊重，更意味着以一种融合的视角实践着当代文化与传统文化的创新②。

三、新时代文化馆的职能延伸

2015年，中共中央办公厅和国务院办公厅印发了《关于加快构建现代公共文化服务体系的意见》，其中明确提出了现代公共文化服务体系的建设目标：覆盖城乡、便捷高效、保基本、促公平。在“加强公共文化

---

① 哈布瓦赫. 论集体记忆［M］，毕然译. 上海：上海人民出版社，2002：43-69.

② 李志慧，徐顺利. 破解文化馆发展困境：找准公共文化服务的实质——以北京市朝阳区文化馆“文化治理“之路为例［J］. 行政管理改革，2013（1）.

产品和服务供给”一节中更直接指出文化馆作为供给主体之一所要承担的效能，也就是说，在公共文化服务越发明晰的新时代，文化馆的职能不仅更有针对性，同时更面临着与以往不同的新形势，文化馆的功能转型呼之欲出。

公共文化服务体系的建设除了与文化政策息息相关，在具体的实践过程中更多地与一个地区的发展规划联系紧密。以南京市秦淮区的“十三五”发展规划为例，文化事业作为区域文明建设的基础性工作，被纳入了经济社会总体规划中。特别在发展目标中，规划把建成结构合理、发展均衡、网络健全、运行有效、共建共享的公共文化服务体系作为文化建设工程的主抓手。文化馆作为主要实践力量之一，在巩固公共文化服务阵地、提升公共文化服务供给、保障人民群众文化权益等方面发挥着重要作用。

除了发展规划的导向性力量，文化馆紧跟时代发展做出了多方面的功能转型：不仅仅在业务类型上进行创新，更在人才、场所和活动形式上不断开拓。以秦淮区文化馆为例，在秦淮区“十三五”规划的基础上，秦淮区文化馆通过分析群众文化需求、细化文化产品功能、挖掘秦淮历史文化和人才资源，归类推出文化品牌活动：“和谐大戏园”“秦淮之夏”“都市艺术节”和“秦淮灯会”。同时，各类文化品牌顺应秦淮的四季气候景观特色，树立文化馆的品牌服务标杆。正是凭借时代机遇与不断挑战的精神，文化馆的发展在体制改革的深化中坚持创新，从而使文化馆在功能转型的过程中真正契合时代需要、满足文化需求。

随着数字时代的到来，网络与人们的日常生活越发联系紧密。尤其是新冠肺炎疫情出现以来，为了疏导紧张心理、丰富精神生活，文化馆进一步加快数字化建设。以秦淮区文化馆的网络艺术课为例，课程通过有针对性地向群众提供文艺作品和培训课程，实现了文化馆在文旅融合视野下的数字互动效应。同时，为将传统节庆文化与秦淮特色的非遗文化、民俗文化深度融合，扩大品牌宣传效应，文化馆与网络媒体联动，在设计开展“我们的节日”系列活动中充分发掘最新文化活动形式，力求在旅游产业提质升级、促进文化旅游融合发展的进程中，真正充分挖掘节日文化“宝藏”，为文化品牌注入更丰富的内涵。

四、建构蕴含城市人文精神的文化馆

作为公共文化体系中的重要一环，伴随其文化效能的创新，文化馆更多地在城市发展过程中参与了人文景观的创造。文化馆不仅是公共文化产品的提供者，而且在提供文化产品的过程中开发了众多文化交流平台，使文化艺术走出文化馆的固定场所，真正走进城市的大街小巷，走进市井街头的人们生活。

人文精神的建构离不开人与社会间的认同，查尔斯·泰勒（Taylor C.）曾在讨论城市人文精神时称其“给我们时代以特征的伟大与危险、宏大与卑微的独一无二的结合点”①。而人与社会间的认同正是通过流动的文化艺术的形式慢慢生成的。如果说认同感是人与社会最开始建立的连接的话，那么从认同开始，人便逐渐与社会、与一个城市产生情感，这种情感背后活跃着的正是不会被磨灭的文化记忆。

能够勾起人们某种特殊文化记忆的或许是一件物品，或许是一首歌曲，或许是一首短诗，或许是一种味道，然而记忆的内容却是整个情景。这意味着文化之所以能够在人们的记忆中得以延续，是因其互通性和流动性，而这些正是当下文化与旅游融合的景深效果。正是通过将人文精神融入文化实践，文化馆才成为城市现代公共文化服务体系建设中的集合点。在城市人文精神塑造的过程中，文化馆坚持以政府为主导，强化公益性文化单位的骨干作用，充分调动市场和社会文化资源，形成共建共享、良性竞争、多元互补的公共文化服务供给体系，实现公共文化服务多元化、社会化。

如果将文化写在一个城市的名片上，必然不能是孤立而生硬的罗列。以“秦淮文旅”为例，秦淮区文化馆在开发网络互动文化的过程中，将文化融入旅游，共同推进有历史记忆、地域特色、民俗风貌的景区、街区、园区建设。同时，为了融入城市人文景观，秦淮区文化馆将文化产品的流动性与文艺场所的地域性相结合，打通文化平台间的藩篱，在创意产业园、国创园、图书馆、博物馆等场所有针对性地开展文化活动，建构人们与秦淮区的特别文化记忆。

---

① 查尔斯·泰勒. 自我的根源：现代认同的形成［M］. 韩震，等译. 南京：译林出版社，2012.

一个城市空间的历史积淀和文化自然资源是宝藏，其中有创造力的人是挖掘宝藏、创造新宝藏的开发者。文化馆作为沟通城市与个人的中介机构，它所组织的每一场文化活动、创作宣传的每一项文化产品，都体现着一个城市发展的温度，生动呈现着一个城市的人文精神。

五、结语

人文精神始终关注着人的价值，其在城市发展中随人群流动又凝聚着，但较为隐性抽象的人文精神总会以文化产品和文化记忆的形式在社会中流通。这意味着政府和社会需要有连接群众与文化的文化实践机构——文化馆。2015—2017 年，中国逐步明确了公共文化服务的标准，并规划了 2015—2020 年的公共文化服务发展目标。因此，以秦淮区文化馆为例，我们可以看到文化馆在保障人群基本文化权益、引导人群开展高质量文化活动、促进现代公共文化服务体系建设中承担着重要的实践角色任务。在中国新时代的城市发展和规划过程中，文化馆逐渐将流动的文化记忆凝聚成文化势能，最终与群众一起建构了城市特有的人文精神。

“文化与你同行”
——公共文化服务体系示范区创建中的文化馆建设与服务

作者 // 邵素芳　何　瑶
单位 // 南京市江宁区文化馆

一、公共文化服务体系示范区的创建契机

1. 江宁区公共文化服务体系示范区的创建背景

国家公共文化服务体系示范区是一项战略性文化惠民项目。这项工作的根本目的是推动各地研究和解决公共文化服务体系建设面临的突出矛盾和问题，探索建立公共文化服务体系可持续发展的长效保障机制，为同类地区提供借鉴和示范，为国家制定相关政策提供科学依据和实践经验。南京市江宁区于2015年获得第三批国家公共文化服务体系示范区创建资格，经过三年的努力，于2018年8月迎来创建实地检查组的最终验收。2019年3月19日，中华人民共和国文化和旅游部在上海召开全国公共文化产品供给侧结构性改革现场经验交流会。会上举行了第三批国家公共文化服务体系示范区授牌仪式，南京江宁区获得授牌并被评为优秀，成功创建国家公共文化服务体系示范区，成为江苏省唯一创成第三批国家公共文化服务体系示范区的地区。

2. 江宁区文化馆的创建任务

江宁区文化馆始建于1950年7月，是新中国成立后最早建立的文化馆之一，后被评为国家标准馆，2003年被文化部评为国家一级馆，2010年被中共中央宣传部、文化部命名为全国“服务农民，服务基层”文化建设先进集体。

在江宁区创建公共文化服务体系示范区工作中，文化馆作为主要公共文化服务场所，是创建工作中非常重要的一个检查验收点。根据创建工作组的要求，文化馆需在创建验收前完成公共文化设施提档升级、制定公共文化服务目录、全民文化艺术普及、文化馆数字化平台建设、开展流动文化服务、开展文化志愿服务、创建有特色的文化品牌、配合区

域联动文化交流等一系列公共文化服务工作。为此，江宁区文化馆根据自身工作职能，开展了一系列示范区创建工作，提升了文化馆各项服务，圆满地完成了示范区创建工作任务。

二、文化馆的阵地建设与服务

1. 阵地开放建设

创建工作开始之前，江宁文化馆建筑面积5160平方米，馆内设有电子阅览室、多媒体教室、团队活动室、多功能小剧场、书画交流室、艺术展厅、大众棋牌室、报纸杂志阅览室、少儿活动中心等13个文化活动室。全年免费向市民开放，能够保证全区群众基本文化需求，给群众提供基本公共文化服务。不仅如此，文化馆阵地部还负责开放场所基本维护、服装间管理、保障惠民演出、安排团队活动、协助考级、培训合作机构管理等工作。所以说，文化馆阵地开放，是直接面对、接触群众的窗口，也是最能直观体现文化馆公共文化服务质量的部门。做好阵地开放建设、提升阵地开放服务，关系着文化馆公共文化服务工作的开展。

2. 阵地开放服务

从创建工作之初，江宁文化馆就按照示范区创建标准，在完善阵地硬件设施的同时，努力提升阵地开放的服务。每天安排文化志愿者在大厅内值班，为前来参观、休闲、培训的群众提供文化志愿服务。每个功能室都坚持每周不少于56小时的公益开放；做好艺术展厅、工艺品鉴赏及书画室交流接待工作；每年保障文化馆小剧场公益活动数十场，参与活动几千人次；文化馆多媒体教室经过升级改造，建成集会议、讲座、授课为一体的多功能厅，保障各类活动正常稳定地开展；合理安排文化馆馆办团队的日常排练，为各个团队协调排练场地和时间提供强有力的后勤保障。文化馆作为江宁区新时代文明实践中心主要阵地，同时做好接待、交流服务工作，让群众感受到文化馆阵地服务的高效性与专业化。

三、文化馆的培训建设与服务

1. “欢聚艺堂”文化品牌

江宁区文化馆从2015年开始打造的文化品牌活动“欢聚艺堂”，是创建国家公共文化服务体系示范区的亮点工作之一，也是文化馆全民文化艺术普及重点工作。“欢聚艺堂”公益培训课堂以“面向基层、面向群众”为重点，旨在推广全民艺术普及，深化文化艺术对普通群众生活的影响，提高全区群众文化艺术素养，尊重群众的艺术个性发展。

“欢聚艺堂”一年共开展春季、暑期、秋季三次公益培训班，开设街舞、茶艺、葫芦丝、声乐、剪纸、瑜伽、朗诵等课程，迄今为止参与学习的达千人。子品牌“艺润机关”“艺润童年”则是根据不同学员的身份与需求，量身定制的公益培训课堂。可以说，群众希望在文化馆学到的文化知识，“欢聚艺堂”都会尽量满足，全民艺术普及真正做到公益化、均等化。每个学期结束后，学员们都会根据所学内容，自编自导一场汇报演出，通过不断积累和创新，把“欢聚艺堂”公益培训课堂不断推向成熟，实现“文化惠民、文化乐民”的最终目的。

2. 馆办团队建设

秦淮区文化馆在群众文化培训方面还有一大特色就是成立“文化馆馆办团队联合会”。目前，江宁区有许多文艺爱好者自发成立了文艺团体，但是由于缺乏经费、没有固定排练时间场地等原因，不能很好地经营下去，造成很多街道非物质文化遗产失传。区文化馆经过多方调研、考察，决定成立“馆办团队联合会”，经过审查、考核等环节，吸纳一批具有特色的文艺团队合作。这些团队都具有一定的规模，在政府部门有资质备案，成员不少于30人，每周有固定排练时间。内容包括声乐、器乐、舞蹈、戏剧、曲艺等多个门类。文化馆与团队签订合同，每年给予他们一定的补贴并提供免费排练场所，团队则为文化馆提供演员和成品节目参加“文化惠民”“成人调演”“广场舞大赛”等赛事及演出。在馆办团队的合作下，文化馆每年完成近百场惠民演出、文化活动及各类大型的文艺赛事，并取得优异的成绩。

3. 文化进校园辅导

为了扩大文化艺术普及范围，加强艺术培训的影响力，文化馆先后与全区几所小学达成合作，将舞蹈、戏曲、快板等艺术送进校园，在丰富孩子们课余生活的同时，也让孩子们接受到专业的文化艺术知识辅导。其中最为典型的例子是“梨园娃娃进校园”活动。

“梨园娃娃”是区文化馆和区百家湖小学共同合作的一个特色课程，是为了弘扬优秀民族文化、增强文化自信、促进戏曲传承发展而搭建的一个中华国粹学习平台。有近百名小学生成为“梨园娃娃”学员，文化馆派出专业的授课教师，对小学员们进行正规、系统的戏曲传承教育。

除此之外，“舞蹈进校园”“曲艺进校园”“美术进校园”等活动也都在全区各个学校大力开展，打造了一批优秀少儿艺术表演团队，创作了一批优秀少儿表演作品，在省、市、区级赛事中获得优异的成绩。

四、文化馆总分馆的建设与服务

为深入贯彻落实中央《关于加快构建现代公共文化服务体系的意见》和江苏省《关于加快构建现代公共文化服务体系的实施意见》精神，为进一步推进文化领域重点改革任务，贯彻落实原文化部、原新闻出版广电总局、体育总局、国家发改委、财政部等五部委《关于推进县级文化馆图书馆总分馆制建设的指导意见》要求，扎实做好文化馆总分馆建设，为第五次全国文化馆评估定级奠定基础，江宁区文化馆为提升基层文化馆、站服务效能，推动基本公共文化服务标准化、均等化，保障人民群众基本文化权益，满足群众文化需求，着力开展文化馆总分馆建设试点工作。

1. 总分馆体系的建立

江宁文化馆总分馆体系以区文化馆为总馆，街道文体服务中心、园区文化分中心为分馆，社区综合性文化服务中心为支馆，形成总馆为点、分馆为线、支馆为面的总分馆服务体系。在江宁区范围内，以江宁区文化馆为总馆，联结起 13 个相对独立的分馆体系，形成覆盖全区的总馆—分馆—支馆服务体系，统筹协调全区总分馆开展公共文化服务，切实保障基层群众在参与公共文化活动、进行公共文化鉴赏等方面的基本文化权益。

统一人员安排、统一提供服务、统一考评评价这“三个统一”是文化馆总分馆体系的创新工作。“统一人员安排”即在保证馆、站人员编制不变、隶属关系不变的前提下，采取“下派上挂，专兼结合”的方式，由总馆选派文化指导员担任分馆助理。2018 年起，通过政府购买的方式，由文旅局向各分馆派驻一名文化指导员，担负起“信息员、培训辅导员、创作员、演员”的责任，协助分馆馆长负责辖区内活动策划、培训辅导、特色挖掘、文艺创作等工作，同时在各社区（村）配备一名享受政府财政补贴的社区（村）文化管理员，两者统称“基层文化指导员”，进一步充实基层文化队伍。“统一提供服务”则是由总馆收集整理相关需求和信息，围绕当地群众需要，依托地方特色文化资源，采取总馆、分馆、支馆分级共建的方式，建立统一的服务目录和服务标准。“统一考评评价”是在建设工作中建立并逐步完善一套长期有效的总馆对分馆、分馆对支馆的逐级考评机制，以及分馆、支馆对总馆的反馈机制。通过双向考评反馈，不断完善总分馆服务，提升总分馆服务效能。

2. 总分馆的服务内容

经过近几年的不断摸索与发展，“江宁模式”总分馆建设取得了一定的工作成效。总分馆服务内容包括以下两点：一是资源共享。总馆和分馆均有成熟的网站、微信公众号等新媒体宣传平台，并打造总分馆一站式综合性数字服务平台。加强资源建设，建立统一的数据库，根据总馆、分馆和支馆的不同职责，进行系统权限分配，实现全区公共文化资源的共建共享。二是人员互通。分馆助理协助分馆馆长负责辖区内活动策划、培训辅导、特色挖掘、文艺创作等工作。其中“江宁之春”群众文化艺术节和“欢聚艺堂”公益培训课堂这两个文化品牌，在分馆开展得非常顺利。分馆的非遗文化、民俗表演团队有专人去发掘和整理，打造属于分馆的特色团队。由此看来，“两员”制这项创新工作，在文化馆总分馆体系建设与服务中起到了非常重要的作用。

五、文化馆的数字化建设与服务

为扎实做好国家公共文化服务体系示范区工作，进一步完善公共文化服务体系，提升江宁区文化馆文化软实力，推动文化馆公共文化服务持续发展，文化馆着力打造了“江宁文化馆”网站和微信公众平台，加强文化馆数字化建设，并依托此平台，更好地为全区群众提供数字化、快捷化、方便化服务。

建设内容概括为“四个一”：“一个数字平台”“一组运营团队”“一个数字资源中心”及“一套文艺慕课资源”体系，从线上到线下深度融合，打通江宁区公共文化服务最后一公里。

“一个数字平台”即建设江宁区文化馆公共文化数字服务平台，让群众可以通过多媒体设备在数字服务平台上享受文化服务。查看、预约、报名、问答、培训、参与全区的公共文化活动，创建公共文化服务的绿色通道，实现文化的“可查”“可点”“可约”“可互动”。“一组运营团队”即建设一支成熟的公共文化服务运营团队。“一个数字资源中心”即打造一个规范化、标准化的数字资源存储中心。通过制定统一的资源采集标准、资源梳理标准、资源分类标准、资源存储标准、资源上传标准等将江宁区优秀数字化文化资源进行集中存储并统一管理，打破文化隔阂的壁垒，实现优秀文化资源利用的上下互通、左右协同，提高文化服务水平，减少优秀文化资源的流失，进一步落实文化资源的共建共享。“一套文艺慕课资源”即建立一套具有江宁特色的文艺类慕课资源，通过数字化平台与全区群众共享，提高江宁区群众的艺术审美水准。

文化馆数字化建设最终的目标即为全区群众提供方便、快捷的数字化服务。数字化平台秉持政府主导、公益服务、结构合理、发展平衡、网络健全、运行有效、就近方便、惠及全民的原则，达到区内所有文化设施、人才、服务、宣传互联互通、共建共享的目的，平衡人民日益增长的美好生活需要和不平衡不充分的发展之间的矛盾。

通过不断挖掘“互联网+”的新领域、新方法、新思路，努力深化线下活动与线上平台相结合的服务模式，扩大文化品牌活动的受众面与参与度，提高基层群众的参与度，不断提升文化馆公共文化服务效能，开创文化馆数字化公共文化服务新形态。

文旅融合背景下公共文化发展的对策初探

作者 // 孙英华
单位 // 六合区文化馆

文化和旅游的融合，是当前经济社会发展的时代产物，二者的融合不是简单的结合或嫁接，而是深层次领域内的渗透，把两个看似独立的个体融合成一个有机整体，从而推动经济社会的发展。因此，正如文化和旅游部原部长雒树刚所说，文旅融合要做到“宜融则融、能融尽融、以文促旅、以旅彰文”。诚然，二者不是所有层面的元素都能融合在一起。笔者认为，应该针对文化和旅游各自的特征，求同存异，不能融则不融。这就提出一个问题，究竟融什么？在文旅融合的基础上，公共文化究竟应该如何发展？这也是本文所要着重研究和分析的问题。在“宜融则融、能融尽融、以文促旅、以旅彰文”的理念指导下，笔者认为，文旅融合应该围绕理念、职能、资源、产业、科技等方面进行深度融合，在此基础上，真正深层次的融合也对公共文化提出了新的要求，否则，我们所谈的公共文化也只能流于表面。下面笔者就文旅融合对公共文化发展的新要求展开分析。

一、文化和旅游深度融合对公共文化发展的新要求

1. 公共文化服务方式的多元化

公共文化是人人参与文化、人人享受文化、人人创造文化的一种文化形态，是以政府为主导且具有公益性特征的文化。在文旅融合的背景下，公共文化服务不再是单一的送文化、送图书、送电影等服务形式。人们不再只是在文化活动中享受文化的结果，而是在旅游中也能参与文化、享受文化、创造文化，同时，人们在这一过程中也能体验到地方旅游资源所带来的身心和感官上的满足感。因此，这就要求公共文化服务方式要向多元化发展。如在旅游过程中“旅游+”的模式、在文化享受过

程中“文化+”的模式，这里需要指出的是这两种模式不是在文化和旅游基础上彼此简单相加，而是通过文化和旅游的相互渗透，在原来公共服务基础上的拓展延伸，从而推动多元化公共文化形态的产生，创造出多元化的公共文化产品，以此满足不同群体的不同文化需求。公共文化服务不再是一种政府单方面通过购买方式实行的粗放式灌输，而是变成了人们可以根据自身喜好、年龄特点而进行选择、参与、体验的文化行为。同时，公共文化服务的多元化发展也能够推动区域旅游的发展，从而实现文化和旅游设施空间和文化资源的可持续发展。

在此基础上也能够衍生出公共文化服务手段的多元化，即一种适应新时代发展要求的智慧文化服务。利用互联网、高科技、云计算等手段，不断丰富公共文化服务的手段，增强人们对美好生活追求的文化体验感，扩大文化创意空间，在旅游中增强文化赋能，通过个性化推荐、创新文化资源展示等方式，提升公共文化服务品质，从而更好地传播地方优秀文化资源，提升地方文化和旅游的外部影响力。

2. 公共文化产品供给的精准化

文化和旅游的融合发展，要求公共文化产品的供给要精准化。在文旅融合基础上，首先公共文化产品供给要避免所谓的“泛”化特征，只追求数量，如每年送图书多少册，公益演出、送戏多少场，群众的参与度有多少，参与旅游的人数有多少，参与阅读的人数有多少，等等。公共文化服务应以人为本，人们因为参与、享受、体验公共文化而增长了知识和才能，获得了美好的体验，这是衡量公共文化发展品质的核心指标。文化和旅游资源非常丰富，只有打造出满足人民群众需求和兴趣的文化和旅游融合产品，才能把两者的优势发挥出来，从而实现为全体人民谋福利，满足人民群众不断增长的文化和旅游需求。在这样的背景下，对公共文化发展的新要求是公共文化产品供给实现精准化。只有实现精准化，才能避免造成不必要的公共文化设施及经费的浪费，满足个体的差异性需求，催生更多公共文化形态的产生，从而真正实现公共文化的均等化和便利化。

其次，随着信息技术的不断发展，社会已经进入了信息时代。数字化是了解、满足人民群众基本文化需求的一种手段。通过云计算等手段对公共文化设施建设、文化活动的策划、旅游资源的开发进行指导等，具有针对性、有效性的特征，从而可以精准化地解决发展的不平衡、不充分之间的矛盾。

3. 公共文化服务创新的特色化

文旅融合的不断深入，要求公共文化服务要走创新的特色化发展道路。文化和旅游具有差异化、区域化的特征，这就要求公共文化服务发展不能搞普遍化、一刀切，要根据当地区域化特征、人们生活习惯、民风民俗等特点有针对性地发展，要将旅游元素吸纳进公共文化服务中来，从而推动公共文化服务的特色化，并不断创新。如文化馆、博物馆、图书馆、美术馆等公共文化空间可以将满足人们基本文化需求的公共文化设施打造成具有城市特色的文化地标，研发适合旅游需求的文创产品或具备旅游信息咨询的旅游目的地，为人们提供暂时逗留和休闲的场所，实现由提供传统公共文化服务的阵地向文旅融合发展的多功能空间转型。同时，要发挥当地文化资源的优势，根据当地的特色开展各种文化活动。根据文化特点加强当地旅游资源的开发，同时加强对当地的文化资源进行深度挖掘整理，对文化和旅游产品进行定位，做到文化资源综合保护和合理开发同时进行。一方面，地方政府需要派遣人员开展专门的文化资源保护；另一方面需要挖掘当地的特色文化资源，提高当地文旅产业的知名度，提升服务水平。

目前有许多景区建设了书吧，如河北省正定县的“图书进景区”，笔者认为这是实现文旅融合、资源共享、推动公共文化特色发展的一种有效途径。“游客在这里可以全面了解清西陵、了解当地文化特色，还可以在这里歇歇脚、读读书、喝喝茶。”文化项目进景区、演艺进景区、非遗进景区等活动的开展，拓展了旅游发展空间，现在的清西陵已成为集观光、休闲、康养、研学为一体的综合休闲度假区。这是文旅融合给公共文化发展带来的鲜明特征。但是这里需要指出的是，把文化活动简单纳入景区并不是文旅融合的一种方式，也不是公共文化服务的创新方式，融合一定是从上文提到的围绕理念、职能、资源整合、产业、科技等方面所展开的深度融合。

二、文化和旅游深度融合中公共文化发展遇到的问题

近年来，在文化和旅游深度融合的背景下，公共文化工作取得了非

常显著的成绩，但离文旅融合对于公共文化发展的新要求，仍然存在一些差距，公共文化产品内容缺乏创新性，供给方式缺乏精准性，公共文化服务创新的特色化不够……这些问题的存在使得公共文化的发展还有很大的提升空间。

1. 公共文化产品内容缺乏创新性

从内容上看，公共文化产品一方面表现为动态文化产品，如“民俗表演”“送电影”“送戏”“送文化下乡”“百场公益演出”等公共文化产品，多年来一直延续传统模式，甚至有的文化形式还是20世纪80年代的产物，有的戏曲、歌舞多年来都是同样的剧目和曲目，这就导致公共文化产品的内容缺乏创新性。甚至有的公共文化产品只是为了完成任务，不注重群体差异性，也就谈不上公共文化所要求的文化权益均等化。这也导致公共文化产品不够多元化，更与文旅融合对于公共文化的新要求不符，而且这些公共文化产品还停留在文化和旅游分离的层面。公共文化产品另一方面表现为静态文化产品，像图书馆、健身室等公共区域，尤其是社区、村的农家书屋，图书品种陈旧单一，有的只是临时凑齐图书数量，几乎无人阅读，留下的只是一些公共设施面积的数据和阶段性应付政府检查的面子工程。另外，缺乏区域旅游文创产品的开发。笔者认为文创产品的开发是具有本土文化特色同时又是促进旅游业发展的重要手段，是增强人们旅游过程中文化体验的一种有效方式。

2. 公共文化产品供给缺乏精准性

目前从整个公共文化服务体系的构建及公共文化产品的供给上来看，存在两点问题：一是公共文化产品的供给流于表面的居多，真正从人们对文化需求的角度出发来调整公共文化产品供给的少之又少，甚至没有。笔者认为公共文化产品的供给，一定是有需求，才有供给，如果老百姓没有需求，只是政府单方面的供给，就会形成文化资源的一种浪费、一种填鸭式的粗放供给，没有精确性。二是“文化+”和“旅游+”模式的体验式供给不足。针对群众个体差异性的均等化供给缺乏，政府买单的传统灌输式供给居多，文旅融合所要求的公共文化应变成一种人们自觉文化行为的供给则没有。这种文化行为一定是建立在以满足人民群众对于美好生活追求所产生的文化需求的基础上，更具精准化、互动式、体验式等特点的公共文化产品供给。

3. 公共文化服务创新的特色化不够

文旅融合所带来的另一个变化就是公共文化服务要兼具文化和旅游的双重属性，要将地域文化特色、文化资源、风俗习惯、风土人情融入旅游的相关活动和资源中。而目前我们的公共文化服务创新力度不够，特色化不明显，盲目照搬。人们从一个城市到另一个城市，获得的是大同小异的文化享受方式、体验模式、分享模式，带有浓郁地方特色的文化满足感、幸福感较少。另外，虽然目前国家层面一直强调注重对自然生态的保护，加大对地域文化资源的保护和利用，这对于实现公共文化服务特色化具有关键性的意义，但仍存在不足。具体原因有：真正用于公共文化产品开发的专项资金较少、思想上不够重视、缺乏专业的人才队伍等。公共文化服务的特色化之路不应流于表面，应当是对旅游进行文化赋能，如依托地方生态环境对旅游资源的开发、相关建筑的设计、旅游线路的设计、景区内外的公共交通、标识系统等要凸显地方特色，尽可能增加地方文化特色产品和服务，提升公共文化服务的品质，在此基础上，要融入生态理念，增强人们的文化体验感、幸福感和满足感。

三、文化与旅游深度融合背景下推进公共文化发展的对策

针对当前形势下公共文化发展中出现的问题和不足，笔者认为应该结合文旅融合对公共文化发展的新要求，具体从以下几个方面展开：

1. 以“融”为基点，推动公共文化的“文”和“旅”双轨高品质发展

“宜融则融、能融尽融、以文促旅、以旅彰文”是文旅融合总的工作指导方针。这就为我们指出了“融”是当前推动文化和旅游发展的主要工作基调，公共文化的发展就是在传统“文”的基础上增加了“旅”的要素。笔者认为，以“融”为基点，推动公共文化的“文”和“旅”双轨高品质发展对于解决目前公共文化发展中内容和形式单一的局面，具有重要的现实意义。

首先，应围绕文化和旅游的理念、职能、资源、产业、科技等方面展开具有理论和现实意义的融合，不是单纯对文化资源加以旅游产业化的开发，而是以发展的目光，如“文化+”和“旅游+”的模式，加强文化和旅游的相融共生、互利共赢，以资源整合为抓手，以地方文化特色

为关键要素，推动公共文化产品和公共文化服务的多元化和创新特色化，借助科技等手段带来公共文化的呈现方式和体验感受的质的改变。

其次，公共文化的建设和布局要以多元化、满足人民对美好生活向往为目的，切实增强“以文化人”“以文化城”的效果，梳理优秀文化旅游资源，解放思想，鼓励多种文化形式的发展，最大限度地催生兼具文化和旅游双重属性的新业态，而不是简单地将公共文化发展理解为每年增加了多少公共文化设施面积、几座基层文化服务中心、几家农家书屋、几场公益演出等。笔者认为应摒弃传统的“泛”化理念，建立更加完善的公共文化发展的内部考量和外部测评机制，在旅游资源开发中，通过公共文化产品的创新式发展和文创产品的研发，彰显地域文化特色，从而实现公共文化发展的多元化发展格局及“文”和“旅”的双轨制高品质发展。

2. 以智慧化为手段，实现公共文化发展的精准化

公共文化以人的发展为根本出发点。陈慰、巫志南在《文旅融合背景下深化公共文化服务的“融合改革”分析》一文中指出：“公共文化以什么可量化的方式把人的知识增长、人格增长、素养提升作为价值追求，获得了精神愉悦，提升了精神品质，应当成为评判公共文化服务品质的核心指标。”基于此，笔者认为，如何实现公共文化发展的精准化是当前及今后相当长时期内我们需要解决的重要问题，也是能否实现公共文化高品质发展的关键所在。第一，运用大数据、云计算等手段了解人民群众的基本文化需求，找准方向，更加精准地指导公共文化设施的建设、公共文化产品的生产，完善服务方式，更新服务手段，不以量化为指标，而以品质化和精准化为发展方向。第二，借助技术手段，如虚拟现实、5G、人工智能等，切实增强人民群众的文化旅游体验感，为人民群众提供多元化、个性化的公共文化服务模式。同时，借助技术手段，创新区域文化旅游资源展示方式，从而更加有效地提升公共文化服务的效能。第三，加强公共文化设施的数字化建设，弥补当地的文化发展不平衡，通过数据了解人民群众基本文化需求、公共文化设施建设、公共文化服务情况，使得文化资源打破时间和空间的限制，从而更好地实现公共文化的发展。首先，通过数字化及时有效地向社会公众发布全区文化、旅游、体育等方面的动态信息，形成文化和旅游融合在一起的综合资讯，例如旅游推荐、全景旅游、景区景点、旅游直通车、旅游惠民卡、文化服务、文化场馆、地方印象等。其次，建成文化共享工程支中心，建成数字资源库；开放多种数字资源，通过相关官方网站或手机客户端提供给人们使用；采购更多数字资源，丰富线上资源体验空间。数字化已经不再是陌生的名词，而目前一些地区文化馆、站和美术馆、博物馆、图书馆对于数字化的建设还是一片空白，这与当前公共文化的发展步伐严重脱节。数字化的建设也是智慧化的手段之一。笔者认为智慧化的手段是文旅融合背景下，公共文化发展转型升级的根本所在，是丰富公共文化服务内容，如音乐、戏剧、舞蹈、非物质文化遗产等多个方面的重要手段，也是当前切实有效地实现文化共享的均等性和便利性的重要方面。

3. 以因地制宜、生态化为目标，走公共文化特色发展之路

笔者认为所谓因地制宜、生态化就是立足于本区域，根据当地的文化特点，以及风土人情、地理特征、历史传承等，有针对性地开展具有浓郁地方特色的公共文化产品的生产，形成具有时代性、创新性，以及文化和旅游多重属性的公共文化产品。第一，拓宽公共文化产品资金投入渠道，引进专业人才，形成完善的公共文化产品生产机制，组建创作团队，避免人才流失和浪费。第二，注重对传统文化和旅游资源的开发和保护，注重旅游资源的生态性保护及文化赋能。同时，注重对当地特色传统文化资源的挖掘和整理，全力打造出具有地方特色的公共文化产品。如四川锦江的“一楼文化”艺术周，就是在文旅融合基础上开发的具有生态化和创新性的文化形式，在展示“一楼文化”内涵的同时，又激活了楼宇文化生态，创新了文化供给方式，获得了群众的认同感。第三，加强文化和旅游的资源整合，将资源优势转化为具有地方特色的产业优势，在此基础上进行文创产品的设计和研发，从而更好释放经济发展的新动能。

这里需要指出的是以因地制宜、生态化为目标，走公共文化特色发展之路，是解决当前公共文化发展中遇到的特色化及创新性不够这一问题的重要途径，是切实有效实现公共文化发展转型升级的必由之路，是文旅融合所带来公共文化发展的核心要义。但文旅融合不是对传统文化和旅游资源的简单嫁接，要在“融”的基点上，兼具时代性和人文特点。

四、结语

总之，文旅的融合对于公共文化的发展是一个新的挑战，是经济社会发展的必然要求，同时，也是构建公共文化服务体系的新机遇。因此，公共文化如何解决当下我们遇到的问题，以及公共文化未来如何发展，一定是站在文旅融合的“融”的起点基础上，推动公共文化向多样化、精准化、智慧化、特色化方向发展，全面形成“以文促旅，以旅彰文”的格局，增强人民对美好生活的获得感、体验感和幸福感，从而推动经济社会不断发展。

参考文献

［1］陆和建．公共文化服务与图书馆社会化管理研究［J］．农业图书情报学报，2020，32（7）．

［2］杨志纯．以公共文化服务高质量助力文化强省建设［J］．群众，2020（5）．

［3］刘佳宜．文化馆服务需求导向探究——群众文化需求与当前文化馆服务之间的矛盾及解决方法［J］．大众文艺，2020（3）．

［4］吴丽云．深化文旅融合　增强民众文化获得感［N］．中国旅游报，2019-11-11．

［5］李国新，李阳．文化和旅游公共服务融合发展的思考［J］．图书馆杂志，2019，38（10）．

［6］陈慰，巫志南．文旅融合背景下深化公共文化服务的“融合改革”分析［J］．图书与情报，2019（4）．

［7］金武刚，赵娜，张雨晴，汪岩丹．促进文旅融合发展的公共服务建设途径［J］．图书与情报，2019（4）．

［8］朱刚．文旅融合背景下城市公共文化发展新思路［J］．文化产业，2019（5）．

浅谈文化馆“数字化服务”的线下基地建设
——以南京市文化馆“艺时间”文化微空间为例

作者 // 夏文飚　叶　昕
单位 // 南京市文化馆

一、文化馆数字化服务中线下基地建设的重要性

当今时代，在文化馆各项公共文化服务中，数字化服务受到了越来越多的重视。因为数字化服务能够突破时间、空间的限制，具有广大的辐射范围和深远的传播影响力。尤其是2020年新冠肺炎疫情肆虐以来，文化馆的传统文化活动，如音乐会、广场演出、画展、老年大学等不能正常开展，公共文化服务的主要功能就落在“数字化”的肩上了。

通常认为，文化馆“数字化服务”主要是以网络为媒介，以电脑、手机等终端进行的公共文化服务。它的传播、展示都在线上。因此，我们往往很容易忽视数字化服务的线下基地建设。实际上，“数字化服务”在线上线下是密不可分的。线下为线上提供支撑，线下基地建设的水准又决定着数字化文化服务的线上呈现水平。

我们认为，数字化文化服务线下基地建设包含两个层面，一是场地和硬件，二是运营管理机制。这两者共同保障着线上数字化服务的品质和数量。

文化馆公共文化服务的“数字化”产品，比如各种线上展览、线上节目等，它们的拍摄制作都需要线下空间。除了一个类似于电视台直播间的室内场地，还需要视频录制、剪辑制作的操作空间。公共文化服务产品的数字化制作，需要有针对性的、特别的设计。这是文化馆“数字化服务”线下基地建设的硬件要求。

数字化产品的生产需要专业的人员团队运作，这就涉及数字化团队建设的问题。数字化服务要不断推陈出新，形式不断更新，内容不断丰富，这些要求单靠文化馆内部力量是远远不够的，必须统筹社会文化力量，形成一个文化馆牵头联络多方文化社会团体的联盟。如何有效建立这个文化

联盟的管理机制，并在该管理机制下不断创新，是需要我们不断探索的新的课题，也是数字化文化服务基地建设的重要组成部分。

二、文化馆数字化场馆建设的“三最” 原则

文化馆数字化场馆应该如何建设？当今，一些群文工作者认为，文化馆已经有了服务于群众的音乐厅、大剧场、教室，没有必要另外增加一个专门的数字化服务场所，只要增设几台录制设备即可，综合利用现有场馆更加高效。另一种观点认为，文化馆应该营造豪华、先进的数字化空间。这是为了强调当今数字化服务在文化馆工作中的重要地位，同时更能彰显文化馆的形象。

对此我们的看法是：文化馆的数字化场馆建设应该寻求适合自身特点的方案。数字化服务和传统的阵地、流动公共文化服务既有很多相似之处，亦有自身特点。为了满足录制、展播等数字化公共文化服务的特殊需求，我们需要先认清公共文化数字化服务的要求和特点。

笔者认为，文化馆数字化公共文化服务场馆的建设，在以下三个维度做到最优，才是最适合当今文化馆的方案。这三个维度分别是：最高的空间和器材利用效率、最适合群众文化开办的模式、最便于各类数字化平台的推广传播。

笔者以南京市文化馆“艺时间”数字文化微空间为例，谈一谈文化馆数字化场馆建设的“三最”原则。

1. 最高的空间和器材利用效率

南京市文化馆的“艺时间”于 2019 年 4 月开始建造。在设计之初，“艺时间”就被定位为“文化微空间”，利用原老年大学三间空教室改造而成，面积不足 150 平方米。内部装修依托原有房型构造，做到精简节约。考虑到数字化服务的主阵地在网络上，为了实现更好的拍录效果，“艺时间”引入了广播级的灯光音响、多台摄像录音设备，以及多媒体融合、总控台。可谓好钢用在刀刃上。整个“艺时间”的建设，投入资金不到百万元，但功能完备，满足了公共文化数字化的各种需求。

“艺时间”从 2019 年 8 月投入使用之后，迅速成为南京市文化馆数字化公共文化服务的梦工厂。“艺时间”几乎每周都在紧张忙碌，除了制作《金陵时节》《老查白话》等数字化节目外，还线上线下同步举办各种

群众文化活动，比如故事会、跨年晚会、话剧演出等，品种丰富，门类繁多，实现了空间和器材的高效利用。

2. 最适合群众文化开办的模式

文化馆的“数字化”基地不同于一般意义上电视台的“直播间”，因为群众文化节目和电视台节目本身有很大不同。最大的区别是，电视节目的拍摄场所有很多虚拟布景，在拍摄现场包括观众在内所有人员都接受导演调度，表演成分较大。而文化馆作为群众文化的主阵地，大多采用“线上线下”相结合的方法，录播或直播真实的文化活动现场。文化馆群众文化的属性决定了文化馆的数字化基地不能仅仅是一个“直播间”，还必须具备现场开展公共文化活动的能力。于是，“艺时间”在空间设计上被打造成为一个功能丰富的小剧场。

群众文化具有门类丰富、雅俗共赏的特点。因此，“艺时间”在设计上充分考虑了各种艺术门类的包容性。在场馆设计方面，“艺时间”在前后上下两个舞台之间布置了多个上下场通道，不仅能够呈现各种镜框式的表演、展示，还能够充分实现舞台与观众席的互动。当前后两个舞台同时启用时，整个剧场变成了一个整体流动的展演空间，为各种先锋戏剧的呈现提供了充分的条件。这里既可以进行数字化节目的录制，又可以开展音乐会、看片会、晚会等活动，还可以作为先锋戏剧的小剧场，表演不同门类、风格的戏剧。

3. 最便于各类数字化平台的推广传播

数字化场馆以制作生产公共文化服务数字化产品、提供数字化服务为主要目标。作为群众文化数字化线下基地，“艺时间”对接的数字化平台既包括全国公共文化云平台、江苏公共文化服务云平台等官方机构，还包括南京市文化馆自己注册的 B 站平台、新浪微博、微信公众号等。

“艺时间”的设计充分考虑到各种数字化传播的可能性，配备了先进的总控制台（导播抠像系统）、网络接入等，可以现场剪辑视频，实现网络直播、平台推流，让“艺时间”产品立即进入互联网、移动互联网，以及用户 PC 端、手机端等大众媒体端口。互联网直播、录播的推送，可以实现现场活动与线上十万多观众共享。

在这样的设计思路下，“艺时间”文化微空间在不到一年的时间里，生产了多种内容和形式的视频节目。除了视频录制，“艺时间”还可以通过网络云平台开展现场直播活动。2019 年年底，“艺时间”曾经开展过多场线上线下同步的诗歌朗诵会、跨年晚会。在这些活动现场，观众满席，同时它又以网络直播的形式在线上实时呈现，让不能亲临现场的观众可以在手机端观看节目。2020 年 3 月起，“艺时间”还开展了“文化直播秀”网络课堂节目。该活动采用了当今最流行的线上直播模式，老师在台上讲解的同时和线上的观众交流互动。而在直播现场，也有大量的观众提问题互动，讨论十分热烈。

在“三最”原则下，既兼顾线上线下同步，又兼顾各种艺术门类展示的设计，让数字场馆成为一个货真价实的现代化多媒体小剧场。正是这个理念，保障了“艺时间”在短短一年时间里生产出大量饱受群众好评的数字化公共文化服务产品。

三、文化馆“数字文化基地” 管理模式的探讨

文化馆的数字化服务线下基地建设，包括硬件和软件两个方面，即除了场地建设，还需要重视服务团队的建设。数字化场馆只是硬件建设，还需要高效的团队、管理、制度等软件方面的建设，才能打造出一个高水平的数字文化基地。当今，迅速崛起的数字化服务对于大多数群众文化工作者而言还比较陌生，很多文化馆干脆将数字化服务一块外包出去，结果花钱多效果还不尽如人意。“艺时间”却利用短短几个月的时间培养文化馆内部人员，打造出了一个高效的团队，同时它还积极引入、整合社会资源，将数字化服务推向正轨。

1. 进行专业学习与培训，建设馆内人员的数字化团队

文化馆的数字化服务有了先进的硬件设施，还需要能够操控硬件开展工作的人。当今文化馆的工作人员，大多数都是艺术教育出身，对于数字化工作并不专业。因此，需要通过开展业务学习，提高员工从事数字化服务工作的能力，使之成为既懂“艺术”又懂“数字”的复合型人才，更好地服务于文化服务的数字化。

针对这样的现状和需求，“艺时间”开始探索走自主自助的路，在进行数字化产品开发的时候，组建各个执行团队在工作中学习技能，提高业务素质，保障数字化产品的生产过程。“艺时间”首先建立了设备保障组，完成灯光音响多媒体制作、摄影，以及四机位摄像和后期制作、导播、直播；

又成立了媒体宣传组，组织人员对各项活动进行采编、采访、组稿，在48小时内微信排版推送，直播录播推送推流等；还着力培养纪录片制作团队，组织员工编写纪录片脚本，拍摄制作纪录片。“艺时间”团队业务能力的提高，对于数字化服务工作的执行是一个非常有力的保障。

2. 联动社会资源，建立“公共文化联盟”和“艺委会”机制

文化馆的数字化服务工作仅仅依靠自身的资源远远不够，积极引入和整合社会资源，才能为数字化服务提供源源不断的创造力。因此，需要充分调动社会资源，发挥其公共文化服务公益性的优势，争取社会力量，为公共文化事业服务。为此，“艺时间”尝试建立“公共文化联盟”和“艺委会”机制。

所谓“公共文化联盟”，是“艺时间”利用自身资源，联动社会各界，包括各区文化馆、南京各大高校及各种民间艺术类组织形成的联盟机制，力求激发社会各界的艺术创造力。至今，加入公共文化联盟的共有30多家单位。只要他们的艺术实践通过了“艺委会”审核，并且愿意成为公共文化服务的产品，“艺时间”就为他们打开免费使用之门，共同开展线上线下的公共文化服务工作。通过公共文化联盟机制，文化馆的数字化文化服务成了有源之水、有本之木。在这样的模式下，“艺时间”得以与多家文化艺术单位合作，源源不断地生产各种品牌的数字公共文化节目。

在公共文化联盟的基础上，如何保证数字化文化服务的质量和水平？那就需要动员社会力量，荟萃艺术精英。因此，“艺时间”建立了“艺委会”评审机制。艺委会成员由业界各具艺术成就的文艺专家组成，是“艺时间”选题、策划的智囊，艺委会的主要任务是对“艺时间”的艺术生产和艺术活动进行总体规划，对项目的实施尤其是艺术培训方式进行指导，从而保证“艺时间”的生产与活动的品质。

当前，在公共文化事业中，数字服务的地位和作用越来越受到重视，然而，文化馆开展、运行数字化服务工作是一项摸着石头过河的工程，没有前人经验可循，每一步都充满了探索和思考。数字化场馆如何建设、如何运营、如何推广，将成为文化馆开展公共文化服务重点研究探讨的课题。南京市文化馆“艺时间”文化微空间的建设和发展，在推进数字化公共文化服务基地建设上具有积极意义，也为文化馆如何开展“数字化”服务的课题提供了非常有价值的探索经验。

基层公共文化服务中存在的问题及对策研究

作者 // 辛海玲
单位 // 南京市六合区文化馆

2020 年，是我国全面建成小康社会的决胜之年；同时，还是党的十八届三中全会明确提出要构建的覆盖城乡、便捷高效、保基本、促公平的现代公共文化服务体系基本建成之年。在这具有里程碑意义的时间节点到来之前，中央和地方付出了极大的努力：2019 年，中央财政在上年基础上增拨 17 亿元，用于公共文化服务体系建设，总额高达 225 亿元；北京、上海等地竭尽全力构建公共文化服务圈；浙江等地千方百计创新公共文化服务形式；2019 年年底，我国文化和旅游公共服务标准体系逐步建立。总之，我国公共文化服务体系建设成果喜人。但对照《中共中央关于全面深化改革若干重大问题的决定》（2013 年）提出的“促进基本公共文化服务标准化、均等化”的要求，我国的公共文化服务仍有许多不尽人意之处，尤其表现在基层。因此，研究基层公共文化服务中存在的问题与对策十分重要。

本文通过对基层公共文化服务现状的深入调查，分析成因并研究对策，为基层政府及相关部门解决类似问题提供了一定的决策参考，并期望能为进一步提升我国基层公共文化服务的水平、切实建成现代公共文化服务体系、真正实现基层治理体系和治理能力现代化略尽绵薄之力。

一、基层公共文化服务中存在的问题

从公共文化服务体系的提出，到现代公共文化服务体系的构建，我国基层公共文化体系在逐步完善，但我国基层公共文化服务仍存在诸多问题，主要表现在以下几个方面：

1. 基层公共文化设施的利用率不高

一是基层公共文化设施可及性不强。基层公共文化设施空间分布不平衡，多设置在区县政府、街道办或乡镇政府、村部的周边甚至“衙门”内部，不方便群众亲近与参与，可及性不强。二是基层公共文化设施存在被挤占或多合一现象。“只见房子，不见访者”的现象依然广泛存在。如：在对南京市L区公共文化设施利用率进行实地考察中发现，很多社区、村综合性文化服务中心的活动室门口常常挂满了各类公共功能室标识牌。从硬件上看，牌子有了，房子也有了，但实际上，其功能是重合的，也可以说是缺失的。调查还发现，有的活动室长期被杂物占据，直到上级检查才临时清理一下；有的电子阅览室连基本的网络都没有……

2. 基层公共文化产品内容陈旧单一

一是公共文化产品内容陈旧。一方面是活态文化产品，诸如“民俗表演”“送电影”“送戏”“送文化下乡”等公共文化产品内容过于陈旧，无任何时代特色，艺术性和可欣赏性差，如表1所示，南京市L区2014—2019年组织开展的公共文化活动类别与内容基本相似，缺乏创新性；另外是静态文化产品，像图书室、棋牌室、健身室，尤其是社区、村的图书室，图书品种陈旧单一，数年甚至数十年都不更新，几乎无人阅读。二是公共文化产品内容单一。这主要是因为内容来源单一，完全依靠政府主体的供给，没有任何其他社会力量的供给，造成内容缺乏多样性；内容的呈现方式也单一。

表1 2014—2019年南京市L区开展公共文化活动一览表

年份	群文活动（场）	送戏送演出（场）	送电影（场）	送图书（册）	阅读活动（场）	非遗活动（场）
2014	1050	96	1208	14000	168	6
2015	1133	109	1010	12000	10	15
2016	1150	110	1094	41700	160	16
2017	1100	102	1050	11400	160	15
2018	1000	50	640	70000	230	58
2019	1060	72	636	14000	180	200

3. 基层公共文化产品供给方式单一

一是任务式供给。基层公共文化产品供给主体的唯一性和单一性，导致基层政府供给公共文化产品主要是为了完成上级任务。这种任务式的供给方式程式化严重，存在很大弊端，其出发点就不是全心全意为基层人民群众服务，而是为了完成上级分配的任务，追求漂亮的数据而非过硬的质量。二是灌输式供给。灌输式供给是垄断式的、宣教式的、单方面的供给，丝毫不在乎受众的感受，主体怎么供给，受众就得怎么接受，毫无选择的权利。体验式供给则相反，它是开放式的、互动式的、多方面的供给。

4. 基层公共文化服务资金短缺且效能低下

一是资金短缺。区（县）级财政每年投入的公共文化活动经费十分有限，如图 1 所示：2015 年南京市 L 区公共文化服务投入（不含文化产业投入）325.71 万元，2016 年 584.32 万元，2017 年 1323.72 万元，2018 年 662.24 万元，2019 年 560 万元。这样的投入一般只能满足公共文化场馆免费开放的基本需求，而无法满足基层公共文化品牌打造、基层公共文化精品开发方面的需要，更不用提文艺团队扶持、文艺创作鼓励奖励、非遗保护补贴等方面的资金保障了。二是服务资金效能低下。基层公共文化服务是纯公益事业，一般不直接产生经济效能，其效能主要是社会效能。社会效能主要体现在受众人数、受众满意度、社会影响力等方面。当前，我国基层公共文化服务的覆盖面虽广，但受众人数还是比较有限，受众满意度也亟待提升。

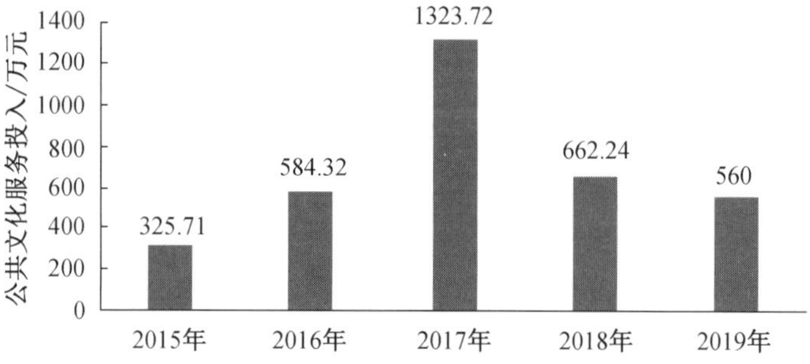

图 1　南京市 L 区公共文化服务投入（不含文化产业投入）情况

5. 基层公共文化服务从业人员少且流动性大

一是从业人员少且老龄化严重。近年来，各级政府为解决此问题，通过招考、招聘、政府购买公益岗位等形式，充实了年轻人、高学历人才进入文化工作队伍，文化工作队伍的年龄结构渐趋合理。但由于基层年轻文化干部往往身兼多职，因业务能力、工作经验、群众基础等方面存在较多不足，故在开展群众文化工作时难免方法不多、成效不显。二是流动性大。部分高素质人才把基层当作一个跳板，很快就考走或调走了，人才流失严重。加上作为主体的基层政府对公共文化服务工作不重视，经常借调原本就很少的文化服务从业人员到党政、经济、农业等其他口子工作，且“有借无还”，导致基层公共文化服务从业人员变动性很大。另外，很多基层公共文化服务从业人员是自用人员，有的甚至是临时工，辞职、换工作是常事，“铁打的营盘流水的兵”的现象广泛存在，人员的流动性极大。如：南京市L区公共文化服务从业人员（含广电）逾380人，其中，在编70余人，在编人数不到总人数的20%，余下为“编外”人员；街镇文化从业（含社区、村综合性文化服务中心）人员131人，在编10人，街镇自聘人员121人，社区、村综合性文化服务中心105人（均不在编），即每个社区、村综合性文化服务中心配1名管理员，且多为兼职。相对而言，“编外”人员的流动性要大一些。

6. 基层公共文化服务资金与人才缺乏法规制度保障

我国公共文化服务保障性立法仍处于初级阶段。在国家层面，仅有《中华人民共和国公共文化服务保障法》一部法律和少量法规出台，上位法数量太少。在省市层面，虽然大多数省份根据《中华人民共和国公共文化服务保障法》制定了相应的地方性法规，市一级政府也多出台了配套的政府规章，但是依然存在地域差异、发展不平衡的问题。在区县层面，区县政府及文化行政主管部门在领导、管理基层公共文化服务的过程中往往只是照本宣科，以文件落实文件，很少结合区县基层的实际情况建立符合本区域基层公共文化服务实际的制度和机制，更别谈完善了，最终导致国家的法律法规、省市的地方性法规和规章一到基层就得不到有效的落实。

二、基层公共文化服务存在问题的成因分析

1. 基层公共文化服务背后的供求关系失衡

在城市化进程中，农村绝大多数的青壮年都向为其提供就业机会的

城市集中，偏远区县的青壮年则向更加繁华的主城区集聚，导致的结果就是：基层留守人员结构单一，一般呈老、幼两极分化。如此单一的人员结构，给基层公共文化服务带来不少问题，直接导致基层公共服务背后的供求关系严重失衡。

2. 基层公共文化产品的开发和供给存在客观困难

城乡二元结构、基层文艺团队老龄化、开发团队业余化等问题，着实给基层公共文化产品的开发和供给带来了巨大的困难。加上基层公共文化产品开发团队普遍业余化，缺少专业人才的支撑和专项资金的保障，不能开发出好的公共文化产品，因此无法充分调动群众参与的积极性。

3. 基层公共文化服务从业人员没有充分发挥主观能动性

基层公共文化服务从业人员大多待遇不高，有的人还是兼职，在基层公共文化服务资金短缺和缺乏有效的监督、考核、奖励机制的情况下，常常表现出缺乏积极性、主动性、不求创新的精神面貌。久而久之，他们不会主动思考如何解决问题，不会主动尝试如何创新公共文化产品，不会主动总结经验和教训，导致的结果就是基层公共文化产品的内容和形式陈旧单一，甚至更极端地表现为同一出戏、同一场演出、同一场电影在基层重复上演几十年，没有一点变化。

4. 基层公共文化服务资金来源渠道单一，缺乏必要的活力

一是过分依赖政府投入。2019 年政府用于公共文化服务体系的拨款高达 225 亿元，虽然资金总额看似可观，但是层层分配下去，到了基层就十分有限了。而且，在有限的基层经费中，基层公共文化设施的建设经费又占去了很大的比重，再扣除一部分从业人员的自筹工资，真正用于基层公共文化设施运营、公共文化产品开发、公共文化活动开展、公共文化项目推进的经费十分短缺。二是几无社会资本参与。我国基层公共文化服务资金的来源渠道极其单一，只有政府主体单方面的投入，而未见或少见其他社会力量的投入。

5. 基层公共文化服务从业人员编制、待遇和晋升受限

一是基层公共文化服务从业人员编制少。首先表现为基层文化行政主管部门公务员配备少，其次表现为其下属文化事业单位工作人员编制少。编制少，就意味着稳定的从业人员少。二是基层公共文化服务从业

人员待遇低。城市的辖区通常实行城乡公职人员无差别待遇或者所谓“同工同酬”的薪资制度，但是很多省份的县并不是如此。一般而言，区、县一级公共文化服务从业人员的工资待遇明显高于乡镇一级，乡镇一级的又明显高于行政村一级。所以，基层文化部门一般很难吸引到一流的公共文化服务专业人才。三是基层公共文化服务从业人员晋升空间小。区县以下的公共文化服务从业人员在职务晋升、职级晋升、职称晋升、岗位竞聘等方面都面临着空间较小的问题。这种在个人职业发展前景上一眼望到头、看不见希望的现象常常被基层工作人员戏称为“天花板低”。

6. 基层政府重经济、轻文化，没有充分发挥主体作用

基层政府重经济、轻文化，一方面表现为人力、物力和财力向经济倾斜，文化资源配置占比小；另一方面表现为与经济发展相关的制度、机制保障多，与文化服务相关的制度、机制保障少。虽然国家层面制定了《中华人民共和国公共文化服务保障法》，部分省、市层面也制定了配套的公共文化服务地方性法规和规章，但是到了基层，往往落实不到位，执行起来大打折扣，要么因为各级政府权责不明，要么因为缺乏可操作的具体办法，这一弊病广泛存在。

三、基层公共文化服务存在问题的对策探析

1. 智慧服务，提高基层公共文化服务的精准性和指向性

一是运用大数据，分析基层人员结构和文化需求，开展“分众服务”。要提高基层公共文化服务的精准性和指向性，首先得精准地掌握每一位基层公民真实的文化需求，然后进行群体归类梳理，再根据不同的群体类别研究开发不同类型、不同层次的基层公共文化产品，最后精准地、有指向性地、差异化地供给每一位基层公民。二是整合资源，打造“基层公共文化云”，开展“云端服务”。为了真正打通基层公共文化服务的“最后一公里”，提高基层公共文化服务供给效率，建议由区县文化和旅游局牵头，以文化馆、图书馆和博物馆为依托，整合区县公共文化产品，打造具有地方特色的“基层公共文化云”，并加强宣传和推广，让只要会用手机的基层公民都能用上这个公共数字文化平台，以便更好地开展“云端服务”。三是配备“文化管家”，实现基层公共文化服务的网格

化管理。对基层公共文化服务实施网格化管理，能够大大提高基层公共文化服务的精准性，虽偏于传统、依靠人力，但充满温度，也是一种智慧服务，同样能够及时纠正基层公共文化服务背后的供给关系失衡的状态，最终提高基层公共文化设施和公共文化产品的利用率。

2. 解放思想，打破常规，创新基层公共文化产品的内容和形式

一是解放思想，优化基层公共文化产品的内容。基层从业人员应根据当地的实际情况研究开发不同的公共文化产品，要优化、充实基层公共文化产品内容这份“菜单”，还要鼓励、激励基层公民自办文化，让基层群众真正参与其中，正所谓“授人以鱼，不如授人以渔”。二是打破常规，创新基层公共文化产品的形式。基层公共文化产品的供给形式多种多样，关键在于了解基层公民的需求形式。因此，要畅通基层公民文化形式需求的反馈渠道，根据群众反馈的文化需求形式，转变基层公共文化产品的供给形式，以实现供求双方的有效对接。

3. 增加投入，拓宽基层公共文化服务资金的来源渠道

一是增拨经费，鼓起基层公共文化服务从业人员的干劲。特别是下述四项经费：增拨基层公共文化设施运营经费，保证基层公共文化服务设施正常并高效地运转；增拨基层公共文化设施维保升级经费，保障基层老旧公共文化服务设施的维保升级；增拨基层公共文化活动开展经费，保质保量地完成基层公共文化活动的组织和开展；增拨基层公共文化产品开发经费，优化基层公共文化产品的内容，创新基层公共文化产品的形式。二是大力发展乡村旅游，适当“反哺”基层公共文化服务。在文旅融合的大背景下，文化和旅游都不应该再“单打独斗”，否则就失去了融合的意义。旅游可以利用自身创造的经济收入，适当地“反哺”文化，让文化发挥社会效益的最大化。三是争创试点，将政府和社会资本合作（PPP 模式）引入基层公共文化服务领域。如果能将 PPP 这种政府和社会资本合作的模式运用得好，将大大改变基层公共文化服务经费长期短缺的局面，还能切实提高基层公共文化服务的效能，从而提升基层政府的文化治理能力，最终推动基层政府的职能转变。

4. 提升文化队伍配置，创新工作机制，倡导社会化用工

一是提高现有人员待遇，加快专业人才引进，提升文化队伍配置。其一，要增加基层文化部门的人员编制数。虽然“编制”是个老套的

词汇，近年来国家也多次对其进行改革，但是至少在现阶段它仍然是“稳定”的一个代名词。有编制，人员的流动性就会小很多。其二，要提高基层公共文化部门编外人员的工资待遇，落实同工同酬制度，以降低人员流失率，稳定现有的这支基层公共文化服务工作队伍。其三，要加快基层公共服务专业人才引进，以高素质人才为带头人，打造基层公共文化服务专业团队。其四，要在现有的基础上补短板，千方百计地提高这支基层公共文化服务专业团队的配置水平。二是尝试以钱养事机制，外包部分基层公共文化服务以解放劳动力。“以钱养事”或“外包”机制是PPP模式的一种延续。外包部分基层公共文化服务工作，可以让原本奋战在一线的、为数不多的劳动力从繁重的工作中解放出来。解放出来的这部分劳动力逐步完成角色转变，从原来的一线退到幕后，成为基层公共文化服务项目的“甲方”——对接者、管理者和监督者。三是建立基层公共文化服务志愿者招募及工作的长效机制。要大胆把在基层群众中很有威望的民间文化骨干吸收到基层公共文化服务志愿者的队伍中来，并由其带队，加强对志愿者队伍的其他成员进行业务指导，不断提高其公共文化服务的能力和水平，并形成长效机制，真正建成覆盖区、街道、社区或者县、乡镇、行政村三级文化志愿者服务网络。

5. 充分发挥主体作用，健全基层公共文化服务法规制度体系

政府要充分认识到自身在公共文化服务中所处的地位，落实主体责任，充分发挥主体作用。具体而言，要将这种主体作用落实到法律法规、制度机制之中，“把权力关进制度的笼子里”。首先，中央层面要进一步推动基层公共文化服务顶层立法。虽然《中华人民共和国公共文化服务保障法》已于2016年出台，但是只是粗线条地对公共文化服务做了一个规定，不具有很强的可操作性。从实践上看，虽然我国地方公共文化立法一直走在中央公共文化立法前头，但是因为地方性法规和规章在法律体系中的级别较低，约束力不强，所以亟须中央顶层的上位法的支撑和保障。其次，省市层面要健全基层公共文化服务地方性法规和规章。各省、自治区、直辖市人大及其常委会应当依据《中华人民共和国公共文化服务保障法》，结合各自省情、域情，具体问题具体分析，研究出台基层公共文化服务促进条例、规定等地方性法规和规章。设区的市可以根

据本市的实际情况再进一步深化、细化，制定可操作的办法或规定。最后，区县层面要构建科学合理的基层公共文化服务制度体系。区县人大和政府都没有立法权，就必须构建科学合理的制度体系。科学合理的基层公共文化服务制度体系，应该包括科学合理的资金保障制度、人才保障制度、绩效考核评估制度、奖励激励制度和监管监督制度。

综上所述，新时代的基层公共文化服务应该是个性化、差异化、精准化的智慧服务。要实现智慧服务这个远大目标，各级政府都必须充分发挥应有的主体作用。从中央到地方，要健全基层公共文化服务法规制度体系；保障基层公共文化服务资金长期稳定、可持续地投入；提升基层公共文化服务队伍配置；在“钱”和“人”都到位的基础上，要鼓励和激励创新，创新基层公共文化产品的内容和形式，提高基层公共文化服务的效能，最终达到全民文化共享的目的。在这个过程中，各级政府还要解放思想，打破常规，尝试将市场化、社会化的机制（如 PPP 模式、理事会制度等）引入基层公共文化服务领域，以社会化的资本和企业化的用工来缓解或解决基层公共文化服务中资金短缺和人才不足的问题。因为只有解决了这两个问题，才能真正深入地开展更高质量的基层公共文化服务，从而为真正建成现代公共文化服务体系和现代国家治理体系奠定坚实的基础。

参考文献

［1］罗云川．公共文化服务的网络治理研究［M］．北京：社会科学文献出版社，2017.

［2］黄凯锋．现代公共文化服务体系建设——上海的实践与思考［M］．上海：学林出版社，2017.

［3］李培歌．基层政府公共文化服务效能研究——以文化站为例［D］．南充：西华师范大学，2018.

［4］王鹤云．我国公共文化服务政策研究［D］．北京：中国艺术研究院，2014.

［5］王富军．农村公共文化服务体系建设研究［D］．福州：福建师范大学，2012.

［6］柯平，宫平，魏艳霞．我国基本公共文化服务研究评述［J］．国家图书馆学刊，2015，24（2）.

南京

［7］苗美娟，刘兹恒．近五年我国公共文化服务研究综述［J］．图书馆论坛，2016，36（2）．

［8］李昶．基层公共文化领域 PPP 模式应用研究［J］．人文天下，2019（1）．

［9］陆晓曦．中国公共文化服务保障性立法研究与实践综述［J］．中国图书馆学报，2017，43（2）．

展现文旅融合新亮点　活化高淳阳腔目连戏

作者 // 钟海丽　汪士延
单位 // 南京市高淳区文化馆　南京市高淳区文化和旅游局

文化是旅游的灵魂，旅游是文化的载体。文旅融合是经济新常态下文化产业和旅游产业高质量发展的重要方式，但如何做好文旅融合这篇大文章呢？首先应该考虑的是本地区有哪些文化资源可以用来整合与提炼；其次要找准与旅游项目的结合点，把文章做活做大。可以说，非物质文化遗产就是一种宝贵的文化资源，是文旅融合的重头戏。本文就高淳阳腔目连戏如何与旅游融合这一问题谈几点看法，谨为抛砖引玉。

一、高淳阳腔目连戏的前世今生

江苏高淳是中国传统戏曲发源地之一，高淳阳腔目连戏是本地区独特的古老剧种。阳腔目连戏以目连救母为主线，同时还融入一些神话传说、民间故事及高淳地方的习俗风情，内容十分丰富。自明、清以来，它长期流行于高淳各乡村和毗邻的苏皖周边地区。在京剧、徽剧、越剧及锡剧没有传播之前，阳腔目连戏一直是本地区老百姓唯一的精神文化生活大餐。

由于具有浓厚的宗教色彩，新中国成立后，阳腔目连戏已停止公开演出。但作为古老剧种，阳腔目连戏在中国戏剧发展史上仍具有里程碑式的地位。1953 年，江苏省文化厅开始开展挖掘高淳阳腔目连戏的工作；1958 年，江苏省戏曲学校专门开设了目连班；1986 年，南京市文化局组织专人到高淳收集整理目连戏资料。

进入 21 世纪，高淳阳腔目连戏已处于濒危状态。为了抢救这一珍贵的非物质文化遗产，近 10 年来，在高淳区（县）委、区（县）政府的关心重视下，高淳文化部门组织专人在全区范围内进行深入调查，对阳腔目连戏老艺人进行采访、录音。2006 年，以清代手抄本《目连戏》为依据，高淳区文化部门编写出《叫花子打摊》折子戏，组织演员进行认真排练，终于使中断60年的阳腔目连戏重返舞台。2007年，高淳阳腔目连戏已列入江苏省非物质文化遗产名录。近年来，高淳区文化部门又将阳腔目连戏《七仙女送子》《龙女试节》重新搬上舞台，让高淳阳腔目连戏重新展现在世人面前。

二、阳腔目连戏在文旅融合中的文化价值

"文旅融合"，并非把文化当作标签任意贴在旅游上，必须有较高文化价值的文化项目和旅游结合；必须将人文情怀和文化素养融入旅游开发、服务和体验中去，才真正称得上"文旅融合"，否则便是东施效颦。文化价值是社会产物，人是文化价值的需求者和创造者，人们不需要的东西不具有文化价值。曾在高淳地区家喻户晓的阳腔目连戏能够流行700多年，足见其具有较高的文化价值。它的文化价值主要体现在以下几个方面：

第一，思想性。阳腔目连戏尽管是宗教戏，但它宣扬的主旨是崇德向善、孝悌忠信、礼义廉耻，这种思想观念是中华传统文化的重要组成部分。例如阳腔目连戏所塑造的主要人物——目连，就是一位孝子，为了把母亲救出"苦海"，上刀山、下火海，在所不辞，可谓历尽艰辛，百折不挠，直至取得最后的胜利，彰显了中华传统美德。同时，阳腔目连戏还塑造了一些助弱济贫、除暴安良、舍己为人的人物形象，对人们起到了良好的教化作用。另外阳腔目连戏也鞭挞了一些滥杀无辜、骄奢淫逸、横行霸道的反面人物的丑恶行径，警示世人"恶有恶报，善有善报"。由此可见，阳腔目连戏所体现的思想性，涵盖了中国儒教、佛教、道教的思想内容，与中华传统文化价值观是一脉相承的。

习近平总书记指出："中国优秀传统文化的丰富哲学思想、人文精神、教化思想、道德理念等，可以为人们认识和改造世界提供有益启迪。"阳腔目连戏既有一定的文化属性，又是潜力巨大的旅游资源，可以变资源优势为产业优势，实现文旅互动、文旅相融。

第二，艺术性。高淳阳腔目连戏既是剧目，也是独一无二的剧种。它的舞台表演艺术、唱腔、曲牌，以及"武场"杂技，既体现了南宋以降文人学者的创作结晶、成果，也包含僧、道和民间艺人的心血和汗水。

其生、旦、净、末、丑诸多角色亦已成为中国传统戏剧的固定角色，为后来昆、徽、京等中国戏剧的诞生和发展奠定了基石。阳腔目连戏的唱腔集中国传统戏剧音乐之大成，它吸收宋元杂剧中的曲牌达100多种，并且吸收了皖南的“弋阳腔”“青阳腔”，结合地方“高腔”，形成了自成体系的“阳腔”。特别是唱腔中的“高拨子”，发源于高淳，本来是一种拨船的号子，因为高亢激越，被徽剧吸收。尔后，京剧大师周信芳用“高拨子”来表现京剧中的正面角色，如在京剧《杨门女将》《徐策跑城》《林冲夜奔》等京剧中都有“高拨子”唱腔。

新中国成立后，现代京剧《沙家浜》《杜鹃山》中，也都用“高拨子”唱腔来表现共产党人气壮山河的英雄气概。可见，高淳阳腔目连戏的唱腔极具艺术感染力，其文化价值也很高。今天，如果在旅游景区演唱“高拨子”，一定会激发游人的兴趣。

第三，地方性。一是阳腔目连戏与高淳地方庙会、传统习俗密切相关。在演出时，将其与高淳的祭祀性舞蹈“跳五猖”“打叉”“跳财神”等融合在一起，地方特色极其明显。二是说唱均采用高淳方言，在声调上具有浓郁的地方风味。三是其音乐吸收了大量高淳民歌，吸收融合了“村坊小曲”“里巷歌谣”，有着鲜明的地方音乐特点。

地方性是乡土文化的主要标识，而乡土文化是中华优秀传统文化的根底，寄托着人们的乡土情怀，是永不过时的地方文化资源和文化资本。越是民族的越是世界的，越是地方的越是独特的。从这个意义上说，充分发挥阳腔目连戏的文化价值，足够成为文旅融合的新亮点。

综上所述，阳腔目连戏的文化价值有着深远的积极意义，同样具有当代文化价值。我们要坚持辩证唯物主义和历史唯物主义，秉持客观、科学、礼敬的态度，去其糟粕、取其精华，来提升人的精神境界，滋养社会主义核心价值观，坚定文化自信。所以，我们完全有理由活化阳腔目连戏，更加重视对它的保护、传承和利用。尤其在文旅融合的开发中，要发挥其当代文化价值，以实际行动落实习近平总书记的指示：“深入挖掘中华优秀传统文化蕴含的思想观念、人文精神、道德规范，结合时代要求继承创新，让中华文化展现出永久魅力和时代风采。”

三、实现阳腔目连戏与旅游融合的思路

当前，文旅融合为国内一大热门，方兴未艾。对于游客来说，“文旅融合”也就是“文化旅游”。2017 年，联合国世界旅游组织重新定义“文化旅游”概念，其基本动机是学习、参观、体验和消费旅游目的地之物质和非物质文化景点。可见，实现“文旅融合”就要从游客的角度来思考，这也是阳腔目连戏与旅游融合的思路。

1. 以演艺活动为支点，撬动文旅融合的发展

自古以来，“出门山歌进门戏”就是高淳的一大特色。现在每年正月里高淳就有 300 多场“年戏”，在全国都不多见，足以说明高淳人喜欢唱歌看戏。高淳戏台遍布乡村，目前高淳尚有省级文保单位古戏台四座。改革开放以来，村民自发筹资建起的戏台有 30 多座，有的是复建，有的是新建，每建一座都要上百万元。每年从新春佳节一直到农历三月中旬，高淳农村普遍搭建草台，邀班唱戏，其中薛城花台会久负盛名。草台搭好后，省内外的各路专业剧团纷纷应邀而至，往往一唱就是三五天，极大地丰富了群众的文化生活。

在这种得天独厚的条件下，将阳腔目连戏和旅游开发相结合是切实可行的发展模式。这就需要活化高淳阳腔目连戏。

如何活化高淳阳腔目连戏？必须要做到保护继承和传播利用相结合。一是抓创作。收集、整理阳腔目连戏的剧本和曲谱资料，组织专人对阳腔目连戏进行提炼和加工，编排一些精炼的折子戏。也可以用“旧瓶装新酒”，聘请艺术家创作一批富有时代精神的现代目连戏，讴歌新时代，讴歌新人新事。二是加强队伍建设。开办目连戏培训班，从街道、社区和民间表演团队中挑选一些戏曲人才，聘请专业老师进行唱腔、曲谱集中培训，以便组建一批表演队伍。三是开展演艺活动。充分发挥高淳全区现有的戏台优势，进行广泛表演。具体措施如下：第一，与高淳民俗活动相结合，如在传统庙会、重大传统节庆期间演出；第二，在高淳金花节、荷花节、螃蟹节、年货节期间演出；第三，送文化下乡时演出；第四，在各旅游景区定期演出，让古老的阳腔目连戏起死回生，焕发生机。说实在话，现在高淳人听惯了京剧、越剧、黄梅戏等，80 岁以下的人对目连戏已经非常陌生了，更不用说外地人了。“物以稀为贵”，如果能在高淳大地重新唱响阳腔目连戏，使阳腔日连戏成为一张响当当的高

淳名片，形成具有竞争力和市场影响力的拳头产品，必将吸引大批外地游客前来学习、参观，从而带动全域旅游发展。

2. 以阳腔目连戏为元素，扶持开发文创产品

创新市场化的推广方式和渠道，是保护、传承非物质文化遗产的重要途径，也是文旅融合的一种有效模式。近几年，国内“文旅”“文创”较为热门，尤其是利用非物质文化遗产来开发文创产品，搞得风生水起。有些珍贵的非物质文化遗产，犹如当初卞和手中的玉石，藏在深山无人识，始得楚文王识宝，琢成举世闻名的玉玺。如今的高淳阳腔目连戏，也像这块和氏璧，需要有识之士进行开发。

（1）研创动漫产品。动漫衍生产品是指由动画、漫画衍生而出的产品，其利润可观。如果将 108 折高淳阳腔目连戏改编成动漫产品，在各旅游景点播放，或做成电视节目，必将扩大它的知名度，同样也会带来巨大的经济效益。

（2）制作影视片。制作阳腔目连戏影视剧是一项浩大的工程，但也是传承阳腔目连戏的有效方法。这就需要组织一批剧目编创、作曲、导演和演职人员，上演一场大型阳腔目连戏，然后和影视制作公司合作，将其搬上银幕，在旅游景区播放，这必将提升人气，可谓一举多得。

（3）编印、出版书画专辑。组织专家、画家、学者等将阳腔目连戏改编成故事、连环画或漫话，在旅游景区展销，促进文化旅游的宣传。

（4）开发阳腔目连戏旅游工艺品。将阳腔目连戏中的文化元素，与高淳手工技艺中的木雕、泥塑、捏面人、羽毛扇等相结合，制成各种工艺品或纪念品，增强文化旅游产品对旅游主体的文化引导性，以提高其文化修养、道德修养和文化鉴赏力。

（5）提升高淳美食的文化内涵。高淳美食品种很多，也很有地方风味。如果在宣传美食的同时，注入文化内涵，则是锦上添花。例如目连探母所做的乌饭，就是从一种植物的新鲜叶子中挤出汁，将汁水与米充分搅拌后蒸出的米饭。这是高淳的一道美食，过去家家都会做，现在可以进行文化开发，既可以让游客品尝到乌饭的美味，也能够了解它的来历，增强文化旅游的效果，也无形中扩大了对阳腔目连戏的宣传。外地在这方面成功的例子很多，毋庸赘述。

3. 举办目连戏戏剧节，推动文旅融合

举办戏剧节，各地已有先例。如浙江省桐乡市乌镇，每年都举办戏剧节，是一场文旅结合的盛会。京剧、越剧等剧种也都有戏剧节。若举办阳腔目连戏戏剧节，则史无前例，其轰动效应可想而知。

目前，全国各地流行的目连戏，有湖南省隆回县辰河目连戏、河南省南乐目连戏、浙江省绍兴目连戏、安徽省祁门目连戏和南陵目连戏，都具有一定的演艺规模和表演水平。如果能在高淳举办全国性目连戏戏剧节，实现“戏剧节+古镇+慢城”的文旅结合，必将促进高淳阳腔目连戏的发展，提升阳腔目连戏的知名度，同时也能带动全区旅游、交通、餐饮、民宿等联动发展。

四、结语

思路决定出路，观念决定方向。推进文旅融合，路在前方，路在脚下。站在新的历史起点上，我们要认真按照习近平总书记关于弘扬中华优秀传统文化的总要求，进一步解放思想，不断加强对省级非遗——高淳阳腔目连戏的保护，在保护中传承，在传承中创新发展，努力把阳腔目连戏中所蕴含的文化价值和当代精神价值生动艺术地展现出来，在文旅融合的大潮中掀起朵朵浪花！笔者相信，在各级党委、政府的高度重视下，在社会各界的关心支持下，古老的高淳阳腔目连戏不会成为历史的绝唱，一定会在新时代焕发出一片生机！

牢固树立服务理念　不断强化导向意识 深化推进群文歌舞推广普及工作

作者 // 朱余国　陈　薇
单位 // 南京市雨花台区文化馆

人民群众既是我们的服务对象，也是我们最重要的依靠力量。群文歌舞活动的推广普及，同样离不开广大群众的参与和支持。只有始终坚持以人民为中心，深入扎根群众，广泛发动群众，充分依靠群众，才能让群文歌舞在民众沃土的滋养孕育之下落地生根、开花结果。

一、坚持时代导向，站在与中华民族伟大复兴同频共振的高度，审视思考群文歌舞推广普及的指向性

中国特色社会主义进入新时代，群文工作必须要有新气象、新作为。在实现中华民族伟大复兴的宏伟征程中，群文歌舞推广普及工作一定是有方向感的。必须坚决抵制负面思潮的干扰，坚决摒弃纯粹娱乐的思维，以主动作为、真作为的姿态，积极引领文化新风尚，大力弘扬时代主旋律，做价值观的守望者、真善美的传播者、正能量的捍卫者。

一是强化政治意识，引领“铁心跟党走”的价值观导向。群文歌舞活动是活跃群众文化生活、净化群众精神家园的有效举措，也是思想政治建设的重要载体。群文歌舞工作者首先应当成为合格的思想政治工作者。要始终坚持以习近平新时代中国特色社会主义思想为统领，始终确保群文歌舞活动听党召唤的指针不摇摆、砥砺奋进的标尺不降低。要更加注重政治导向，更加注重精神力量，通过形式多样、内涵丰富、寓意深刻的歌舞活动，激发广大群众对党的领导的绝对信赖、对中国特色社会主义事业的坚定信心。2018 年，江苏以改革开放 40 周年为契机，举办紫金文化艺术节。在“潮涌新时代”开幕式上，一曲激昂交错的《壮美中国梦》拉开了序幕，《大国智造时代雄风》《富裕进万家》等赞美新时代、歌颂新生活的主旋律节目不断将晚会推向高潮，生动再现了改革开

放以来，在党的坚强领导下，江苏“一路风雨一路歌”的璀璨芳华，奏响重整行装再出发的奋进强音，取得了良好的政治效果、社会效果，成为群文歌舞引领价值观的典范。

二是坚定文化自信，激发“祖国最美好”的民族自豪感。“文化自信是一个国家、一个民族发展中更基本、更深沉、更持久的力量。”群文歌舞工作者有责任、有义务演绎好中国故事，传播好中国声音，展示好中国精神，为彰显文化自信提供更多的群文智慧、群文方案、群文力量。列宁格勒保卫战期间，卡尔-埃利亚斯贝尔格率领乐团在爱乐大厅奏响第七交响曲，黑色的指挥棒一抖，激昂的旋律迅速传遍大街小巷，士兵走出掩体，人民走上街头，静静聆听音乐。这一场景生动展现了苏联人民特有的浪漫英雄主义情结。中华民族历史渊源、文化流长，更是为我们留下了说不尽的英雄人物、听不完的动人故事、数不清的歌舞传承，这些都是坚定文化自信的宝贵财富。群文歌舞工作者必须紧紧扎根于民族文化的沃土，生动再现、积极演绎多彩的中国、进步的中国、团结的中国，进一步唤醒广大群众的民族自豪感，为携手奔小康、实现中国梦提供强大的精神力量。

三是树立高尚情怀，传播“处处充满爱”的社会正能量。一个时代的最美画面，底色是人心；一个民族的伟大复兴，关键靠精神。健康乐观、积极向上的正能量，是实现伟大中国梦的重要精神支柱。近年来，江苏涌现出梆子现代戏《人民母亲》、歌剧《贝拉日记》、歌曲《盛世飞天》等一大批弘扬主旋律的原创歌舞作品，得到社会各界广泛好评，关键就在于平凡朴质中饱含追求真善美的无疆大爱，深远意境中蕴藏充满正能量的文化内涵，极大触发了民众的情感认同和灵魂共鸣。新的历史条件下，群文歌舞工作者承载着讴歌传颂、践行引领社会主义核心价值观的使命，必须致力于化风成俗，组织广大群众创作编排出更多有筋骨、有道德、有温度的歌舞作品，不断唤醒、全面释放对祖国的崇高挚爱、对人民的朴实关爱、对事业的执着热爱、对生活的无限真爱，切实形成与中华民族伟大复兴同频共振的精神伟力。

二、坚持目标导向，本着为增进人民群众福祉不懈奋斗的态度，有效提升群文歌舞推广普及的针对性

随着物质生活水平的不断提高，人民群众的精神需求也在日益增长。

群文歌舞作为广大群众喜闻乐见的活动载体，已经进入千家万户，成为日常生活不可或缺的重要组成部分。群文歌舞工作者应当本着“帮所需、补所缺、强所弱”的态度，进行针对性辅导。当务之急是必须在帮助群众加强舞美修养、提升表演能力等方面下功夫、见成效。

一是加强乐理普及，提升民众的作品观赏能力。提高民众的文化修养、鉴赏能力和审美情趣，是深化群文歌舞推广普及的基础工程。当前，有序开展歌舞赏析的群文教育机制尚未健全，音乐常识匮乏、乐理知识贫乏、鉴赏能力缺乏的现象仍然比较普遍。有的不精通简谱、不熟悉五线谱；有的不了解音乐流派、不知道名家作品；还有的满足于简单的音调模仿、随意的肢体摇摆，对于歌舞的节奏之美、韵律之彩、情感之境，把握不准，理解不深，甚至是一问三不知，影响了群文歌舞活动的质量。为此，绝不能简单满足于教会大家一首歌、一支舞，必须从乐理、舞美等基础知识入手，采取由易到难、循序渐进的方式，帮助群众逐步了解掌握节奏的语言、肢体的语言、情感的语言，学会用多元的思维、多维的视角感受美、欣赏美、追求美，在娱悦精神生活的同时，实现灵魂和情感的升华。

二是加强创作辅导，提升歌舞编排能力。一切歌舞创作活动都离不开生活的土壤。广大群众对生活中的酸甜苦辣感受最深切，最有发言权，理应成为最重要的原创力。歌舞编创者之所以要深入基层和群众中体验生活，归根结底是为了更广泛积累素材，更有效启迪灵感，更深刻把握细节，更真实还原生活。但是，体验得来的感受往往并不能代表生活的全貌。让群众参与编创属于自己的歌舞，常常更有代表性、更具典型性，甚至会收到意想不到的效果，也更有利于群文歌舞的推广普及。新的历史条件下，要着力解决依靠群众的智慧不够、组织群众参与歌舞编创氛围不浓的问题。群文歌舞工作者既要重视采编工作，也要关注创作辅导，必须投入更大耐心、付出更多精力面对面地教、手把手地带，不厌其烦做好“授人以渔”的基础工作，帮助群众鼓起创作勇气，提升群众的创作能力，激发群众的创作活力，实现由“一家做”到“大家做”的华丽转身，打造出更多思想精深、艺术精湛、制作精良的优秀群文歌舞作品。

三是加强实战练兵，提升现场表演能力。群文歌舞活动的推广普及离不开舞台这一重要载体。只有经过不断的表演实践，才能打破自娱自乐的浅层循环，切实提升群文歌舞质效。为此，必须着眼上台表演少、舞台经验缺的实际，加强指导培训。要“上得了台”，帮助群众演员克服紧张恐惧的心理障碍。通过反复走台，多次彩排，认真联排，确保每段乐谱、每句歌词、每个动作、每一站位都烂熟于心，成为习惯和自觉。注重循序渐进，从小规模、小群体演出开始历练，帮助群众演员逐渐掌握缓解表演压力、释放紧张情绪的方法技巧，逐步丰富舞台经验，提高应变能力。要“入得了戏”，帮助群众演员提升抒发情感的表演能力。引导群众演员既要充分体现歌舞作品的内在情感，又要注重台上台下的情感交流，以此感染打动观众，获得最佳艺术效果。要“补得了位”，树牢协作配合的团队意识。无论是台前的乐队、指挥和演员，还是台后的舞美道具、灯光音响、走场催台，群文歌舞工作者都要时刻放在心上，牢牢抓在手中，通过周密组织协调，加强沟通磨合，促进深度融合，确保台下保障跟得上、台上配合有默契，任何情况下都能主动补台、及时补位。

三、坚持服务导向，始终以彰显人文关怀作为评判得失的尺度，不断激发群文歌舞推广普及工作的主动性

脚上沾有多少泥土，心中就装着多少真情。群文歌舞工作者作为基层文化战线上的排头兵、顶梁柱、主心骨，必须始终把群众利益牢揣在心间，以实而又实的工作、细而又细的作风，真情做好群文歌舞推广普及工作。

一是扎根基层最末端，丰富群众精神生活。群文歌舞的推广普及，不需要高谈阔论、豪言壮语，而是要脚踩到底、身体力行。只有深入扎根基层，主动服务群众，才能行稳致远，打通群文歌舞推广普及的“最后一公里”。一要积极开辟工作联络点。聚焦群文歌舞底蕴不足、力量偏弱的区域，主动上门服务，现地开展教学，进一步积攒群文工作力量，夯实群文歌舞基础。二要不断延伸工作服务线。采取组建“文艺轻骑兵”、打造“文旅大篷车”、搭建“文化展演台”、举办“歌舞大讲堂”等方式深入偏远地区，大力开展“送文化”活动，丰富群众精神生活。三要努力扩大工作覆盖面。采取点上示范先行、由点及面推开的方式，

深化推进“一镇一品牌、一村一特色”文化工程，通过资源共享、结对帮扶、志愿服务、教育培训等举措，进一步点亮群众参与热情，做大做强群文歌舞事业。

二是兼顾社会各层面，提升整体人文素养。在新的更高起点上推进群文歌舞活动，必须打破重机关轻民间、重城市轻农村、重节日轻平常等现象，尽最大可能面向整个社会、惠顾所有人群。要坚持民有所呼，即有所应，深入走进社区、校园、机关、企业、农村等各个角落，主动面向最广大群众，采取推门献技、上门授课、开门办班等方式，最大限度满足公众精神需求，最大限度提升群众人文素养。要坚持以人为本，平等互爱，充满爱心投身群文歌舞公益事业。当前，特别要注重关爱残疾、智障等特殊人群，积极为癌友合唱团、哑女舞蹈组、夕阳红演出队等群团组织出谋划策、贡献力量，鼓励他们热爱生活、热爱歌舞，以深切的人文关怀，助推群文歌舞活动向纵深发展。

三是深入校园第一线，厚植民族文化根基。青少年是祖国的花朵、民族的未来，也是传承民族文化、厚植民族底蕴的根基血脉所在，必须本着长远发展的眼光，抱着极端负责的态度，尊重好、服务好、实现好广大学生群体的全面自由发展。一方面，要主动深入校园，大力开展“第二课堂”教育，广泛传播歌舞基础知识，引导青年学生学以增智、学以增趣。另一方面，要进一步做好选种育苗工作，切实把兴趣浓、潜质优、有发展的好苗子选拔出来，采取成立兴趣班、组建艺术团、参加等级考等多种方式，培养储备一批专业人才，为群文歌舞活动的明天更美好奠定坚实基础。

四、坚持创新导向，注重从深入挖掘人民群众智慧潜能的角度，努力增强群文歌舞推广普及的实效性

唯改革者进，唯创新者强，唯改革创新者胜。深化群文歌舞推广普及工作，必须从人民群众对美好生活的向往追求中找灵感、想对策、出招数，以勇于“摸着石头过河，背着石头上山”的创新精神，打造独特的活动方式、新颖的歌舞载体，更好地适应和满足广大群众日益增长的精神文化需求。

一是深挖底蕴，打造“魅力歌舞”，靠擦亮品牌扩大影响力。根自

同源的文化认同感、血脉相连的民族归属感，是群文歌舞活动的生命力所在。群文歌舞工作者必须深刻把握、深入采集、深度挖掘传统文化的底蕴精髓，在吐故纳新的过程中实现历久弥新。江苏作为吴文化发祥地，同时拥有楚汉文化、金陵文化、淮扬文化等地域文化，人文荟萃、底蕴丰厚，留下了无尽的歌舞艺术瑰宝。从戏剧剧目看，有昆剧、锡剧、淮剧、扬剧、苏剧、徐州梆子等；从曲艺表演看，有苏州评弹、扬州评话、扬州清曲等；从传统音乐看，有高邮民歌、海门山歌、金湖秧歌、南乡田歌等；从传统舞蹈看，有龙舞、竹马、跳马、渔鼓、花鼓、滚灯、麻雀蹦等，这些“沾泥土”“带露珠”“冒热气”的鲜活艺术表现形式，都是广大群众喜闻乐见、耳熟能详的歌舞载体。必须在广泛宣传的基础上，大力进行整合开发，形成富有地方特点、民族特色、时代特征的歌舞品牌示范效应，以此增强广大群众的文化记忆、文化认同和文化实践，进一步促进群文歌舞活动“遍地开花”，打造共娱共乐的亮丽风景线。

二是吸收融合，打造“跨界歌舞”，靠独特风情增强吸引力。随着时代的发展变迁，群众文化需求呈现出多元化、时尚化等特点。群文歌舞活动必须与时俱进，以跨界至无界的精神，放飞想象力，勇闯无人区，大胆探索实践新颖独特的艺术表现形式，不断增强群文歌舞吸引力、感召力。在文化传承上，要坚持传统与现代的跨界融合，积极引进新生文化、草根文化，广泛运用立体投影、虚拟场景、模拟声光等新型舞美技术，进一步增加艺术表现的张力。在文化吸收上，要坚持本土与外来的跨界融合，海纳百川、兼容并蓄，主动把富有异域风情的旋律、舞蹈、器乐等元素引进来，进一步增强群文歌舞的厚度。在文化传播上，要坚持舞台与网络的跨界融合，通过互联网、大数据、云计算等新兴传播载体和储存介质，进一步扩大群文歌舞的辐射力。

三是因地制宜，打造“群团歌舞”，靠常态长效激发参与度。当前，群文歌舞活动的集群效应往往体现在广场文化上。群文歌舞工作者必须因地制宜，充分发挥广场的“窗口”作用、互动功效、欢快氛围，大力拓展“群团歌舞”活动。要精细化分工，积极打造一支专业素质过硬的辅导团队，以强大的师资力量为“群团歌舞”打下坚实基础。要最广泛发动，采取合并同类项的方式，针对不同的喜好和需求，组建各类歌舞团队，吸引周边更多的群众参与进来。要经常性活动，通过持之以恒在广场上练、不失时机到群众中演，进一步释放群文歌舞的活力，不断形成百花齐放、百花争艳的生动局面。

镇江

论疫情防控期间群文工作者的应对

作者 // 顾　萍
单位 // 镇江市文化馆

2020年伊始，一场疫情突如其来，席卷神州。其所影响的绝不仅限于经济块面，在相当程度上涉及文化建设。作为社会主义文化的一大分支，群众文化的分量任谁也无法忽视。既然疫情在全球还呈蔓延之势，我国暂时也就难以完全将之涤除，那么，在这段与疫情共存的时段里，群文工作者要如何才能有所作为？本文试从三个方面做出粗浅的探讨。

一、调整心态

疫情的出现改变了人们的生活方式，在最初的阶段使人手足无措。文化人又格外敏感，也就更容易在精神上受到剧烈的冲击。此时，身为群文工作者要直面现实，振作精神，免受负面情绪的波及。

1. 接受

所谓接受，是指正视已然发生的现实，正视今日的世界处于一个数十年来未有之状态，一个从工作轨道上短暂出离的阶段。雷霆雨露都是生活的恩赐，月圆月缺都是自然规律，花开花落都应当坦然接受。

2. 了解

接受只是第一步，继而便是了解。了解疫情的来龙去脉，社会上、国内外发生了多少与之相关的大事件，这些形形色色的事件可以从正反两方面促进我们的工作。反面“教材”也许暴露了一些人的自私、偏激与狭隘，那也是对文化人立身处世的警醒。正面事件则可以成为我们宣讲的材料、创作的素材，是彰显我国制度优势的例证和展示人性真善美的元素。

3. 超脱

接受、了解后就是超然与跃升。当然不是身体上的超脱。环球同此凉热，谁也不可能置身事外。所谓超脱是就精神层面而言的。我们的目光要更宏观，视野要更开阔，胸怀要更宽广，这样才能早日挣脱消极、悲观、烦躁、焦虑等负面情绪的困扰，为后面拿出实际行动、迎难而上、创造业绩、强化君子人格和使命担当奠定坚实的基础。要做到这一点，不单是听听轻音乐、适度运动、多与亲友正能量交流，更有效的是阅读经典。网络上碎片化的信息易使人浮躁，真真假假的新闻旧闻徒然使人心乱。亲近经典，与古圣先贤、中外明达展开灵魂的对话，有助于心绪的稳定和思想的达观。有此心境，才谈得到下一步的推进。

二、调整思路

往日群众文化工作者有多年经验的积淀，虽也与时俱进，通常却更倾向于萧规曹随。但疫情到来以后，许多我们视作理所当然的方法忽然不能奏效，乃至不能实施。被迫改变计划的例子比比皆是。

比如，原定多少场的现场培训，不得不取消；原定多少次的下基层巡演，不得不夭折。即使如今形势大有好转，城市的剧场、乡村的聚集地，仍然对人数和社交距离有着严格的限制，这就导致一部分群文工作者无所适从。这时需要的便是及时调整思路。

1. 依托网络，大力发展“线上”

培训的课堂不仅可以在教室，也可以在网上；老师面对的不仅可以是一个个实体的学生，也可以是虚拟对象。以“云教学”为载体，一样可以传道授业解惑，宣传普及播扬。形式或有不同，自由度反而变大，覆盖面也更广，传播速度更快，辅导手段也更灵活，如适度加上动画效果，加上彩色字体，加上音乐伴奏，引入弹幕与线下网友实时、活泼地交流等。

2020 年春节以来，镇江市文化馆老年艺术大学的各类培训班暂停开班，文化馆及时调整思路，开设了“文化直播”云讲堂，让老师与学生在“云端”相见，开展网络授课，讲授内容涵盖了书法、美术、摄影、舞蹈、器乐、声乐、戏曲、健康养生、旗袍形体、串珠、茶艺、中国结等众多门类。对于习惯于面授的群文工作者来说，线上授课是一项新的挑战。与面授方式不同，线上授课需要老师在课前反复演练，这样才能在上课时最大限度模拟和还原现场，提升教学的真实感和教学效果。为此，承担教学任务的群文业务骨干认真备课，细致教学，同时也促进了自身专业能力和水平的提升。该系列网课推出后反响热烈，点击量和评论数可观，学员遍及全国，甚至还有国外的华人华侨，影响面可谓极广，效果超出预期。

2. 寻求突破，瞄准热点题材

疫情对于群文创作者是一大考验，同时却也是一种深刻的人生体验、一个锻炼意志然后创作文艺精品的契机。

相较于平时，创作者在疫情防控期间会直接间接地接触到生死大限、直击本源的问题，会亲历、耳闻层出不穷的感人事迹，也不排除会深受少数卑行劣迹的刺激。这些平时无从体悟、无从思考的大事小情既是当下的热点题材，也是拓宽创作面、深化创作内蕴的转型机会。仅镇江一地，就有相关题材的诗歌、歌曲、舞蹈问世，更勿论全省、全国范围内将出现多少优秀作品。镇江市文化馆组织创作力量，在第一时间创作出多件以抗击疫情、防控阻击战为主题的文艺作品：音乐作品《使命召唤》《感谢你，天使》 《就这样逆行》、朗诵作品《武汉，加油!》、诗歌《思》、舞蹈《不屈的翅膀》等，被省市多个平台登载发布。这些紧扣抗击疫情热点题材、讴歌平凡英雄、礼赞时代精神的作品，充分体现了群文工作者在特殊时期的使命担当。

但问题也是一体两面的。我们所创作的抗疫文艺作品是适应一时形势，做短平快的宣传，还是追求永恒、超越时代？笔者并非扬此抑彼。事实上宣传类的作品能最迅速地呼应号召，传递力量，送达温暖，播扬大爱，对增加信心、稳定民心很有意义。然而同时也必须看到，总要有一部分创作干部是把作品当作艺术品来打磨的，技巧上精雕细刻，立意上力求深邃。描写二战的电影何其多，为何斯皮尔伯格的《辛德勒的名单》和《拯救大兵瑞恩》脱颖而出，成为经典？皆因两部影片没有只停留在反战的层面、揭露纳粹暴行的层面，却以厚重博大、令人动容的胸怀和睿智犀利洞穿历史的眼光探寻人心的奥秘，彰显了对终极价值的追寻和远超一时一地的反思、反省，自然，也有穿破阴霾照彻肺腑的人性的光亮。这对于我们疫情题材的创作，有着非同一般的借鉴意义。

3. 归纳总结，做好理论梳理

有丰富多彩的辅导培训，有紧跟时代的文艺精品，尚嫌不够，理论也应及时跟上。

理论梳理既可包括对各类举措的经验得失的归纳总结，也可涵盖对创作作品中有代表性之精品的剖析阐释。不管何种文化潮流与现象、文化措施与方式，只有理论的适时出现，才能使它们不会昙花一现，不会事过无痕，而赋予它们有力的支撑。如果把潮流、措施比拟为血肉，理论概括就是人的骨骼。血肉与骨骼皆具，才是完整而有生机的肌体。

为疫情防控期间的创作与辅导进行理论总结，笔者觉得有三个方面需要注意：一是要对过往的成就有丰赡详尽的盘点，有一针见血的讨论，并能自成完备的话语体系；二是对今后的创作和辅导有指导意义，换言之，总结梳理出的某种规律性的东西，不仅仅在于检阅以往，更在于启示未来；三是理论文章本身应注重深入浅出，注意字句文采，而不能只见理论，不见“文章”，否则观点再精辟也是皮之不存、毛将焉附。试看夏志清《中国现代小说史》、沈从文《中国古代服饰研究》等著作，本身就是一流的文字。何况疫情是与每个人都切身的话题，欢笑血泪，皆在其中，对与它有关的创作、辅导的研究，更不能写得艰深晦涩、潦草粗疏。

三、完善品格

上述两点可理解为外在的招式，第三点则好似修炼者的内功。内外兼修，方为王道。

我们知道，中国历史上总有一些艺术水准高或政治才干卓著，却品性不纯、缺少担当与情怀的人。新时代的群众文化工作者必得有意识地历练人品，懂得为民付出，做到不求回报，让自己的责任感和担当精神内化到血液与思维中去，成为一个大写的群文人。

不难想象，一旦缺了这份情操，创作者进行创作时会何等地缺少激情、缺少投入，创作的动机多半非名即利，或是仅视之为一份工作，拿出的也仅是平淡的为稻粱谋的产物。可想而知，对公益性的辅导培训更会兴致极低，即使迫于“上级”压力，也会满怀抱怨，满腹牢骚，敷衍了事。至于理论研究，更要有担当，有甘坐冷板凳的恒心与毅力，有为学术、为群文事业贡献心力的内在驱动。

担当精神和奉献情怀并非生而有之，是靠后天的学习、陶冶才能具备。因之不论在哪个岗位，不论行政职位高低、专业水平强弱，都应当从以下三方面做出努力：

其一，多亲近传统文化中的思想精华，如此可提升境界，不忘初心。

其二，将自己的心得向身边传布。赠人玫瑰，手有余香，赠人心灵的玫瑰，自当更加馥郁芬芳。

其三，文化馆领导亦当做好谋划。如经常组织一些活动、讲座等，引导职工向正确的价值观贴近，养其浩然之气，增其服务之心，促其勇于担当。

根据医学专家的判断，人类还将与疫情共处一段不短的时间，在疫苗和特效药研发成功以前，都不能算尘埃落定。在此背景下，群文工作者在精神上的免疫力显得尤为重要，品格的强健将有助于其积极性的调动、热情的释放和人生方向的正确把握。

综上，在疫情防控期间（以及之后的“余震”阶段），群文工作者应从心态上、业务上、品性上持续磨炼。三者层层递进，互相激发，相辅相成，才能奋勇向前，真正为后疫情时代文化建设的辉煌打下坚实的基础。

基于文旅融合背景下的公共文化服务新思路

作者 // 郭　敏
单位 // 扬中市文化馆

2018 年 3 月，国务院机构改革方案提出，“将文化部、国家旅游局的职责整合，组建文化和旅游部，作为国务院组成部分。不再保留文化部、国家旅游局”。文旅融合一时成为人们生活中的热门话题，“人文游”也成为人们旅游的热门选项。全国各地纷纷行动起来，进一步挖掘地方人文旅游资源，将其与公共文化服务内容相结合。人们在选择一座城市作为旅游目的地时，除去当地的名胜古迹外，这座城市的公共文化服务水平也成为人们了解一座城市文化的重要途径。

一、加快公共文化服务发展的目的

随着社会经济的高速发展、国民收入的不断提高，人们对精神文明生活的要求也越来越高，旅游这一能让人获得精神愉悦的生活体验方式受到广大群众的欢迎。旅游是文化的载体，文化是旅游的灵魂，两者关系密不可分。中华民族文化历史悠久，源远流长，璀璨的文化、丰富的人文风情都是值得挖掘的人文资源。我国幅员广阔，各地文化差异大，独具地方特色的文化，如各地非遗、特色风俗对于游客来说是极有吸引力的。相较于目前公共文化服务水平而言，如何将地方特色文化转化为“人文游”的美好体验，从而达到传播优秀传统文化、促进当地文化旅游事业的发展、提高文化自信的目的，给当地的公共文化服务带来不小的挑战。挑战与机遇并存，公共文化服务应该寻求创新发展，探寻新的服务模式，打造特色文化空间，进一步提高公共文化服务的水平和质量，为旅游业提供发展动力的同时也使自身成为展示一个城市文化内涵、城市精神的重要平台。

二、探索公共文化服务发展的新思路

1. 发展商业化的公共文化

提高旧城区的利用率。打造城市特色文化空间，对老城区进行改造，能够增添其艺术感和怀旧感。例如，在旧城区举办怀旧音乐节、城市文化历史展览、城市变迁文化体验活动等，可以促进旧城区的进一步发展。另外，对城市周边的小村庄进行合理改造。可以选择部分有文化特色的村庄，利用村庄内的文化资源举办相关活动，如民俗体验活动、故事表演等。这样一来，不仅能够促进旅游业的发展，吸引更多游客，满足游客的文化需求，还能够促进村庄的经济发展。利用城市的商业建筑，扩大文化传播范围。繁华的商场人流量大，是现代旅游的主要场所之一，因此，可以在商场内举办音乐会等文化活动，在策划活动的过程中增添活动的趣味性，通过相关网络平台进行宣传，吸引更多游客，从而增加当地的经济收入。充分利用当地文化场所开展文化活动。文化场所自身具有较强的文化集中传播性，可以在当地的书店、博物馆、美术馆等场所开展艺术展览、图书交流等活动，促进文化产业的多层次发展。总的来说，以上文化产业的商业化公共文化活动可以满足不同层次的游客的文化需求，从而有效促进公共文化服务的发展，加速旅游业的多样化发展。

2. 发展公益性的公共文化

公益性公共文化是社会公共文化服务的重要组成部分，能够有效丰富人们的文化生活，提高城市公共文化服务的质量，提升人们的文化素养，对于人们的日常生活具有积极影响。在建设公共文化服务场所的时候需要对选择的场所进行整体考虑，对公共文化场所周边建筑的布局情况进行全面考察，不仅需要对文化场所的中心布局进行考虑，还需要对偏远地区的文化设施进行考察，从而满足人们的文化需求，保证地区文化的协调发展。另外，公益性文化场所在进行设计和建设过程中，需要符合其公益性特点，应打造具有城市文化特色的公益性文化场所，从而更好地吸引游客，促进当地旅游业的发展。例如，为了传播城市发展文化历史，可以在公园里设计浮雕，雕刻城市的发展历史，游客在参观的同时可以感受城市文化。为了吸引更多游客参观城市的文化场所，充分体现公益性，可以免费开放部分博物馆、公园、图书馆等。这些公益性文化场所能够提高人们的文化素养，为人们提供良好的文化环境，吸引更多游客参观，满足人们的文化需求，同时能够带动文化场所周边的餐饮和娱乐产业的发展。

三、公共文化发展中存在的问题

1. 大型公共文化的场所分布不合理

目前，大型公共文化场所的整体布局不合理。文化馆、博物馆、图书馆等主要集中于城市中心区域，无法满足社会整体的需求，难以满足偏远地区群众的文化需求。另外，文化场所大多分布在建筑密集区，节假日出行人数较多，交通压力较大，影响人们的出行和文化的体验感。

2. 缺乏具有地方代表性的公共文化场所

在城市建设和发展过程中，大部分城市尚未形成足够的公共文化服务意识，公共文化服务发展的时间比较短，因此在短期内无法形成具有地方文化特色的文化场所。另外，部分城市缺乏特色文化建设，没有实现地方特色与旅游业的结合，虽然文化产业在不断发展，但对旅游产业的促进作用不大。

四、文旅融合背景下促进公共文化服务发展的策略

1. 促进公共文化的场所分布合理化

为了满足不同区域的居民的文化需求，在建设大型公共文化场所的时候需要充分考虑区域问题，避免出现布局不均衡的情况，不能过于集中在中心区域。因此，在建设大型公共文化场所的时候，需要收集民意，听取居民的建议，根据周边环境因素合理规划文化场所的分布，完善配套设施，既不能在中心区域集中建设，也不能建设于建筑密集区。总的来说，在建设公共文化场所的时候要将居民满意作为目标，保证公共文化场所价值的有效实现。

2. 发展地方特色的公共文化

地方性公共文化需要突出本地文化特色，表现当地独有的人文特点，吸引外地游客，促进旅游产业的发展。地方性公共文化服务发展需要开发利用当地的历史资源和自然资源，加强对城市发展历史的宣传，提升城市的文化价值，扩大城市的文化影响力。另外，当地的文化遗产是文

化历史发展的主要表现，需要加强对文化遗产的保护力度。城市周边的自然景观可以合理建设为博物馆、风景区等。

五、结语

综上所述，在现代社会发展过程中，人们的生活水平和品质得到提升，为了满足人们日益增长的文化需求，在文旅融合发展的背景下，公共文化服务应有新方向，应从商业化和公益性出发，合理安排公共文化场所的分布，将旅游产业和文化产业相结合，促进地方文化传播，提高当地旅游经济收入，为人们提供更好的文化体验。

参考文献

［1］王庆生，贺子轩. 我国文化和旅游融合发展研究新进展述评［J］. 河南工业大学学报（社会科学版），2019，15（6）.

［2］金武刚. 公共文化服务体系中的图书馆创新发展研究［J］. 图书馆，2019（5）.

关于茅山道教音乐传承与发展的思考

作者 // 何　伟
单位 // 句容市文化馆

道教音乐，是中国宗教音乐之一。道教音乐是道教仪式中不可缺少的内容，它具有烘托、渲染宗教气氛，以及增强信仰者对神仙世界的向往和对神仙的崇敬的功用。道教音乐吸取了中国古代宫廷音乐和传统民间音乐的精华，渗入道教信仰的特色，形成道教音乐的独特艺术风格，也是中国传统音乐的重要组成部分。

一、句容茅山道教音乐的历史

江苏省西南茅山，原名句曲山，西汉景帝时，咸阳茅氏三兄弟（盈、固、衷）在此修道，被后人尊奉为三茅真君，山亦易名为“茅山”。南朝梁陶弘景（456—536）在茅山创立了“茅山派”道教的道教科仪①及音乐。此派又称上清派，隋唐时代因王远知、潘师正、司马承祯等人竭力推崇而名声大振，从梁至北宋中期，鼎盛数百年，一直为道教主流。茅山与龙虎山、阁皂山同为道教著名的三大符箓派名山。嘉熙三年（1239），宋理宗命正一道第三十五代天师张可大提举三山（龙虎山、阁皂山、茅山）符箓并御前诸宫教门公事，自此，茅山归入正一道。但茅山派的道教音乐及科仪仍然保持其独特传统，并由茅山道士代代相传至今。

茅山道教音乐及斋醮活动，经隋唐之兴盛，在宋、元二朝又受宫廷的宠幸，文史资料甚丰。在明正统年间开版②《道藏》的《茅山志》及嘉靖中《茅山志后编》等书中，对茅山受皇命所举行的醮事和醮事的节目次序、

---

① 科仪：道教术语，指道教道场法事。
② 开版：亦作“开板”，开始刊刻印版。

唱曲等，甚至醮事所用的法器、乐器，以及演唱和演奏人员的配备等，都有较为详细的记录。这些资料对研究唐、宋时代茅山道教音乐及仪范极为重要。

茅山道教在清末及日本侵华战争中遭到重大破坏，茅山道教科仪和音乐的资料尽数被焚毁。茅山道士数量锐减，目前能演习少量茅山科仪的仅十余人。茅山历来师承极为严格，辈分清楚，20 世纪出家于茅山道院的道士，按辈分取用“啟、先、觉、钦、敏、澹、支、念”等字，法师的法名亦是“高、宏、鼎、大、罗”等辈。

茅山道教音乐保持了“茅山派”的传统，也就是把唐宋时期的茅山道教音乐保留至今。如《卫灵咒》《三茅真君诰》均为茅山派道教歌曲，词为茅山专用。《道藏·三茅真君加封事典》卷下第三，淳祐九年（1249）六月举“庆礼设醮仪”的节目一开始就有咏唱《卫灵咒》的记载，可见《卫灵咒》历史之久。此外，茅山道教的许多唱赞中，每一个字都用较长的节拍或较多的音符拖腔来演唱，这和北宋时代道教音乐谱本《玉音法事》所表达的演唱要求十分相似。

茅山道教音乐除了悠久的传统之外，其他的音乐特点亦十分明显。茅山虽属苏南地区，但和邻近的常州、无锡、苏州道教音乐截然不同。（1）在调性上五调皆用，无偏爱羽调、角调的倾向。（2）在行腔上，高亢有力，注重大线条起伏，曲调小转弯及装饰音运用较少，加之诗词使用近南京官话的语音，曲调居“刚”，和苏南其他地区的道教音乐有十分明显的区别。

茅山道教音乐由声乐和器乐两大部分组成。

声乐部分：道人咏唱和道白是道教科仪中的声乐表现形式，具体表现有咏唱式、念唱式、诵唱式和韵腔道白等四种形式，诵唱内容以“赞”“颂”“偈”“诰”“咒”“符”等表现手法展现。

器乐部分：茅山道教音乐采用民间乐器演奏，以吹打乐、弹拨乐为主，常用乐器有笙、箫、笛、唢呐、二胡、琵琶、三弦、扬琴、古琴、古筝、阮、鼓、锣、钹、木鱼、金钟等。演奏方式分“坐奏”和“行奏”两种。“坐奏”为乐手固定坐在道场左右两侧演奏，“行奏”为乐手在法事动态进程中边行边奏。

二、句容茅山道教音乐的现状

在清末及日本侵华战争中遭到重大破坏后，茅山已无当年三宫五观遍布大茅、二茅、三茅等三山的宏大景象。以三宫之一的大茅山顶宫为例，清代中期，一宫之内就有十二房子孙；到20世纪50年代初，仅存迎秀道院、迎旭道院、怡云道院等六房，而这六房中的每一房道士的人数也大大减少了。50年代起，在新中国宗教政策的指引下，茅山三宫五观的道士联合起来，破除了各自的门户观念，统一称为“茅山道院”，并组织起茅山道教协会，茅山道教走上了新的道路。

茅山道教协会成立之后，各宫观的科仪及音乐资料集中保管，但在“文革”时被毁。江南正一道散居于农的数量较大，他们中不少人因改行、歇业，或因居住地偏僻、乡邻保护等，使藏道教科仪及音乐的抄本甚至法器、庄严、道衣等均“渡过难关”，完整地保存了下来。20世纪80年代初，茅山年高的道人仅有十余人，加之文化水平不高，且又体弱多病，在回忆科仪和经文上有一定的困难。“茅山派”的科仪和各地正一道不相同，因而无法参考其他地方科仪文本。从上述情况可知“茅山派”科仪及音乐传人已不多，茅山道院及时帮助他们回忆并记录茅山派的科仪及音乐，从而避免了这一文化的“失传”。

1982年茅山道院招收了8名年轻道士，1987年又招收了16名年轻道士，举办了为期6个月的道教科仪培训班，专门讲习茅山道教科仪和音乐，使茅山道教音乐的传承后继有人，后来又分批选送人员去武汉音乐学院学习。经过30多年的努力，茅山道教音乐人才济济，目前已成立了一个36人的道教经忏班，专门从事道教斋醮科仪和道教音乐的演出。2014年茅山道教音乐被列入国家级非物质文化遗产名录。茅山道教音乐经整理已有160多首曲目，并结集出版。

三、句容茅山道教音乐的价值

1. 历史价值

茅山道教音乐是中国音乐史上的活化石，对研究我国道教音乐的形成与发展具有重要意义。

2. 文学价值

茅山道教音乐中的曲词，形象地反映了当地的地域民俗和乡土礼仪，其“济世利民、净化心灵”等教义思想具有十分浓厚的文学审美价值。

3. 艺术价值

斋醮的法事流程、经韵的诵唱方式、民族的器乐演奏等，均有着陶冶性情、培养心灵智慧的宗教艺术魅力。

4. 科学价值

茅山道教音乐积极吸纳民间宗法内容，以深受民众喜爱的“济世消灾”观念，在音乐、曲词、美术、服饰、养生、符箓、戒律上“身心双修”，已形成重要的科学价值体系。

四、句容茅山道教音乐的保护

1. 已采取的保护措施

中共句容市委、市政府先后印发了有关加强保护非物质文化遗产文件，组建成立“非物质文化遗产保护工作小组”，将“茅山道教音乐”列入重点保护项目。

（1）成立“茅山道乐团”，利用会演、出访、斋醮仪式等开展演示活动。

（2）对茅山道教音乐的曲谱进行了收集整理。

（3）邀请有关专家对茅山道教音乐进行了理论研究，出版了《中国茅山道教音乐》《茅山道乐研究》等书籍。

（4）派道士乐手前往武汉音乐学院进修学习，加强人才培养。

2. 资金投入情况

（1）成立“茅山道乐团”，50 万元。

（2）书籍出版、音像制作，20 万元。

（3）曲谱、资料收集整理，25 万元。

（4）乐手进修学习，30 万元。

（5）参加汇演，30 万元。

（6）演出场所建设、演出用品添置，300 万元。

3. 相关制品及其作品

（1）相关制品

① 乐器：笙、箫、管、笛、唢呐、二胡、琵琶、三弦、扬琴、古琴、古筝、阮、鼓、锣、钹、木鱼、铛、镲、金钟等。

② 道具：宋代玉朝笏、玉印、旌幢、华盖、道袍、法衣、冠、袜、忏牌等。

（2）相关作品

①《卫灵咒》《三茅经》《三茅诰》《华夏赞》等几十首代表性音乐曲牌。

②《中国茅山道教音乐》（长江文艺出版社 2001 年 4 月版）、《茅山道乐研究》（宗教文化出版社 2002 年 3 月版）。

③《江苏道教》（季刊，江苏省道教协会主办）、《茅山道院》（月报，句容市道教协会主办），以上报刊由茅山道院具体编辑。

4. 保护内容

（1）茅山道教音乐的历史资料，包括曲谱、经本、文献、音像、照片、乐器、法器等。

（2）重要的科仪经韵及其演唱技能。

（3）具有艺术价值的曲谱、鼓段、套曲及其演奏技能；道教曲牌的表演技能。

（4）道教宫观设施及道教醮仪程式（继续完善恢复）。

5. 保护计划

时　间	保护措施	预期目标
2017 年	落实资金，资料整理保护	
2018 年	增加投资，完善资料，录制专题片，培养后备人才，建立传承人队伍	
2019 年	发展队伍，配齐设备，经常演出	加强提高，形成规模
2020 年	加强茅山宫观内演示场所建设，加强宣传，扩大知名度	在国内形成较大影响
2021 年	举办海内外道教音乐汇演	加强交流，更好展示，在国外享有较高声誉

6. 保障措施

（1）建立保护组织。

（2）保证每年的经费投入。

（3）进一步搜集、采录、摄制有关文物、实物、资料，完善档案，建立电子数字库。

（4）定期培训、辅导、提高。

（5）举办斋醮科仪活动。

五、句容茅山道教音乐的前景与保护发展措施

茅山道教音乐的发展离不开道乐团的建设，再好听的音乐离开受众也是无水之鱼。只有将道教音乐分享给社会大众，才能使越来越多的人懂得欣赏道教音乐的艺术之美，这是传承和发展道教音乐最好的方法。因此，要有计划地组织培训以提高演奏者的演奏技能，建设一支高水平的道教音乐团，使道教音乐真正担负起服务社会大众的责任。

茅山道教音乐在传承发展中要有创新意识，应在现有的基础上体现出特色，使茅山道教音乐内在的价值情感与受众达成思想共鸣。音乐是通过有组织的声音来表达人的思想感情的一种文化艺术。茅山道教音乐除了要保持特色，还要与其他道教音乐取长补短，在创新中发展，使其更具特色，更加悦耳动听，真正成为社会大众的精神食粮。

茅山是道教圣地，同时也是革命圣地、旅游胜地。茅山道教音乐要走向大众、走向社会，我们要充分利用茅山的自然资源和人文资源，让茅山道教音乐参与到茅山的旅游业中，使游客不仅可以游览茅山的自然景观和人文景观，而且在游憩过程中可以欣赏到动听的道教音乐，了解茅山的道教文化。对茅山道教音乐加以合理的开发，可以提高茅山景区旅游的整体质量。目前茅山景区已做了一些工作，如在景区内所有景点和路旁架设隐形音响，适时播放茅山道教音乐；同时，在景区内设立大型的露天演出场所，开展茅山道教音乐和斋醮科仪表演活动。

除了各景点外，景区内所有餐馆、酒店、商场、大小商店都鼓励播放道教音乐，酒店内可常年放置道教音乐光盘（VCD、DVD）等音像制品，免费供游客拿取。还可以制作茅山道教音乐车载 VCD、DVD 光盘及其他形式的影像作品，出版发行介绍茅山历史、音乐的小册子，与茅山道院一起传承与发展茅山道教音乐。

音乐无国界，道教音乐也不例外，茅山道教音乐更是如此，我们目前要做的就是把茅山道教音乐推向社会，推向海外，让全世界都知道江苏句容有个茅山，有天籁般动听的茅山道教音乐。

文旅融合发展背景下的传统文化融合模式和措施初探

作者 // 霍　力
单位 // 镇江市文化馆

十九大报告明确指出，我国社会主要矛盾已经转化为人民日益增长的美好生活需要和不平衡不充分的发展之间的矛盾，文化和旅游在人民对美好生活的需求中占据重要地位。

2018 年各地国庆节与文旅有关的数据反映，90%以上的游客参加了文化活动，78.3%的游客在文化体验上的停留时间为 2 天以上。这些数据都表明，文旅融合已成为时代的需要、时代的使命。

文化如何丰富和提升旅游的内涵？旅游如何成为带动文化发展的载体？文化和旅游如何深度融合，创造发展新的格局？

笔者认为，中国传统文化及文化元素与旅游融合将成为上述问题的破解答案。文化和旅游部原部长雒树刚也说："广大旅游企业要用好大众旅游需求增量，进一步激活数量巨大、类型多样、丰富多彩的文化资源存量，既要传承五千年文明演化积淀下来的优秀传统文化，承载红色基因的革命文化，也要面向当代，面向大众，传播社会主义先进文化。"所以说中国传统文化在文旅融合的话题中应占有重要地位，而不应该被忽略或摒弃。如何将传统文化与旅游融合以提升旅游的内涵，如何让旅游业成为发展和传承中国传统文化的载体，这是我们需要深思的课题。

一、文旅融合的两个可能性

1. 从中国传统文化的表现形式看文旅融合的可能性

中国的传统文化形成和来源于 5000 多年的社会文明发展历史中，深远影响了中国的哲学、文学艺术、医学和工程等生活的方方面面。对于人们追求美好生活象征的旅游而言，文化是旅游的内核已成为旅游行业的共识。渗透着中国传统文化的宗教、建筑园林、民俗及饮食等方面与现代旅游均紧密地结合在一起。

中国传统文化的表现形式有：

（1）宗教是中西方传统文化最基本的精神构成要素，它们在中西方的历史舞台上为人们的生活秩序、社会运转及法律制度都提供了有效的价值支撑。宗教不仅在西方构建了特色的文化，同时也是人们认识东方文化的钥匙。比如在中国，道教、佛教等宗教文化不仅影响着我们的价值观，还与文学、音乐和建筑等生活的诸多方面互相渗透，这些内容如果放在某一特定地域里就会形成独特的宗教文化、寺庙和道观旅游资源。我们应当找到宗教文化资源中可与中国优秀传统文化互相支撑、互为契合的内容进行有效的文旅融合。

（2）中国的建筑园林一向深受中国传统文化的影响，处处体现着中国文化的元素。比如中国古代社会以宗法—血缘文化范式为构架，北京故宫建筑上的布局与序列就是基于这种严格的文化礼制来营建的，君权与父权的地位无以复加地在建筑中得到体现。又如江南的私家园林一度成为中国古典风景式园林艺术的最高境界，这些私家园林风格各异，表面看都反映了一种隐退意识和文化的盛行。可以对这些经典的旅游景点之中蕴含的传统文化元素进行剖析，完成去糟粕存精华的演绎，来同步提升传统文化旅游的深度。

（3）中国的饮食文化作为旅游活动中不可缺少的一环，与中国传统文化亦有紧密的联系。中国饮食文化以物质文化为载体，在行为制度和精神文化上有所呈现。在物质文化上具体表现为每个传统节日都有固定象征性的美食，每个地区都有独特的菜系和饮食文化。比如除夕的饺子、清明节的青团、乞巧节的七巧果等，比如中国八大菜系的菜式、品种和制作工艺等。在行为制度文化上，具体表现为餐桌礼仪、人际交往及节日祭祀、娱乐活动等，这些也是各地饮食文化的特色来源。各地的饮食中顺应天时、食在当季，以及南甜北咸的口味也体现了传统文化中的“天人合一”、追求人与自然和谐相处的思想。

在旅游中感受到各地不同的饮食文化也可作为极具代表性的文化象征符号，凝结了中国人的食养艺术、文化习俗、民族精神和民族情感，具体表现为以人为本的发展观、天人合一的自然观、和而不同的价值观等传统文化的社会价值观特征，文旅融合能够更有效地实现传承和传播中华民族优秀传统文化的使命。

（4）民俗是社会面貌的综合反映，民俗文化是一个民族精神灵魂的重要组成部分。民俗事项、遵俗方式是传统文化的重要组成部分，是民族特质能够延续的基因。通过各地花样繁多的旅游项目，我们能感受到各地的传统节日与民俗文化蕴含着丰富的文化内涵。它们是弘扬和培养中华民族精神的重要文化载体，不仅传承了中华民族的生活习惯和民族心理，也是中华民族的文化符号和象征，需要我们以文旅融合为着力点进行全方位的挖掘和开发，以达到文化与旅游相得益彰、共同繁荣的目的。

中国的传统文化来源于历史的发展，是人们在长期的生产生活实践活动中积累和保存下来的，具有一定稳定性和概括性的物化精神形态，广泛显现和分布于社会文化思想、生产技术、吃穿住行、风俗习惯等之中。它贯穿于人们日常生活的方方面面，与旅游相关的形态有宗教文化、建筑园林、民俗及饮食等，这些传统文化的沉淀具有丰富的文化价值和旅游经济价值，不仅为文旅产业的发展提供最直接的保证，也是发展文旅产业最坚实和深厚的基础。文旅融合应重视这些传统文化资源，进而深度挖掘和梳理，将其重新聚合成有吸引力的文旅产品，推向消费市场。

2. 从传统文化的传承体系看文旅融合的可能性

中国传统文化的传承体系是一个复杂的系统，笔者认为其构成要素主要有传播者与接受者、传承场、传承内容、传承方式等。下面分别剖析传统文化传承与旅游的切入点和融合的可能性。

（1）传统文化的传播者与接受者。在现代社会中，政府、学校、企业、社会组织、现代媒体等都是传统文化的传播者。传统文化的接受者主要是人，其中社会青壮年和群众是主要群体。这些人群恰恰也是旅游服务的提供者和受众，从传播者与接受者的人群上来看是趋同的。从政府机关的角度，文广新局作为负责传统文化管理与传承的机构，已与旅游局合并为一个新的部门。

（2）传统文化的传承场。所谓传承场是传播者与接受者进行文化传承所建立的关系网络，它可以表现为特定的自然空间，也可以表现为复杂的社会文化空间，但更多的是自然空间与社会文化空间的结合。这种结合可以体现为文旅活动，比如庙会、有传统文化主题的游园活动及与社会文化联系紧密的旅游景点等。

（3）传承内容。中国优秀传统文化的传承内容主要包括中华文化代表性的民族伦理精神、文化符号、民族艺术、社会制度、知识体系、节日习俗和生活方式等。这些形成于中国漫长的历史发展进程中的文化内容，很多都带有明显地域性特色，与当地的社会文化、民俗特色、自然环境和建筑园林等有着紧密的联系，绝大部分已成为旅游时人文内容的关注点。

（4）传承方式。中华优秀传统文化的传承方式主要有民间传承、学校教育传承、媒体传承和场馆传承等。而场馆传承方式中的各种博物馆、纪念馆、艺术馆等场馆本身就是各地旅游资源的重要组成部分，这些场馆不仅提升了旅游的品位，还丰富了游客游玩的内容、提升了文化享受的满意度。

雒树刚曾在北京人民大会堂“部长通道”回答记者提问时表示，通过文化和旅游的融合发展，文化更加富有活力，旅游也更加富有魅力。因此无论是从传统文化的表现形态上，还是从传统文化的传承体系来看，传统文化与旅游进行深入融合都是提升文化和旅游公共服务效能、提升群众满意度的可行并且有效的手段。

二、传统文化与旅游深度融合的关键点分析

中国艺术研究院田青老师说：“现代化是一块橡皮擦，它正一块一块地擦掉传统文化。”而笔者要说，传统文化与旅游相融合，却又像是一支笔，能够书写传统文化新的篇章，让世人领略它的风采；给旅游注入新的活力，让大众感受它的魅力。

传统文化与旅游深度融合，以旅游作为传统文化传承发扬的有效手段，以传统文化作为提升旅游品质的有效方式，应注意以下几点：

（1）传统文化资源进行文旅融合时，尽管绝大多数传统文化资源都可以融合进旅游经营项目，但仍建议对本地的传统文化特色资源进行普查和编目，注意识别精华与糟粕，在开发旅游产品时注意甄别与扬弃。要科学利用传统村落、文物遗迹及博物馆、纪念馆等各类文化场所，开展文化旅游，推动剧场、演艺、游乐、动漫等产业与旅游业融合，从而开展传统文化体验旅游。

（2）在打造传统文化文旅产品时，注意能融则融，不宜生搬硬套，搞千城一面、千村一面、千景一面。没有特色和个性，就无法打动人心。尤其注意要深度挖掘当地具有地域特色的传统文化来打造具有文化气息的文旅产品，在实施传统文化振兴的同时，提升旅游产品的文化含量。

（3）在运营和营销上，要推动旅游业从“门票经济”向“产业经济”转变，从粗放低效方式向精细高效方式转变，从企业独享向社会共建共享转变。进一步提高文化旅游景区的宣传推广水平，以产业链及上下游联合的方式深入挖掘当地特色传统文化来展示地区特色。除了文旅融合外，还可结合商贸活动、文化节庆、体育赛事等旅游宣传推介，用文化提升旅游整体吸引力。

三、以镇江市为例探讨文旅融合的模式选择

镇江地处长三角经济发达地区。作为历史文化名城，镇江文化底蕴丰厚，人文景观众多。宗教方面有道教圣地之一的茅山、佛教名寺金山寺和焦山等；饮食文化上有独树一帜的淮扬菜系。镇江因战国时期地处楚吴文化的交汇点，后又身处大运河与长江的交汇处，历来有“吴头楚尾”和“黄金十字水道”之称，在民俗方面就更具有多样性的特征了。拥有令人艳羡的传统文化资源的镇江在将传统文化与旅游融合、打造文旅精品的需要下做出了有益的尝试。

镇江恒顺香醋酿制技艺 2006 就第一批进入《国家级非物质文化遗产代表性项目名录》中。从挖掘“旅游+非遗”的角度出发，镇江将已有的恒顺老店升级为小型的醋博物馆，并增加了非遗教学工作室，既可以使游客通过了解和动手制作感受当地非遗文化的独特魅力，也可以通过非遗产业化运营为非遗保护提供经济支援，形成传承和发展的良性循环。

镇江市润州区文化馆对润州辖区内的非物质文化遗产进行了普查和编目，并以此结合旅游开发进行了尝试：在老城区建成了以“润州记忆”为主题的润州非遗展示馆，在非遗保护传承工作中融入现代因素，建成泥塑、剪纸非遗艺人工作坊，为区内学生提供了接触非遗、传承非遗的学习基地，也为开门迎客奠定了坚实的基础。

作为道教圣地之一的国家AAAAA级风景区茅山，每年都会举办大型的茅山道教音乐节，以此为契机将宗教艺术与旅游相结合，为来自世界各地的游客演奏国家级非物质文化保护曲目《卫灵咒》《茅山颂》等，并表演音乐杂技《庄生梦蝶》等具有道教韵味的曲目。这一宗教的音乐节不仅向全世界展示了中华传统文化，也成为句容市经典的品质旅游项目之一。

将传统文化资源与旅游产品相结合，镇江人成功地迈出了步伐并尝到了甜头。然而与兄弟省市相比，镇江前进的脚步似乎还慢了一些，我们需要迎头赶上。

镇江可以传统文化的表现形式和传承体系的元素为两条主线，以全市传统文化的物质与非物质遗产的普查和编目为主要手段，由政府文旅部门牵头，联合文旅生态圈的民间机构进行文旅产品的优化和升级，这样可以深度挖掘、全面兼顾，以保证镇江丰厚的传统文化资源优势得以沉珠再现，隐星发亮。

根据镇江的地域特色和传统文化资源的现状，在进行文旅融合和产品优化时，具体还可采取以下几点措施：

1. 传统文化旅游产品向创意旅游转型

镇江的传统旅游目的地需要结合传统文化资源进行重组和出新。说起镇江的旅游景点，大家耳熟能详的就是镇江“三山”，从观光内容上基本呈现“古刹+宝塔+故事”的模式：金山——“金山寺+慈寿塔+白蛇传说”，焦山——“定慧寺+宝塔+碑林”等。这些经典景点虽是招牌产品，但“旧瓶装陈酒”，无法吸引沿途游客的驻足停留。如何将镇江特有的传统和民俗文化与旅游产品结合起来，并提供有个性化需求的文旅服务产品是我们亟须解决的问题。

通过普查和编目可以深度挖掘新的文旅项目，比如米芾（北宋书画名家）墓、米芾公园，以及宗泽（南宋抗金名将）墓等，名人身后所流传至今的文化精神如能融合进旅游开发项目，必将吸引一批有着追求个性化文旅需求的小众游客。我们需要具有能为游客创造个人新体验的能力，不断开发出创新的文旅产品以满足游客不断变化的需求，这将为旅游产业提供竞争优势并最终保证旅游行业的盈利。

2. 以传统文化为依托，打造特色文创产品

2016年，故宫文创产品销售额已经达到10亿元。2017年，故宫文创产品突破10000种，产品收益达15亿元，超过了1500家A股上市公司的营收。

为什么故宫的文创产品这么红？故宫文创的核心是将传统文化商品化，这种以传统文化为依托、以传播文化为出发点的文创模式不得不红！

事实上镇江也有丰厚的传统文化资源，比如润州区的非遗项目中就有很多适合开发文创产品的内容，饮食方面有于氏鮰鱼狮子头，手工艺方面有剪纸、根雕、烙铁画等。我们可以借鉴故宫的成功案例，将优秀的剪纸、根雕、烙铁画、泥塑、刻纸、瓷刻、虎头鞋作品包装成文创产品，将传统糕点适当增添文化信息并包装成地方特色手信。但需注意，故宫每开发一款新的文创产品，都查阅了相当多的历史文化资料，我们不能走粗制滥造的路子，要让消费者在点滴生活中"用"上精品，真正实现游客满意的文化消费。

3. 社会效益与经济效益要统一

对传统文化资源地进行旅游开发利用时需注意社会效益与经济效益的关系。要把社会效益放在首位，将经济效益与社会效益相统一。

山西乔家大院景区由AAAAA变为无A，吃着传统文化遗产的老本，不思创新和进取、商业化过重等是此次摘牌的主要原因。

镇江市在传统文化与旅游融合的发展过程中，也要避免传统文化成为经济的附属品而对传统文化本真属性带来的扭曲，对于传统文化应以不破坏、不歪曲为基准，要注意用精华、弃糟粕。正如习近平总书记在文艺工作座谈会上的讲话中所说的那样，一部好的作品，应该是把社会效益放在首位，同时也应该是社会效益和经济效益相统一的作品。文旅产品也应以社会效益为先，这样不仅遵循了传统文化保护和传承的初心，也必将在文旅市场上获得认可和欢迎。

对于镇江市而言，面对如此丰厚的传统文化资源，我们应以普查和编目为高质量的文旅融合打下坚实的基础，以创新、打造精品文创、社会与经济效益相统一为指导理念，以深度体验、艺术节和节日模式、数字化、普查和编目作为主要手段，最终实现以文促旅、以旅彰文的最终目标。

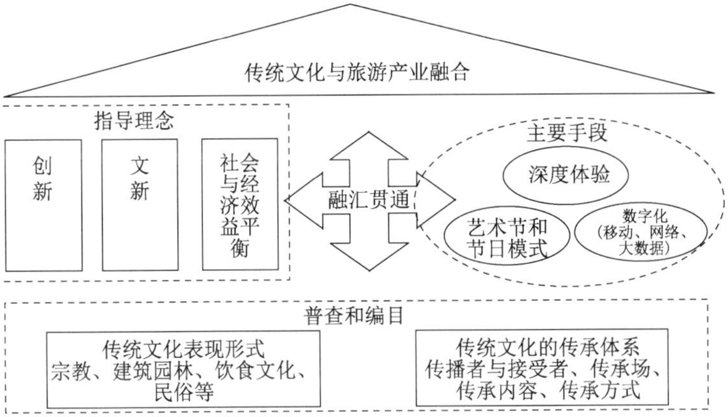

四、结语

文化是旅游的灵魂，旅游是文化的载体。从传统文化发展与传承的角度来看，传统文化需要与旅游相结合；从旅游产业的角度来说，旅游行为本身也因传统文化的融入而得以提升品质，这类旅游就成了传统文化的传播活动。再优秀的传统文化，如果不被人们所了解和欣赏，都是很难传承下去的；传统文化的传承与发展需要旅游这个重要途径。

当“清风”袭来的时候
——增强人民群众公共文化服务获得感的创新典型案例

作者 // 滕胤青
单位 // 镇江市丹徒区文化馆

丹徒区具有深厚的历史底蕴和丰富的文化资源，要在推动文化高质量发展上走在前列，在满足群众文化需求上做出表率，让公共文化服务更多更好地走进普通百姓的生活。习近平总书记在庆祝改革开放40周年大会上的重要讲话中指出：“我们要着力解决人民群众所需所急所盼，让人民共享经济、政治、文化、社会、生态等各方面发展成果，有更多、更直接、更实在的获得感、幸福感、安全感，不断促进人的全面发展、全体人民共同富裕。”不断提高人民群众的获得感、幸福感、安全感，对于凝聚起把新时代改革开放继续推向前进，实现“两个一百年”奋斗目标、实现中华民族伟大复兴中国梦的磅礴力量具有十分重要的意义，是新时代全面深化改革的重要着力点。

带领人民创造美好生活，是我们始终不渝的奋斗目标。不断提高人民群众获得感、幸福感、安全感，必须把人民对美好生活的向往落实到实现好、维护好、发展好最广大人民根本利益上。有人说，人的一生不过“衣食住行”，只要吃好、穿好、住好，那人生也就差不多美满了，但是这里的“吃好、穿好、住好”都是物质上的，人民群众精神上的“获得感”又从何而来呢？说到人民群众的精神文化“获得感”，文化单位肩上的担子似乎并不轻松。完善公共文化服务体系，增强中华民族文化认同感，进一步提升公共文化服务能力，让人民群众广泛享有更好的基本公共文化服务，不断增强城市软实力和人民群众的文化获得感是文化服务单位当前重中之重的任务。

丹徒区文化馆是全区精神文明建设的重要窗口，也是公共文化服务体系建设的重要阵地。近年来，为丰富人民群众的业余生活，丹徒区文化馆不断提高公共文化服务水平，充分保障群众的文化权益，文化服务的项目和内容不断完善且惠民活动丰富多彩。一方面积极发挥区文化馆的文化阵地作用，馆内各功能活动室全部实行免费开放，还开展了多种形式、文明健康的公益性公共文化艺术活动；另一方面更注重群众的文化艺术需求，定期开展各类讲座和艺术展演，积极扶持社会业余艺术团队建设，文艺爱好者亦可享受各类免费培训。

丹徒新区政府广场是丹徒新城附近群众户外活动的一大场所，每天傍晚人们都会相聚在此，开展各式各样的文体活动。每年 5 月的中旬至下旬，由中共丹徒区委宣传部、丹徒区文体广电和旅游局主办，丹徒区文化馆承办的“清风雅韵”广场戏曲周都会如期而至。此时的丹徒新区政府广场总是人声鼎沸，不管是年迈的老人，还是年幼的孩童，都拿着小板凳占座，为的是能抢到一个观看演出的最佳位置。傍晚，华灯初上，位于广场中央的舞台光彩夺目，台边的伴奏曲声悠扬，台上的角色惟妙惟肖，台下的观众掌声雷动……看着此情此景，场边的工作人员无一不露出欣慰的笑容。

一年一度的“清风雅韵”广场戏曲周活动已成功举办七届，它已成为深受丹徒新区群众喜爱的一项文化惠民特色活动。这项活动不仅仅是一项普通的文化惠民演出活动，更是一个展示平台，为的是让每一个有梦想的群众有机会走上戏曲大舞台。每年的“清风雅韵”活动，作为承办单位的丹徒区文化馆不仅要对演出所涉及的舞台搭建、舞美、灯光、演出安保等一系列筹备工作进行部署，而且全馆业务干部都会参与其中，精心策划，拟定即将上演的剧目；然后采用选拔与推荐相结合的方法，遴选出由哪些乡镇的哪些业余戏曲表演团队和演员担任演出任务。在筹备的同时，文化馆会派专人跟进剧目的编排情况，同时聘请戏曲行业专家在演出前给戏曲团队进行表演辅导与强化。乡镇业余戏曲表演团队在日常都有规律和定期的团队活动，这一优良的传统已经持续了多年。丹徒区文化馆在切实解决团建中硬软件方面的短板问题上花了较多的心思：为团队安排合适的排练场地；邀请戏曲行业专家进行讲课授艺；组织团员进行交流和研讨；适时进行团队考核……这些有效的做法使得丹徒区的业余戏曲团队活动蒸蒸日上。

在我们的身边有这样一支特殊的业余戏曲团队——“丹徒区阳光残疾人文化艺术团”，它是“清风雅韵”活动的直接“受益者”，它是由

“清风雅韵”培育并孵化出的优秀明星组织，饱受赞誉。残疾人朋友们自强不息的精神在“清风雅韵”的活动中得以展现，他们一次次成功的演出不仅给观众带来了欢乐，更是带给人们积极向上的精神。残疾人演员们的自信、执着和追求，打动了在场的所有观众，同时团员们也收获了自信心与成就感。像这样感人的例子在“清风雅韵”活动中比比皆是。这项活动之所以能深入人心，正是因为它有机会让群众参与其中、身临其境，从而获得满满的幸福感。

业余戏曲团队是丰富群众文化娱乐活动的重要载体，也是提高人民群众文化素养的自我教育阵地，各乡镇业余戏曲团队的建设和活动，培养了一大批优秀的戏曲骨干，七届“清风雅韵”戏曲周便是这些成果最直接的见证，这项活动让这个舞台成为戏曲骨干成长的平台。活动得到了各乡镇的积极支持和戏迷朋友们的广泛参与。“清风雅韵”戏曲周的开展，使一大批优秀的戏曲票友脱颖而出，这些票友成为弘扬和传承戏曲文化的骨干力量。这些团队的团员来自群众，在演出过程中，他们以亲民的表演风格和贴近群众的表演内容，在群众中赢得市场、赢得口碑，获得持久的生命力。

“清风雅韵”戏曲周活动激发了城乡居民的戏曲热情，丰富了群众的精神生活，提高了全社会认同、支持和参与的水平，使戏曲文化深深地融入全区群众的日常生活之中。随着“清风雅韵”戏曲惠民演出的不断推进、业余戏曲团队的不断成熟，丹徒区的公共文化服务水平在不断提高，“清风雅韵”正走出一条贴近实际、贴近生活、贴近群众的特色之路，与此同时，老百姓的精神文化“获得感”不言而喻。愿“清风雅韵”这个品牌成为一个标杆，各项文化惠民活动都能借鉴其好的做法，让更多的群众参与到属于自己的文化活动中来，这些文化体验也必将成为他们心中宝贵的精神财富。

草根锡剧让东乡群众生活更有滋味
——以大路镇西戴村全民锡剧演出为例

作者 // 王祥林
单位 // 镇江市新区文化馆

西戴村位于镇江市大路镇南部，紧邻镇江新区省级农业园，全村面积3.38平方公里，户籍人口约2600人。近年来，西戴村以优美乡村建设为抓手，坚持“两手抓，两手硬”的宗旨，在不断加大村庄基础设施建设投入的同时，积极推动基层公共文化服务建设，先后获得省级民主法治村、省级卫生村、市级综合文化服务示范村等荣誉，草根锡剧更是成为当地文化的重要标识，群众文化生活更有滋味。

一、背景与起因

东乡戏曲爱好者众多，锡剧更是备受青睐。在大路镇西戴村这个总人口约2600人的村子里，锡剧爱好者就达1000人之众。良好的锡剧传承局面除得益于周边地缘影响外，更离不开西戴村在人员组织、宣传引导、鼓励帮扶等方面的苦心倾注。2008年西戴锡剧文艺团建立，经过10余年的不懈努力，西戴锡剧文艺团逐渐成为东乡最有特色的文艺团队之一。他们忙时务农，闲时排戏，30余人的草根骨干时常聚集在一起切磋技艺，编排剧目。村委会则主动搭台，帮助协调排练舞蹈房、演出费用。2019年该锡剧团带着《珍珠塔》《沙家浜》等经典剧，赴大路镇及周边姚桥、丁岗等镇演出20余场次，受惠群众近20000人，真正让这只“旧时王谢堂前燕”飞入了寻常百姓家。

二、做法与经过

（1）充分激发村民参与锡剧创作和演出的激情。2008年西戴村依托村老年协会，成立锡剧文艺团。成立时，全村锡剧骨干不过10余人。此后，该团队将村文化广场作为学演阵地，定期排练、以戏会友，队伍逐渐壮大。目前，西戴村锡剧骨干达到 30 人，基本上月月有演出。本村居民耳濡目染，渐渐地，一半以上村民都会唱上一段经典。在原有锡剧文艺团基础上，该村先后成立腰鼓队、舞龙队、舞蹈队等多支队伍，参演村民近百人。

（2）积极争取各界对锡剧传承的重视和支持。锡剧团创建之初，西戴村通过企业赞助、镇村扶持等方式购置必备活动设备，逐步增添活动舞台布景、戏曲服装、音响等基础设施。2008 年以来，该村结合“办好老百姓家门口的活动”，累计投入资金近 100 万元建设文体广场 3 个，为锡剧演出搭建阵地。帮助落实舞蹈室、文化活动室、图书室等近 500 平方米。2019 年开始，区镇两级政府对每场锡剧或其他村级演出进行资金补贴。

（3）积极培育形成一定品牌效应。西戴锡剧文艺团利用农闲季节和民间传统节庆日，自编自演，丰富当地群众精神生活。西戴锡剧也因此成为大路镇“欢乐东乡”的常备曲目。在 2019 年“第一届圌山风景美食节暨文艺展演”中，西戴锡剧团应邀展示，吸引了数万游客驻足观赏，同时带动了锡剧推广。大路镇现已成立 3 支锡剧表演队伍，尤其每到盛夏，晚场村间锡剧演出已成为地方特色。

三、成效与反响

（1）促进了乡风文明。积极健康向上的文化追求促进了西戴村的睦邻友好。村风正、家风和、民风淳朴，多年来，西戴村未发生重大案件，邻里纠纷不出村，是远近闻名的省级民主法治村。锡剧文艺团在其中发挥了重要作用，锡剧团骨干多是老党员、老教师、老干部，这批力量无论在矛盾调解还是隐患排查中都是中坚，是村委会的好帮手，拉近了干群关系，促进了农村和谐发展。

（2）传承了民间文化。西戴锡剧在经典曲目的基础上，加入新的元素，结合自身实际自编自创了如《红嫂》《张思德之歌》等大量优秀作品。通过草根表演让原本高雅的戏曲走进百姓家，让本土居民认识和了解中华优秀传统文化，更加热爱家乡，树立文化自信，让锡剧传承根植西戴，真正让锡剧表演生于民间、兴于民间，成为本土村民最真实的生活体验。西戴锡剧文艺团的精彩演出得到了“镇江民生频道”《走进新区》等栏目的多次关注，镇江市摄影协会也曾多次专题采风。

（3）满足了村民需求。曾经的“泥腿子”变身台上的“锡剧明星”，其中，有对过去的情怀，更多是对现在生活的美好写照。针对当前村（社区）留守老人多且喜爱传统戏曲的特点，西戴锡剧文艺团结合村情民意，通过草根化的自创，切磋技艺，互学唱腔唱法，在群众喜闻乐见的形式中融入了传统孝道、文明新风尚，连周边村庄的许多群众也被吸引过来观看，极大满足了村民多元的精神文化需求。

四、体会

一是如何将一支村级“游击队”变成锡剧演出“正规军”，还任重道远。尽管西戴村在锡剧演出方面做出了大量的探索，但受资金短缺和专业人才不足的制约，锡剧发展质量不高，年轻人参与不够，高质量曲目不多，真正距离高质量发展还有不小差距。

二是硬核的戏曲扶持举措尚不充足。尽管各级政府在广场、戏台、排演室等硬件建设方面投入了大量资金，但在软件建设方面还略显不足，比如在戏曲保护与传承、戏曲创作扶持、政府购买戏曲艺术表演、人才培养、戏曲普及和宣传、扩大地方戏曲社会影响等方面举措不多，还需要我们今后更多的努力与完善。也只有这样，才能全面提升文化产品的供给质量和群众参与文化活动的积极性与满意度。

浅谈新时期文化馆数字化建设构想

作者 // 张　丹
单位 // 丹阳市文化馆

在现代社会中，各行各业都在根据数字信息技术对自身的工作模式进行调整，而作为社会公共文化部门的重要组成部分，文化馆也需要紧跟时代的脚步，对线上数字化进行管理，研制出有助于提升文化服务的办公系统，为文化馆的发展注入新活力。

一、新时期文化馆数字化的必要性

1. 群众需求

现阶段，大部分的文化馆还在用传统的模式开展服务，用到的服务设施和手段都十分单一。文化馆一直以来都将自身束缚在独立又狭小的落后系统中。但是如今的社会信息技术在持续发展，诸多企业、机构都在应用相应的技术软件如微信公众平台、网站等对外宣传，此类传播形式有助于信息更快流通，也能有效扩大传播范围。群众已经习惯并接纳了类似的信息生活，他们将数字信息传播看作现代社会企业的必然发展手段。由此可见，新时代下文化馆的服务远远没有满足群众的需求，服务手段与供给模式的不完善之处也逐渐凸显。

2. 文化馆数字化建设的优势

文化馆数字化建设具有鲜明的时代性和完善性，它依托互联网技术，通过网络为群众提供各类文化服务，在相对成熟的数字技术支持之下，能够实现群众文化艺术创作生产及活动开展。在拥有群众问题团队支持的情况下，能够直观地将艺术成果呈现在大众面前。一些非物质文化遗产也能在此基础上得到传承与应用，更是能够用其本身的文化建设打造出自己的品牌。群众能够参与到品牌创造的过程之中，区域文化可以通过线下展示的同时，打造网络课堂，对艺术进行加工普及。除此之外，数字化建设能够对工作方式进行具体完善，为群众提供更便捷、更高质的服务。

二、新时期文化馆数字化建设的举措

1. 整合资源

随着全球经济形势的变化，我国的信息技术也处在快速发展阶段，衍生出“大数据时代”的现象。文化馆的进一步发展，也需要借助大数据的力量。有了强大的信息技术支持，才能对一些原始数据进行收集整合，进而对其发展前景进行评估。依据评估结果，开发出能发挥最大功效的信息应用技术，并制定出一整套完善的数据综合分析体系，充分发挥数字化建设对文化馆发展的作用。在明确发展前景并制定出相应措施的情况下，再在工作中具体实施。首先对原有的资源进行全方位整合，实现区域内的覆盖，加大文化馆在民众中的影响力，只有这样才能为民众提供最真实的服务。随后可以将当地的文化特色与其他不同种类的文化资源相结合，打造出一个多元化的大数据网络平台，将民众的需求放在首位，然后对所产生的资源进行整合分析，旨在为民众提供更开放、更自由的服务。具体可以进行以下操作：将地方文化馆数字化建设与国家的公共文化数字支撑平台进行资源对接，获取更多有利于发展的文化信息，同时也能做好最基础的用户服务。

2. 完善文化馆数字化服务功能

新时期，人们对物质与精神生活上的要求越来越高，同时也要求文化馆服务多元化，但是，按照传统的服务模式来展开工作会对人们的选择权产生局限作用，因此，为了顺应时代的发展，用户只有根据自身的需求和兴趣爱好来自主选择浏览的信息，才能提升对文化馆服务的满意度，访问量也会随之增加。在丰富了内涵之后，就要对其服务质量进行严格把关。首先要给各个领域增添文化馆的文化产品，保证来自不同地区、有不同文化习惯的用户都能购买到自己需要的文化产品。其次要提升系统服务的效率，对网页的检索功能进行完善，给用户提供最便捷的搜索渠道，保证大家能够轻松地通过检索功能获取自己想要了解的信息，最高效地满足各类用户的文化需求。除此之外，还要利用原有的硬件及软件设施，搭建一个具有一体功能的数字信息平台，为用户提供信息化服务。平台的创建需要强大的技术、人员及资金的支持，物质方面的保障需要当地政府有关部门的支持，最终目的是为民众提供优质的服务，让群众能够享受到数字化服务带来的便捷。

3. 推广线上、线下体验活动

随着多媒体数据时代的到来，越来越多的人喜欢用线上与线下相结合的模式参与活动，数字信息化已经逐渐成为人们生活的一部分。因此，文化馆的管理者需要掌握这一重要动向，并且以此为方向引导文化馆的建设和发展，让用户在网络上通过搜索就可以了解自己所需的文化资源。用户主动迈出第一步，相关工作人员据此来与他们进行沟通交流，了解他们对文化的需求，进行了线上沟通之后，再对用户提供的信息进行整理分析，最后通过线下的方式来将所需物品置入文化馆内，方便用户体验。这样的方式能够为用户节省大量的时间和精力，也可以提高文化馆工作的实际效用。将文化实体与展馆环境、动态信息全都移到互联网平台上，为用户打造出一个更符合现代社会发展轨迹的新型的互联网浏览模式，提供更加具有开放性与公益性的文化相关服务，让用户有置身其中的体验感。

4. 建设数字化专业人才队伍

不管是什么领域，想要拥有光明的发展前景，都必须要有大量的相关技术专业人才。因此，在文化馆数字化建设的过程中，专业人才至关重要，只有在专业人才团队的带领下，文化馆工作人员的数字信息化水平才能有所提高，才能维持服务团队在民众面前专业、自信的形象，让民众产生信任感，在信任之下才能够建立良好的服务关系。除了需要专业的数字信息人才之外，还要邀请一些能够掌握较高服务能力的文化服务人员，对馆内从业人士进行培训，用专业的培训来丰富相关理论知识。同时，也可以参观其他地区的成功使用数字化服务的文化馆，开阔视野，将理论与实践相结合，找出自身的不足之处并进行改正，培养出优良的服务态度。后续建立用户评价系统，收集每一位参观者对文化馆提出的意见，再将意见进行统一，让有关人员及时对自己的服务方式进行修改，文化馆内部人员也要相互监督，呈现出一种良性的合作与竞争并存的关系，让每个工作人员都能在自己的岗位上为用户提供更好的服务，在指正他人的同时也能使自我得到提升。

三、结语

综上所述，在新时期，数字化建设已经成了全国各地文化馆发展的必然趋势，要想为广大用户提供最优质的服务及文化资源，用最快捷、最简便的方式提高国民综合素质，文化馆需要从资源整合、完善服务、线上线下推广及培养人才 4 个方面进行全方位、立体化的数字化建设，需要在政府和群众等多方面的支持下，努力开展建设工作，以满足人民群众对文化馆的基本需求。

参考文献

［1］路一平，秦景，赵胜，等. 基于公众平台拓展的数字图书馆智能服务研究及应用. 河北北方学院，科技成果，2016-08-12.

［2］肖伟，李壮，萧韵. 社区文化馆数字文化系统平台 V1. 0. 天闻数媒科技，应用技术，2016-03-01.

［3］宋阳，刘子骥，刘华，等. 高校图书档案数字化融合服务研究. 潍坊护理职业学院，软科学，2016-10-22.

后疫情时期推进大众摄影高质量发展的实践和思考

作者 // 张　梅
单位 // 镇江市文化馆

2020年新春伊始，一场突如其来的新冠肺炎疫情肆虐，在这场没有硝烟的战争中，广大摄影人与“逆行者”一起奋战在抗击疫情第一线。他们用手中的相机及时记录下一个又一个真实感人的瞬间、一个又一个可敬可爱的先进典型和英雄人物，向人民群众传递众志成城、共克时艰的必胜信念，激发正能量，传播真善美，充分彰显了影像的价值和力量。

随着疫情硝烟的逐渐散去，我们在反思大众摄影工作时也清醒地发现，当下的大众摄影还存在摄影服务手段单一、方式陈旧、针对性不强、队伍活力不足、创作导向不明确等问题，这些问题很大一部分是由长期以来固有的群众摄影工作理念、工作体制、考核模式等造成的。做好新时代的大众摄影工作，我们必须牢固树立围绕中心、服务大局的意识。坚定以人民为中心的创作导向，增强使命担当，创作更多、更优、更美的摄影作品来传播真善美。坚持以引导广大人民群众践行社会主义核心价值观为目标，转变工作理念和方式，抓好队伍，优化服务，实现专业性和群众性的有机结合、生活细节和时代风采的有机融合。坚守以满足新时代人民群众对摄影工作的新需求的信念，不断提升创作水平，推动群众文化事业的高质量发展。

一、增强使命担当，　推进政治站位提高

认真学习习近平总书记在文艺工作座谈会上的重要讲话精神，进一步增强摄影工作者的高度文化自觉与文化自信，积极践行社会主义核心价值观，加强职业道德建设，提高自身素质，推动摄影事业繁荣发展。

一是要进一步坚定立场。要热爱祖国，忠于人民，坚持中国特色社会主义道路，在文化强国建设中发挥摄影为时代留影、为历史存证、为

民族纪行、为人民写真的积极作用，为实现中华民族伟大复兴的“中国梦”而努力创作更多无愧于时代、无愧于民族的精品力作。要大力践行社会主义核心价值观，用优秀的摄影作品弘扬中国精神，凝聚中国力量，讲好中国故事。

二是要进一步把准导向。要坚持为人民服务、为社会主义服务的方向，坚持以人民为中心的创作导向，自觉为人民抒写、为人民抒情、为人民抒怀。要关注时代，聚焦现实，真实记录，反映生活本质，表达人民心声，用光明驱散黑暗，用美善战胜丑恶，向社会传播正能量。

三是要进一步注重创新。要加强学习，继承和发扬中华优秀传统文化，学习借鉴世界优秀文化成果，与时俱进，掌握新媒体，学习新技术。要勇于创新，适应社会发展和时代前进的要求，将创新精神贯穿摄影创作全过程，增强原创能力。

二、坚持以人为本， 满足人民精神文化需求

要坚持为人民服务、为社会主义服务的方向，坚持百花齐放、百家争鸣的方针，全面繁荣群众摄影事业，让人民享有更加充实、更为丰富、更高质量的精神文化生活。

一是工作定位要准。摄影事业是群众文化的重要组成部分，优秀的摄影作品不仅可以让人们在视觉上获得美的享受，更重要的是让人们在思想上得到潜移默化的教育。但长期以来，我们的摄影工作常常用“出人才、出作品、出理论”来概括，这种概念是一种自上而下的、单一取向的服务概念，已经不能适应人民群众越来越迫切、越来越多元的摄影需求，亟需从服务群众摄影、推动群众摄影更高水平发展来重新定位工作目标。

二是工作对象要广。长期以来，摄影工作注重服务于圈内少数人和应付单位考核上，平时只联络辅导小众创作，导致摄影工作与社会和人民群众生活脱节的现象，创作的摄影作品难以引发观众的共鸣、得到社会的认可。有时一个摄影展览，除了开幕当天，一般很少有人参观。要坚持摄影工作的群众路线，积极举办摄影技能培训、摄影采风等活动，吸引更多群众参与到摄影活动中来，用镜头记录时代，用作品反映美好生活。

三是工作作风要实。要引导摄影人热爱人民，沉下心、扑下身，深入改革发展一线寻找题材，牢固树立社会效益首位的创作思想，坚守文艺的审美理想，保持文艺的独立价值。用高超的摄影技艺、独特的摄影视角、细腻的表现手法创作出既艺术精湛、制作精良，又能反映人民热爱祖国、热爱生活、积极向上的优秀作品，扩大摄影工作的影响力。

三、注重优化服务，抓好人才队伍建设

在队伍建设中注重工作理念创新，以开放的思维优化队伍建设，根据全民摄影时代的新形势，研究摄影群体的形成、构成和现状，分类施策，分众服务，有的放矢，突出重点，全面提升摄影人队伍的思想素质和学术修养，在后疫情时期培养一支“召之即来，来之能战”的摄影人队伍。

一是推进专业和业余队伍的融合。打破摄影艺术推广中多年来形成的重“专业”轻“业余”、“圈子化”的工作模式，消除专业摄影与业余摄影之间的隔阂，大力倡导以“作品论英雄”的理念，以“鲶鱼效应”不断推动摄影创作水平向更高水平发展，推动摄影活动从专业的“神坛”走向大众，为摄影工作“枝繁叶茂”夯实土壤。

二是推进重点群体的创作水平提升。针对各类摄影爱好者中骨干摄影群体、老少摄影群体、网络摄影群体等的不同特点，通过举办较高层次的专业讲座、创作辅导、小型摄影沙龙等，积极推介参加各层各类赛事活动，提升他们的创作热情和信心，积极推荐其作品参加高层次摄影展览，使本地区摄影队伍始终处于较好创作状态，不断提高摄影人的学养、涵养、修养，加强思想积累、知识储备和文化修养，引导他们通过镜头观察人生，发现生活中的真善美，并用镜头记录展示，给受众以启迪，实现作品与生活的融合，提高作品感染力和影响力。

三是推进高层次摄影人才队伍建设。高层次摄影人才作为引领和支撑群众摄影事业发展繁荣的稀缺战略资源，引领作用日益明显，战略地位更加突出。要从全局的战略高度来认识、加强高层次摄影人才队伍建设的极端重要性和紧迫性，把加强高层次摄影人才队伍建设纳入文化人才队伍建设的总体框架中。坚持培养与引进并举，一方面健全教育培训制度，建立以项目为导向的培养、资助机制，努力培养挖掘本地人才，

打造一支德才兼备、充满活力、能够引领本地区摄影事业繁荣发展的高层次摄影人才队伍。另一方面加强政策支持，建立健全引才机制，千方百计引进海内外高层次人才。

四、突出社会效益，促进摄影产业发展

摄影是产业性很强的文化艺术。要坚持把社会效益放在首位、社会效益和经济效益相统一，充分调动广大摄影工作者的积极性和创造性，依托镇江得天独厚的生态、文化、旅游等摄影资源，努力把摄影产业培育成融自然、生态、人文、服务于一体，品位高、影响大、效应广、关联带动力强的区域性特色产业，满足群众多层次、多样化的精神文化需求，增强文化产品的活力和竞争力，浓厚城市摄影氛围，促进摄影事业发展。

一是要筑牢摄影产业发展基础。深化摄影工作机制改革，把握摄影产业发展特点规律，梳理全市村落田园、花海果园、春光秋色、民风民俗、节庆展赛等各类摄影产业资源，编制完善促进摄影产业规划和政策，谋划一批既符合宏观政策与规划导向，也契合市场需求与投资意向的摄影产业项目，着力健全完善摄影产业的基础设施、产业功能和服务环境，保障优质摄影产品供给，满足人民文化需求，增强人民精神力量。

二是要大力开发摄影产品。积极推出镇江自然风光、民俗文化、摄影产品、非遗产品、工业旅游等产业摄影产品，加强与《中国摄影报》、中国摄影家协会的交流合作，举办摄影主题赛事活动。丰富摄影产业业态，加强摄影培训展览、器材销售、导摄服务等摄影产业服务业发展，创建一批经营实体与服务平台融合互动的摄影产业新模式、新业态。

三是要推进摄影产业融合发展。突出镇江“山水花园名城　创业创新福地”的城市定位，将摄影作品与诗歌、书法、绘画等多种文化艺术形式有机融合，推出具有镇江标签的跨界艺术作品，合力宣传镇江整体形象。挖掘镇江丰富的旅游资源，推出一批宜摄宜游的“摄游线路”产品；培育一批赏花晒秋、民俗娱乐、婚纱庆典、户外健身、模特人像等系列摄影基地，促进摄影产业与旅游业深度融合。推进摄影业与展会、汽车、房产、影视、体育、广告、美术、婚庆等相关行业的融合，加快推进广告商务摄影、人像婚纱摄影、风光旅游摄影及数码冲印、相框装

裱、相册制作等业态步伐，扩大摄影综合消费。

全民摄影时代的到来，为我们推进大众摄影高质量发展提供了广阔的舞台和良好的群众基础，我们必须坚持正确的创作方向，强化服务大众的工作理念，用镜头去发现生活中的真善美，引领群众创作生产更多传播社会主义核心价值观，反映人民审美追求，兼具思想性、艺术性、观赏性，传得开、留得下的优秀作品，温润群众心灵，启迪群众心智，推动群众精神文化生活不断迈上新台阶。

浅谈新时期文旅融合下的公共文化服务

作者 // 赵　鹏
单位 // 丹阳市文化馆

新时期，人民群众对高质量精神文化和文化产品的需求比历史任何时期都更迫切、要求更高，这就要求新时期文旅融合要将工作重点放到公共文化服务之中。当前，公共文化服务系统在资源配置和系统管理方面存在诸多问题，严重制约了文化产业的发展，进而影响了整个文旅产业的发展进程。公共文化服务是一种由政府牵头的公益服务项目，目的是为群众提供优质的文化资源。政府为了刺激文旅产业的发展，对公众文化服务系统实施补贴性政策，帮助公共文化系统的升级转型。

一、时代发展中文旅融合的必要性

在整体化社会发展的当下，文化与旅游行业在改革中逐渐显现出融合的趋势，综合发展两个领域的优势项目，带动了两大领域的高速发展。结合社会发展进程，国内公共文化服务体系也应当顺势革新。在互联网经济背景下，各行各业呈现高度的融合趋势，生产部门间的界限被打破，信息的流通速度被提高，由需求到生产的必要时间被缩短，充分体现了时代一体化发展的特点。公共文化服务是中国特色社会主义文化的重要组成部分，与旅游行业都包含在文化建设的范围内。做好公共文化服务，对融合文化和旅游产业有着积极作用。我们应利用公共文化服务方向特殊、可挖掘的空间大的特点，激发文旅产业的各项资源，盘活大量萎靡项目，创造全新价值。

二、公共文化服务的现状

1. 缺少公共文化服务与旅游发展方面的管理型人才

第一，在目前公共文化服务的过程中，缺少基层公共文化服务人员。

第二，文化工作与旅游管理工作的融合，需要具有双重管理才能的人才，但实际情况是双方的管理人员各自为政，只注重本行业的发展，难以与另一行业建立联系，对全面规划融合工作是种限制，延缓了文化与旅游的融合速度，降低了处理日常工作的效率。鉴于文旅融合思路提出的时间尚短，缺乏冷静应对双向管理的人才，在日后的人才引进中，我们要加大对此类人才资源的投入力度。

2. 需要建立适应市场的服务体系

现在的情况是，一方面，公共文化的服务形式还不丰富，有些群众真正想看的文艺活动因为财力的问题又无法实现。另一方面，现行公共文化服务体系陈旧，无法应对改革过程中出现的具体问题，也无力支撑文化的宣传和旅游行业的管理工作，整体系统可操作性不强，并且存在安全漏洞，容易出现资料丢失的情况，严重制约了服务体系的改革。

三、当下公共文化服务形式需要多元化

1. 新时期公共文化服务多元化需要人才支撑

面对新时期公共文化服务，基层要建设一支有才情、有活力、接地气的文化队伍。通过培养、交流、引进等手段，不断充实业务人员队伍，同时充分整合文旅资源，结合地方旅游服务中心、文化馆建设，保证人才输送渠道的顺畅。地方政府应当制定与高校合作的处理办法，与高校间建立人才输送机制，从源头上解决行业人才紧缺的现状。依据文化建设所需的专业知识，适当调节高校课程内容，增加公共文化基础知识的学习，通过理论知识的讲授，从知识层面促进后期管理工作的顺利开展。在确保源头便利输送人才的基础上，在管理过程中加大对工作人员学习有关知识的培训力度，提升工作人员的管理能力。定期对人员的工作内容进行考察，了解薄弱领域，将掌握程度不同的人员分配在不同的项目，定向管理。学习国内外优秀经验，制订工作计划，有选择性地挑选景点管理人员，定期考核各试点区域的进程。

2. 在公共文化服务体系建设中要有融合理念

公共文化服务要具有鲜明的时代特征和浓厚的生活气息，要能体现贴近实际、贴近群众、贴近生活的要求，要能为群众喜闻乐见。同时，还要秉持“能融尽融”的工作理念，在保护好历史文化的基础上，增加

对现存文化的利用，寻找与旅游行业同步发展的项目，增加融合的深度。文化为旅游业赋予发展内涵，增添艺术气息，历史遗迹不仅仅是物象化的外表，更兼备深刻的文化底蕴。在旅游行业的上升阶段，文化的引入可以为行业发展提供稳定的精神支柱，强化旅游行业在人群中的价值地位。

3. 加大对农村公共文化体系的建设

要重视城乡文旅融合工作，加大对农村公共文化体系的建设。充分发挥本区域内的自治作用，给民众提供表达的空间和反馈渠道，及时对居民反映的建设问题提供可行性建议，掌握群众对于当前文旅融合的基本意见，结合文化需求，完善文化目录。

4. 公共文化服务体系应扩大影响力

公共文化服务体系该如何扩大影响力是值得细化的内容。首先，对公共文化管理机制进行创新，创新的前提是资金充足和基础设施完备，有此基桩才能垒砌服务体系体制改革的高楼；其次，引进具有双方面管理能力的人才，管理人员要充分了解文化的宣传机制，明确不同文化内涵的具体内容，将人们的目光引向关注景点中文化产业的铺设；最后，配备硬件文化设施，方便前期宣传工作的开展，保障执行内容的实施。在设立管理系统的过程中，利用不同的分支管理，将文旅工作的不同领域建设成具有独特行业内容的系统，充分体现景区结构、管理办法和文化内涵的差别。

新时期，我们要依据景点的文化内涵，了解周边景点的历史内容，结合当地的特色文化及民俗习惯，减少游客与环境的陌生感，增加当地特色文化内容（比如特殊的民族服饰、民族印画等），除了利用商业化的形式、链接文旅行业之外，还可以使游客体验特有的交通工具和手工操作形式，观赏非物质文化遗产，充分发挥公共文化服务的权威优势，打破文化与旅游间的壁垒，力争给每位游客营造独具特色的文化服务。

参考文献

［1］庄亚东. 文旅融合背景下城市书房建设探索——以桐乡市伯鸿城市书房为例［J］. 文化产业，2018（11）.

［2］何莉丽. 全民艺术普及在群众审美素质提升中的作用［J］. 艺术大观. 2021（2）.

［3］钱兆悦. 文旅融合下的博物馆公众服务：新理念、新方法［J］. 东南文化，2018（3）.

公共文化服务与文化馆建设如何因地制宜
——以镇江市润州区文化馆为例

作者 // 朱晶晶
单位 // 润州区文化馆

《中华人民共和国公共文化服务保障法》第二条规定：“本法所称公共文化服务，是指由政府主导、社会力量参与，以满足公民基本文化需求为主要目的而提供的公共文化设施、文化产品、文化活动以及其他相关服务。”文化馆作为文化服务设施的一种，因其公益性质，在公共文化服务中起着非常重要的作用。

镇江市润州区文化馆位于杨家门 23 号老穆源小学内，处于润州老城区居民相对集中地区，距离国家 AAAA 级景区西津渡仅 1.1 公里。文化馆主体为一栋 4 层的教学楼，非遗展示馆位于教学楼二楼，大韩民国临时政府史料陈列馆坐落在院内。除此之外，润心剧场、乒乓球室、综合阅览室常年开放，是群众娱乐、学习的场所。虽然本馆推出的“润心课堂”“润心剧场”“非遗艺术进校园”等文化服务项目受到群众的一致好评，但在数字化建设、文旅融合等方面都有力不从心之态。文化馆微信公众号的关注人数、官方网站的浏览量都不尽如人意。

究其原因，有以下几个方面：

1. 场馆自身因素：交通不便、建筑老旧

润州区文化馆位于老城区，被居民房围绕，通向文化馆的只有凹凸不平的石板路，乘坐汽车无法直接到达，至少需要步行几百米。对一部分群众来说，走在颇有年代感的小巷中也许是一种情调，但确实给另一部分群众的来访增加了一定困难。加之文化馆在文旅融合中先天的“不宜融性”，即便地处热门景区周边，也难以吸引到更多的访客。

文化馆的主体为老穆源小学的教学楼，穆源小学创立于清光绪三十二年（1906），一度经历战火，于 20 世纪 50 年代在原址上重建，作为动荡年代的历史见证，具有非常重要的意义。但建筑本身有一定局限性，作为办公、文化展示、图书阅览，以及剪纸、泥塑等非遗项目推广的教室是没有问题的，但因面积有限，难以承接中大型活动。

2. 人文环境因素：服务对象单一

本馆的主要服务对象为中老年人，虽然润州区中老年群众锻炼、学习和参与活动的积极性非常高，但也存在一些管理上的困难，比如电动车停放不到位等问题，另外，不少老年人使用智能手机尚有困难，更不要提享受“江苏公共文化云”等数字化服务了。

如何吸引更多青年群众接受文化馆的服务一直是一个难题。虽然乒乓球室、舞蹈房每天都很热闹，综合阅览室却鲜有人至，部分文化设施利用率不高。

针对游客推出的文化服务多数为流动服务，例如在景区内举办二胡演奏会。针对游客开展的馆内服务项目尚在摸索阶段，目前只有常设的非遗馆展厅和大韩民国临时政府史料陈列馆时有游客来访。文旅融合的实践困难重重。

针对以上问题，笔者认为，只有因地制宜，化劣势为优势，才能有新的发展。具体对策如下：

一、建设综合性文化街区

解决交通不便和场馆老旧问题最方便的方法是迁址，这样一来，虽然看上去解决了问题，但长远来看只是对问题的一种回避。杨家门社区虽然建筑老旧，以平房为主，但其中有一些清末民初的老建筑，具有镇江建筑的本土特色，与附近西津渡景区的建筑群是相呼应的。地靠西津渡使得我们可以把地理位置的劣势转化为优势，吸收杨家门社区的老房子，进行翻新改造，在保护文物的同时，打造生活服务与文化服务一体的新街区。这个街区可以没有高楼大厦，但一定要有便捷的交通和完善的公共基础设施。

笔者认为，在管好门前一亩三分地的同时，放眼示范区建设和文旅融合全局是非常必要的。这就需要文化馆与文体旅局、文物局、城市规划部门、西津渡景区、金山街道、杨家门社区联合开展协调会，就建设新街区的可行性进行分析。当然，建设新街区并不是一蹴而就的，过程中必然会出现很多问题，例如附近居民、商户是否愿意接受房屋拆迁或改造，建设过程中如何避免扰民，文化馆在此过程中应当承担怎样的作用等。假设新街区的建设能够实现，润州区文化馆内部的改造也是势在必行的。

润州区群众对体育设施的需求和要求都是很高的，他们希望场馆更大、设施更专业。目前，本馆的体育设施并不能满足群众的需求。如果可以将体育场馆分流出去，既可以保障安全，又可以满足群众的需求，也有机会开展更多的体育项目。对教学楼进行翻修、改造，保留综合阅览室、非遗教室的功能，在原先的基础上进行文化布置，也可以根据新设服务项目增设场馆。

二、发掘新的服务项目

《人民日报》曾发布过一篇《公共文化服务需要“精准供给”》的文章，文中提到，“改变公共文化服务设施利用率不高等现象，关键要在供给侧发力，找准群众的文化需求，提高公共文化服务供需的匹配程度”。为了吸引更多年龄层的群众，我们应该在保持优秀项目的同时发展一些新的服务项目。广泛学习，关注时事热点、流行趋势，与我们文化普及的目标相结合，例如最近网上引起热议的汉服走秀，其背后是传统文化新业态的实践成果，汉服产业正是挖掘到了年轻人对汉服文化的热爱，才有了如今的发展，这在文化馆工作中也是值得借鉴的。

1. 电影放映项目

电影放映活动集宣传、教育、艺术欣赏为一体，这一形式本身非常适合作为公共文化服务的一项来开展。国内影院复工两个多月，就已经取得不菲佳绩，“今年受新冠疫情影响，全球电影市场低迷，在做好常态化防控的基础上我国电影产业率先复工复产。自 2020 年 7 月 20 日电影院有序恢复开放后，电影市场迅速回暖，复工影院已超过 10000 家，占总数的 87%，观影人次超 1. 5 亿，单日票房连续位列全球第一，复工两个多月以来已取得近百亿元的票房佳绩”。人们愿意花钱买票去看电影，自然也不会放弃免费的观影机会。

2. “国潮”项目

所谓“国潮”，就是传统文化与潮流的结合，是文化自信的一种体现。除了汉服，还有很多文化瑰宝值得被挖掘。在润州区的非遗项目中，剪纸、泥塑、田歌等都可以向“国潮”发展，或是与文创产品相结合，或是与当代艺术互为表里。只有顺应时代的发展，传统文化才能获得长久的生命力，文化馆如果能打破陈规，在推广传统文化、非遗文化的同时，创新手段，兼容并蓄，也许会有意想不到的效果。

3. 线上服务项目

疫情防控期间，润州区文化馆推出了线上的“润心课堂”，虽然是应对疫情之举，但也给我们今后的工作指明了一条新的方向，尤其是在拓宽服务对象方面。线上的演出、课程也许缺少了一些现场的气氛，优势都是非常明显的。首先，线上活动的成本低，所需的场地费用和人力成本少。其次，线上活动摆脱了场地和时长限制，可以为更多的人服务。再次，线上活动的时效性长，只要有手机等设备，可以随时随地重复观看。有了线上这一形式，文化馆的一些精品课程和演出就能够让更多人看到。

参考文献

［1］夏文飚. 浅析文化馆在“文化和旅游融合发展”语境中的不宜融性［C］. 融合与共享——2019 宁镇扬泰公共文化优秀论文集，南京：南京出版社，2019：3-10.

［2］公共文化服务需要“精准供给”［N］. 人民日报，2019-8-20.

扬州

浅谈文化旅游及其演艺现象

作者 // 陈　晓
单位 // 扬州市文化馆

旅游即旅行游览。人在旅途，亲近自然，体验文明，纵览天下。蓝天白云、飞瀑流泉、奇山秀水、荒原孤岛、怪木名花、名胜古迹、异域风情、独特人文等皆为游者极目骋怀、纵情雅赏，千古美事，快哉！掀开与旅游相关的书籍，其词汇非常丰富，旅客、旅途、游伴、游兴、游历、游子、游侠、游仙、游艺会、游园会等，涵盖旅游的方方面面。

随着社会的发展及经济水平的日益提高，如今的中国国富民强、祥和安定，旅游正被广大民众所青睐，每逢节假日更是旅游的黄金期，亿万游客行走在国际国内，天南海北汇成中国独特的旅游奇观。旅游经济的双循环带动了各地的经济增长，尤其是文化名城、旅游胜地。旅游业是朝阳产业，产业链长、潜力巨大、可持续发展，是第三产业中的龙头产业。但是中国的旅游业与发达国家相比尚显单一、薄弱、滞后，传统的旅游已满足不了广大民众日益高涨的精神需求，一场业界的探索创新、改革势在必行。将文化与旅游深度融合的文化旅游已成为新时期旅游者的一种风尚，也是旅游经营者精心打造的目标，实践证明，只有将文化与旅游融合发展的业态才是良性循环、前景广阔、效益倍增的产业。

何谓文化旅游？文化旅游就是通过旅游实现感知，了解体察人类文化具体内容之目的的行为过程，泛指以赏鉴异国异域传统文化，追寻文化名人遗踪或参加当地举办的各种文化活动为目的的旅游，游客以寻求文化享受和精神寄托为标杆。文化旅游产业是一种特殊的综合性产业，因其关联性多、涉及面广、辐射性大、带动性强而成为新世纪社会经济发展中最具活力的产业。

国内发展文化旅游具有重大的战略意义。文化旅游不仅可以增强旅游产品的吸引力，扩大旅游业的产能，提高经济效益，还可以大力弘扬中华传统文化及现代文明，让世界了解中国、理解中国，同时也可以让中国融入世界，增强国家的国际声誉。

中国的文化旅游包罗万象且博大精深，大体可分为四个类型：（1）历史文化类，以文物、史迹、遗址、古建筑为代表；（2）现代文化类，以现代文化、艺术、技术成果、工业文明为代表；（3）民俗文化类，以生活习俗、节日庆典、祭祀、婚丧、体育、休闲活动、衣着服饰等为代表；（4）伦理文化类，以人际交流为表象的道德伦理为代表。

文化旅游与旅游文化是两个既有紧密联系又有显著区别的概念。文化旅游属于休闲运动的范畴，是旅游的一种类型，与旅游在内涵上存在有机的关联。旅游文化属于文化的范畴，是文化的一种类型，与建筑文化、生态文化、艺术文化、民俗文化相并列。一方面，文化的发展丰富了旅游文化的内容，进而促进旅游文化的发展；另一方面，旅游文化的发展又能为文化旅游提供内涵丰富、取之不竭的旅游内容，以满足游客的各种文化需求。从外延上看，文化旅游是旅游文化的一个研究内容，而旅游文化的范围比文化旅游大得多。

文化旅游的关键在于文化，旅游仅是外在形式。文化旅游之“文化”应解释为对旅游之效用、目的所做的定性。旅游胜地总是与“历史名城”“文明城市”“音乐之都”“美食之都”“宗教圣城”等名片共生繁荣。维也纳、威尼斯、巴黎等名城分别以音乐节、电影节或艺术节而成为举世闻名的文化旅游目的地。美国古城威廉斯堡则完整保存了18世纪英国殖民地时代的城镇风貌，观者身临其境仿佛时光穿梭到200年前。我国的荆州古城、杭州宋城、平遥古城、北京大观园也都成功模拟古代生活方式而成为举世瞩目的文旅目的地。

旅游的吸引力及外向力是文化旅游的契机所在。不同的地理环境和独特构景是旅游目的地特有的对游客期望的响应，认识和体验异地异族的文化生活、社会风貌、风土人情、民族传统是文化旅游的基本内容，也是动能之源。文化旅游以地域差异性为诱因，以文化碰撞互动为过程，以文化融合为结果，它具有民族性、艺术性、神秘性、多样性、互动性的特征。文化旅游的过程就是游客对旅游资源文化内涵进行深切体验的过程，这也是文化旅游的主要功能之一，它给人以超然丰富的文化感受。此种文化感受以饱含文化内涵的旅游景致为载体，充分体现了审美意趣激发功能、教育共鸣启迪功能及民族情感寄托功能。文化旅游的特质涵盖性强，几乎可以囊括政治、经济、文化、教育、科技、环境等所有相关产业。

综上所述，所谓的文化旅游，就是以旅游经营者创造的观赏对象和休闲娱乐方式为消费内容，使游客获得富有个性的文化内涵和深度参与互动体验的旅游活动的集合。

中国幅员辽阔，历史悠久，民族繁多，文化灿烂，是旅游资源大国，但并不是旅游强国，旅游产业发展很不平衡。传统的旅游市场竞争十分激烈，只有创造性地营造文化旅游项目，才能赢得先机，立足于当下的旅游市场而不败，文化旅游的策划是制胜的关键所在。策划者应高瞻远瞩，只有遵守文化旅游市场化、精品化、特色化、网络化的原则，精心规划、设计、建设、服务、管理，将硬件、软件匹配，线上、线下齐进，才能营造出成功的集行、游、住、食、购、娱为一体的安全、卫生、高效、生态的文化旅游大项目。

根据各地文化旅游发展的经验得知，文旅开发程序如下：（1）深入了解和研究本地的文化，掌握家底；（2）旅游价值评估，积累素材，汲取精华，要知晓文化资源并不等于旅游资源；（3）策划设计，找对资源，确定目标；（4）精心建设，巧妙营造；（5）广告营销，拓展市场；（6）延展产业链，形成布局合理的良性高效的综合旅游项目。

文旅开发者应因地制宜，因时制宜，根据自身的资源、市场的需求及其经济实力，准确定位，切忌跟风模仿，千篇一律，让文旅项目在存真、拓深、活化、延展的前提下持续发展，确定符合自己独特而行之有效的开发方式。其开发方式大致归纳为如下几种：（1）博物馆；（2）主题园、村、镇；（3）演艺会，如丽江“纳西古乐”、郑州“禅宗少林音乐大典”及盛行的各种“印象”系列；（4）嫁接，主题化酒店、餐厅、度假村，如苏州网师园“古典庭园”、北京“傣家村餐厅”、台湾的“大唐·温泉物语”、北海的海景桃园酒店；（5）节庆，如扬州“烟花三月”旅游节、内蒙古“那达慕”大会、回族的“古尔邦”节、白族的“火把”节；等等。

精明且有创意的文旅经营者会运用归类、扩面、延线、拓链的方法巧妙合理地开发自己的产品。文旅项目包括：（1）文化遗产；（2）红色旅游；（3）文化创意；（4）古城、古镇、古村；（5）工业旅游；（6）乡村生态游；（7）遗址公园；（8）影视动漫城；（9）宗教场景；（10）名人故居；（11）体育健身游；（12）康养休闲体验；等等。旅游必须借助文化才能塑造其灵魂，产生独特弥久的魅力，也一定是以文化品牌赋予其功能，当然，个中的文化是业态化的、产品化的、主题化的、体验化的、游乐化的、互动化的、情境化的。唯有这样的旅游文化，才是品质精良的文旅融合产品。那么究竟怎样的产品才是世人追求、享受、憧憬的旅游大餐呢？

自20世纪80年代开始，国内的文旅经营者经过不断探索、创新，开拓出许多有效多能的路径，努力打造了数不胜数、多姿多彩、亮人耳目的项目，文旅演艺会就是其一。

文旅演艺会是地域性的文娱演出，是多功能综合性大型艺术表演，是以主题性为核心的展演节目，是地方文明、传统文化的集中展示，是塑造城市形象的产品，更是吸引广大游客、扩大地方影响力的市场源泉。如大型山水实景演艺项目“印象·刘三姐”“大宋东京梦华”“康熙大典”“锦宴”“嫦娥”“西江盛典”“龙船调”“春江花月夜”等，影响深远，经久不衰，已然成为当地的旅游文化名片，取得了物质、精神文明双丰收，给当地带来了丰厚的经济效益。

中国的文旅演艺会经历了三个发展阶段。初创阶段以1982年西安推出的“仿唐乐舞”为代表；繁荣阶段以1995年深圳华侨城中国民俗文化村的“中国百艺晚会”为代表；高速发展阶段以2004年桂林阳朔“印象·刘三姐”为集大成者，该节目至今仍为经典，仅2009年就演出497场，全年累计接待观众130万人次，创下了全国演艺会的多项纪录，引发了国内大型实景演艺发展的热潮。目前，全国现有数千台旅游演出项目，每年演出场次数以万计，票房收入难以计数，给地方旅游产业带来了连锁的经济效益。

文旅演艺会的观众即游客，地点即旅游地的景区或剧院，内容是旅游城市或景区的特色文化及艺术展示。因此，文旅演艺主题鲜明，地方文化特色突出，注重娱乐性、休闲性，强调游客的欣赏性与参与性。

策划大师梅帅元的扛鼎之作“印象·刘三姐”，特邀民族、宗教、社会、民俗、演艺等多学科专家，针对当地民族文化、旅游资源、市场条件、文化与演艺结合进行可行性研究论证，最终将桂林山水文化、侗族、壮族、苗族等少数民族文化融入演出中，突出了桂林的地方文化特点。作品综合运用多种艺术手法，将舞蹈、歌曲、杂技、武术等有机结合，场景炫目，氛围欢快热闹，整台节目雅俗共赏、风格鲜明，深受观众喜爱。“梦幻漓江”展示了漓江山景水情，充分利用声、光、电等高科技手段，强化视听效果，激发观众浓厚的兴趣，使其获得更多愉悦的体验，通过互动增强观众的参与度。扬州“春江花月夜”以“诗画瘦西湖，人文古扬州”的唯美江南场景，多重展示地方特有的文化艺术元素，鲜活表现“古代文化与现代文明交相辉映”的城市“气质”，令观众叹为观止。

文旅演艺会具有周期性、区域性和季节性的特征。主题演艺行业作为文旅行业的子行业，与旅游市场紧密相连，受宏观经济调控的影响，呈现周期性波动。天灾、疫情对其影响巨大，尤其是处在当下的新冠肺炎疫情条件下，运作艰难，对此的调控要得法合理。演艺项目必须将地方文化内涵注入作品中，节目的创意要有明显的地方特色，使观众感受其唯一性、独特性，地域性越浓，民族性越强，越受观众喜爱、向往。旅游行业季节性明显，淡旺分明，露天的演艺活动受气候及环境的影响很大。

主题演艺行业有特定的经营模式。其中，单一模式即主题演艺企业的业务范围，仅限于营业性演出。山水实景类和部分剧场类演艺项目属于该类。多元的经营模式演艺企业则依托当地旅游资源进行全方位、多渠道、灵活性的经营，可根据游客的需求及市场的调配在特定景区内向游客提供景区游览和主题演艺项目的服务，如广西南宁的“锦宴”、湖北隆中的“草庐·诸葛亮”。

演艺会具体可归纳为四大类：(1) 实景旅游演出，如“春江花月夜”“十送红军”；(2) 主题公园演出，如华侨城的“金面王朝”、杭州的“宋城千古情”；(3) 剧场表演，如昆明的“云南映象”、北京的“万历选妃”；(4) 其他种类演出，如各类街头狂欢节表演。

如何打造演艺项目呢？第一，制作方应成立独立公司，自主经营业务，产品开发和实业投资方能有序进行，也才能独立策划、制作、运营具体的文旅演艺项目；第二，启动主题公园的开发；第三，跟进周边旅游休闲综合配套建设；第四，制作者和合作方进行股权交易；第五，强势营销，全方位合理运作演艺活动；第六，取精用宏，不断改进、提升演艺项目，力争铸就精品，形成品牌化经典产品，促进其持续化发展。

将文化与旅游有机深度融合是大势所趋，旅游演艺一经诞生便被各界寄予厚望，方兴未艾之际，机遇与挑战并存，节目质量良莠不齐，盈亏兼有。事实证明，只有精品化、独特性、创意性的文化产品才能占领旅游市场制高点，才能焕发顽强的生命力，才能创造旅游经济的奇迹，给广大民众以持续并进的效益和享受，市场需要不断创新的演艺“现象”精品，这才是文化旅游繁荣发展的引擎，也是中国作为未来旅游强国的风采展示，让我们期盼那美好春天的到来吧！

参考文献

［1］中投信德产业研究中心. 2020 年文化旅游项目可行性研究报告［R］. 2021.

［2］中投产业研究院. 2020—2024 年中国文化旅游业投资分析及前景预测报告［R］. 2020.

［3］侯爽，刘爱利，黄鸿. 中国文化旅游产业的发展趋势探讨［J］. 首都师范大学学报（自然版）. 2019.

［4］卓远咨询. 文化旅游产业链的研究［R］. 2019.

［5］吴光玲. 关于文化旅游与旅游文化若干问题研究［J］. 经济与社会发展. 2016，4（11）.

［6］裴钰. 旅游演艺的谜底［N］. 中国青年报. 2012-2-17.

［7］肖宏，杨春宇，宋富娟. 文化旅游概念与模式研究现状分析［J］. 旅游纵览. 2013（9）.

关于加强基层群众文艺团队建设的几点思考
——基于高邮市公共文化服务的实践与启示

作者 // 李建业
单位 // 高邮市文化馆

为贯彻落实党的十九大精神，高邮市以习近平新时代中国特色社会主义思想为指导，落实好习近平总书记关于弘扬中华优秀传统文化的重要论述，进一步支持和鼓励各类民间群众文艺团队的健康快速发展，打造群众性文艺团体品牌，全面提升公共文化事业发展和公共文化服务水平。

一、充分认识支持群众文艺团队发展的重要意义

群众文艺团队是群众自发形成的，有一定规模和社会影响，有固定的活动场所和骨干成员，是开展经常性公益性活动的群众文化组织。群众文艺团队来自民间，成长于民间，服务于民间，活动形式更体现基层气息，内容更贴近群众生活，活动更便于群众参与，深受基层群众的广泛欢迎和喜爱，是广大群众文化权益自我保障的直接体现，对于弥补政府在公共文化产品供给上的不足、动员全社会广泛参与共同构建公共文化服务体系具有重要作用，也是高邮市“文化强市”建设的一支重要力量。新时期，我们要切实提高对鼓励和支持群众文艺团队发展重要性的认识，要解放思想、大胆探索、转变方式，在加强全市文化建设时，将群众文艺团队与文化事业单位一视同仁、一个政策、一体发展；要以“鼓励支持、加强引导、规范服务、促进发展”为指导思想，将群众文艺团队纳入当地文化事业发展规划，要结合实际，切实制定和出台加快群众文化团队发展的实施方案，厘清发展思路，明确发展目标，落实发展举措；要建立“分类指导、分级补助”的扶持机制，大力扶持有较大规模和社会影响、有较高艺术水平、有社团带头人和骨干成员、对辖区群众文化有较大贡献的“四有”核心团体；要加强与财政、发改、民政等

相关部门的沟通协调，对群众文艺团队在创办、运行、发展中遇到的具体困难和问题，及时关注，主动解决，确保高邮市群众文艺团队的科学发展。

二、高邮市群众文艺团队目前的困难与问题

1. 人才资源匮乏

具有较高文艺素养的人才不愿加入、团队人才后继无人及培训的机会较少等因素已成为部分群众文艺团体创新式发展的制约因素。人才资源匮乏使得群众自发性文艺团体创新式发展难以实现。

2. 组织体系模糊

组织体系模糊使得群众文艺团体的规范化发展难以实现。从外部来看，群众文艺团体在整个社会组织体系中的归属难以明确，政府相关的文化部门可以管，所在的镇村（社区）也要管，导致整个组织体系较为混乱。而且，如何对其组织行为和业务进行管理和指导也比较混乱，没有统一规范的制度。管多了，会成为政府主导的文艺团体，体现不出“自发性”；管少了，会导致其发展难以规范持续，偏离初定轨道。

3. 制度保障不力、政策环境不明

制度保障不力、政策环境不明使得群众文艺团体的科学化发展难以实现。目前，还没有真正用来规范、扶持群众文艺团体的专门制度，导致当前群众自发性文艺团体的组织性质、组织功能、目标定位、人才保障等政策环境不明。高邮市有些政策刚刚颁布，实施效果不明朗，有些政策稳定性、执行效果也有待观察。

4. 财力扶持不足

财力扶持不足使得群众自发性文艺团体的稳定化发展难以实现。稳定的财力支持是群众自发性文艺团体持续发展的物质基础。高邮市部分群众文艺团队没有固定的活动经费，经费大部分自筹，来源紧张。财政扶持比例较小、自筹经费不稳定。

5. 舆论宣传不多、群众参与不够

舆论宣传不多、群众参与不够，使得群众自发性文艺团体的持续化发展难以实现。舆论宣传与引导是让群众了解、接受并最终选择参与的重要渠道，当前媒体对基层群众文艺团体的活动宣传报道不多，使得群

众对群众文艺团体的相关信息了解较少，参与的积极性也不高，导致一些文艺团队的人员得不到补充，难以为继。

三、积极为群众文艺团队创造良好的发展环境

全市要积极为群众文艺团队创造良好的发展环境，具体要做好以下几方面的工作：

1. 经费保障

第一，运用好免费开放资金。文化馆、乡镇文化站可利用中央、省的免费开放补助资金，采取以奖代补的形式，对群众文艺团队的运营经费予以适当补贴，对群众文艺团队参加高邮市文化部门组织的文艺演出活动，可根据演出人数给予公益性演出活动补助。

第二，建立地方补助资金。市、乡镇财政应建立专门的群众文艺团队项目扶持资金，对群众文艺团队的文化项目进行扶持。群众文艺团队项目扶持资金应纳入文化事业发展基金，每年对优秀群众文艺团队进行表彰奖励。

2. 场地设施

文化馆、乡镇文化站、图书馆、博物馆等公益性文化场馆要经常性将自身的排练场、书画室、多功能厅、展览室、演出舞台等公共活动空间免费向群众文艺团队开放，对于由老年人、农民工、残疾人等特殊群体组成的群众文艺团队优先开放。有条件的乡镇可以探索将当地村、社区文化活动中心委托群众文艺团队代为运营管理。同时，逐步把群众文艺团队纳入各类基层文化设施配送工程，切实解决其所需的各类文化活动设施，提高其为基层、为群众服务的能力。

3. 人才培养

全市要加强对群众文艺团队的人才培养，要把群众文艺团队纳入市、乡基层文化人才培养计划，要经常性开展针对群众文艺团队组织活动者、骨干成员的各类培训，切实提高其政策理论水平和综合业务素质。要探索将优秀的群众团队组织活动者和骨干成员吸纳到国有公益性文化单位的方法，参与各类公益文化活动和文化志愿者服务，通过服务逐步提高自身业务素质和组织能力。全市每年可组织开展一定数量的针对群众文艺团队活动组织者和骨干成员的示范培训。

4. 平台搭建

要积极为群众文艺团队搭建各类展示平台，依托各地地方特色，通过举办各类戏曲大赛、民歌大赛、舞蹈大赛、广场舞大赛、书画大赛等群众性大赛活动，有效提高群众文艺团队的公共服务能力和水平。要努力挖掘民间文化资源，引导文艺爱好者结合各自特点组建各类文艺团队，打造亮点，凸显特色，塑造“一镇一品”“一村（社区）一色”文化品牌，使群众文化活动阵地逐步扩大、群众文化队伍不断壮大，形成有声有色、百花齐放的群众文化活动局面。县市级层面上也将积极为群众文艺团队搭建平台，一方面，积极将群众文艺团队吸纳到县市里举办的“周末大舞台”、“群众文艺新作调演”、社区文艺汇演、戏曲大赛、“珠湖之波”赛歌会等各类示范性、导向性品牌活动之中；另一方面，继续积极推荐群众文艺团队参与各类市级、省级、国家级文化活动展示。

5. 政府采购

要将群众文艺团队逐步纳入全市公共文化服务的采购范围，积极鼓励群众文艺团队参与各地举办的各类艺术节、文化旅游节、惠民演出等文化和节庆活动；要积极鼓励群众文艺团队参与当地的各类“三下乡”“进社区”“进学校”“进企业”“进军营”等文化慰问活动；要积极鼓励引导群众文艺团队参与国家、省、市在基层实施的一系列文化惠民工程的运营管理。

6. 工作指导

要加强对民办群众文艺团队的工作指导，一方面，文化部门的各类工作会议、文化馆（站）的各类业务会议邀请重点群众文艺团队的主要负责同志列席，使其了解、掌握高邮市文化建设思路和文化单位的业务工作规划；另一方面，要经常召开群众文艺团队座谈会，听取其工作汇报，“一对一”帮助其明确发展目标，厘清发展思路，夯实发展基础。同时，文化馆、图书馆等单位要经常委派专业骨干深入群众文艺团队，“手把手”帮助其提升各项业务水平，文化馆、各乡镇文化站要主动联系群众文艺团队。

7. 等级评定

要加强对群众文艺团队的调查摸底，建立全市群众文艺团队的基本信息数据库。在摸清家底的基础上，积极开展群众文艺团队的评优工作，通过建立差异化激励机制，建立公益、均等、便利、诚信的文化服务体系。每年开展一次年度优秀社会文艺团队评选，对于被评选上的优秀群众文艺团队，在资金扶持、设备配送、人才培养、政府采购等方面予以优先考虑。

8. 舆论宣传

要充分利用广播、电视、报纸、网络等新闻媒体，大力宣传政府鼓励、支持、引导群众文艺团队发展的政策举措，宣传群众文艺团队在高邮市加快推进公共文化服务体系建设中的重要地位和作用，宣传群众文艺团队中涌现出的服务基层、服务群众的先进团队和先进事迹，不断扩大群众文艺团队的社会影响。在评选表彰文化工作先进单位和先进个人时，要将群众文艺团队纳入，对他们给予充分的肯定与鼓励。

四、不断提升群众文艺团队参与公共文化服务的水平

1. 加强内部管理

群众文艺团队要加强自身内部管理，建立起相应的组织机构，明确发起人和主要负责人；要完善内部各项规章制度，确保各项工作有章可循、有规可依；要加强对国有资产的使用保管，对于各级政府资助和补贴的扶持资金、奖励资金要依照相应的财务制度严格管理，确保各项资金用于群众文艺团队的自身建设和各项活动的开展；对于各级政府为群众文艺团队配送的文化活动器材，所有权仍登记在当地文化部门或机构，使用权归群众文艺团队，文化活动器材发生损耗须报当地文化部门登记。要落实群众文艺团队的财产权，对发起人投入的资产、设备，发起人依法享有所有权；对受赠的财产、收取的费用及各项积累，主要负责人应当依法使用、定期公示。

2. 提升服务能力

群众文艺团队要加强特色活动品牌打造，立足“一团一品”，把品牌建设作为直接关系群众文艺团队壮大实力、扩大影响的大事来抓，通过品牌建设更好地满足广大基层群众的文化需求。要加强鲜活文化产品生产，创作生产的文化产品既要弘扬社会主义核心价值体系，体现高邮市经济社会发展成就，又要紧跟基层群众的生活方式、兴趣爱好、消费习惯及人员结构等的转变，可通过政府购买版权、移植改编等方式，把优

秀文化产品无偿提供给群众文艺团队使用。

3. 创新服务方式

群众文艺团队大多服务方式单一，可以通过整合服务，实现资源互补，形成合力，共同发展，更好地拓宽服务领域，丰富服务内容，提高服务质量。群众文艺团队大都体量小，可以通过错位服务，实现事业单位深入不下去的、顾及不到的、无法坚持的范畴与内容，群众文艺团队可以深入下去、有效覆盖、长期扎根。群众文艺团队成员大都机动灵活，可以通过核心凝聚服务，实现群众文艺团队的核心、骨干成员辐射周围群众形成团体，发展壮大。

五、结语

高邮市于2016年成功创成江苏省级先进公共文化服务示范区，随着公共文化服务水平的不断提升，群众文艺团队的建设管理水平也在不断提升。作为业务主管和指导部门，我们也在因地制宜，整合新时代文明实践站（所）、文明城市建设、文化馆图书馆总分馆制等一系列社会资源，不断探索群众文艺团队专业化和社会化，研究制定《高邮市社会文艺团队管理及补助办法》《高邮市社会文艺团队评审标准》《高邮市文化馆文化点服务暂行办法》等一系列鼓励政策和管理办法，引导好、管理好社会文艺团队，不断壮大公共文化服务队伍，推动社会主义文化事业大发展、大繁荣。

参考文献

[1] 杜乐. 浅谈群众文艺团队的建设［J］. 神州，2018（3）.

[2] 郭佳悦. 切实抓好群众文艺团队的管理和服务，促进文艺团队的建设［J］. 文艺生活·下旬刊，2019（3）.

[3] 韩璐. 探究群众文艺团队的建设工作［J］. 时代报告，2018（2）.

[4] 张敏. 发挥社区群众文艺团队建设作用［J］. 大众文艺，2019（3）.

让特例变成常态
——特殊（疫情防控）时期文化服务对数字化文化馆建设的推动

作者 // 李小峰
单位 // 扬州市邗江区文化馆

2020 年年初，由于突如其来的新冠肺炎疫情，在春节期间及之后相当长的时间里，线下的文化服务活动无法开展，各级文化馆不得不把文化服务转移到了线上。文化馆的门户网站、微信公众号、公共文化服务云平台，以及抖音等短视频平台，成了文化馆提供线上服务的主要渠道。在疫情得到缓解之后，线下的文化服务活动仍要限制参与的人数，文化馆不得不把活动通过直播或者录播的方式向人民群众进行展示。这些在特殊（疫情防控）时期不得已而采取的服务方式，看似是特殊时期不得已而为之的特例，其实对数字文化馆建设是一次集中的助力。各级文化馆应该在疫情之后继续做好线上文化服务工作，线上线下两手抓，加大数字化文化馆建设力度，为人民群众提供更加便捷的、多渠道的精神文化享受，突出群众文化的群众性本质。

一、文化活动直播和录播应当常态化

随着通信条件的进步，特别是 5G 技术的成熟和推广，网络直播条件不断改善。文化馆要利用好网络技术条件，尽可能提供大型文化活动的直播和录播服务。实际上，上级部门也在积极鼓励文化活动的直播。例如，江苏公共文化云平台自开通上线之日起，就提供免费的文化活动直播服务。笔者在参加云平台使用培训班时，有授课老师就提到，有条件的地级市也要努力建立起自己的文化服务直播平台。在实践中，以笔者所在的文化馆为例，早在 2018 年，就通过公开招标的方式和本地的网络传媒公司合作，在举办大型文化活动时提供直播服务。在举办庆祝改革开放 40 周年和庆祝新中国成立 70 周年的重大题材文化活动时，都进行了直播。只要进入文化馆微信公众号，在菜单栏的明显位置就能看到网络直播选项，不但能看到文化活动的直播或者活动预告，还可以回放看往期活动的视频录像。在每次直播文化活动之前和活动进行时，我们都会鼓励工作人员及其亲友在微信群和朋友圈转发直播链接，吸引人民群众去观看。

每年的 4 月 23 日是世界读书日，文化馆和图书馆在这一天都会开展大型户外文化活动和图书宣传活动。由于疫情防控的原因，2020 年虽然户外文化活动已经解禁，但是出于安全考虑，不宜有过多的人员参与。为此，在 4 月 22 日，文化馆组织在瓜洲古渡公园录制了活动视频，只安排了相关部门领导和少量的相关人员参加。在世界读书日当天播放了活动视频。这种文化服务方式也取得了很好的社会效应。

通过这次录播，笔者认为，为了应对突发情况，如突发的天气变化等因素的影响，在大型户外文化活动带妆彩排时，可以提前录制好备用视频，在活动不得不延期时播放。和直播相比，录播更能保证文化演出活动的效果和艺术水准。比如，主持人口误、演员忘词，可重新录制之后再播放。

二、充实宣传平台的数字资源

在开展文化活动时，各级文化馆都非常注重“留痕”工作，拍摄有大量的照片和视频。这些数字资料通常是用来存档的，或者在发布通讯报道时用，或者在迎接上级的检查时用，或者在各种荣誉称号、荣誉单位的申报和创建时用，其实，这些资源更应该免费提供给人民群众，让没有及时到现场参加、观看文化活动的人民群众能够“补课”。

除了文化活动的照片和视频，各种非遗项目、地方特色文化资源等内容的数字资源也应该通过宣传平台让大家可以轻易获取。在特殊（疫情防控）时期，虽然无法像往年一样开展各种线下庆祝活动，但是，笔者所在的文化馆精选了 10 多个具有代表性的省级、市级非遗项目，通过微信公众号进行了推介。在号召文艺工作者创作抗击疫情题材的文艺作品的基础上，通过门户网站和微信公众号等平台发布了新作品的文字稿和部分音频、视频，以文艺工作者特有的方式为抗击疫情做出了应有的贡献。其中，省级非遗“十五巧板”和诗朗诵《那是我妈妈》等作品还被“学习强国”App 和省级、市级单位的宣传平台发布。

在日常工作中，文化馆编排了大量的原创性极强的文艺作品，其中有不少在各种文艺展演和比赛中获得了较好的成绩。这些文艺作品成为精品力作，走过了充满汗水的道路，应当拿来给广大人民群众欣赏。除了在各种文化活动中开展演出，还应该把节目的剧照、视频等数字资源放在网上，为大家提供更多的、更加便捷的欣赏渠道。

那么，如何发布这些数字资源呢？是放在文化馆门户网站的服务器上，还是上传到优酷视频、腾讯视频等第三方视频播放平台上呢？笔者认为，后者的效果更好。第一，数字资源特别是视频资源，需要占用较大的存储空间和流量带宽，如果通过第三方平台来发布，可以减少经费开支；第二，大家可以通过平台推荐和关键字搜索等渠道更加方便地接触到数字资源，从而让更多的人欣赏到我们上传的文艺作品。我们只需要在门户网站和微信公众号上设置好链接，大家点击之后就可以直接跳转到第三方平台观看。

三、把书画展厅搬到网上

书画展览也是文化馆开展文化服务的重要内容。笔者所在的文化馆，每年都会开展 10 多次书画作品展和摄影图片展。2020 年特殊（疫情防控）时期，文化馆开展了首次线上书画展览。工作人员把所有参展的书画作品都拍摄成了照片，在门户网站和微信公众号发布，通过在微信群和朋友圈转发，让大家足不出户就能欣赏到书画作品。这种方式对行动不便的老年书画爱好者来说，更是送去了福音。

虽然这次线上书画展览的举办是不得已而为之，但是和以往的线下活动相比，起到了更好的效果。以往在线下开展活动，受到场地等条件的限制，展出的作品数量有限，而且过一段时间就不得不换成别的作品。在开展书画展览时，我们经常遇到一种情况，有群众来问，某某书画展怎么没有了？我们只能遗憾地告诉他，某某展览早就结束了，过些天还有别的主题的展览，欢迎他届时莅临观看。如果把展览的作品放到网上，以图片的形式展览，形成线下和线上联动，虽然线上的观赏体验不如线下那么直观，但是只要不删除数据，线上的展览就可成为“永久性”展览。

其实，很多大型文化场所和书画展、图片展都在做数字化展厅，为人们提供虚拟化的参观服务。比如，为了庆祝新中国成立70周年，“学习强国”就做过一期新中国成立70年发展历程图片展，按年份布置展览，我们可以沿着既定的路线观看，也可以回头重复观看前面的展览，观展体验非常好。

四、数字化建设中可能会遇到的问题

第一，有必要把特殊（疫情防控）时期的文化服务方式常态化吗？当然有必要。我们要站在建立和不断完善数字化文化馆的高度，把特殊（疫情防控）时期一些好的做法坚持下去，定期和不定期地充实数字文化馆的内容。而且，我们提供服务，不但要提供服务产品，更要不断提升服务水平，让人民群众能以更加便捷的渠道接触到我们提供的文化服务产品，提升服务的有效性和利用率。只要不涉及国家机密或者侵犯版权，我们应该尽可能地把数字资源通过网络提供给人民群众，和他们分享文化建设的成果。

第二，既然有了网络直播，直播平台也提供回看服务，还有必要再到第三方平台发布吗？肯定有必要。以笔者所在的文化馆为例，提供直播服务的是当地的文化传媒公司，公司的规模较小，如果长期存放视频，必然导致运营成本的增加，不可避免地导致合同金额的增加。况且，如果公司因为经营不善而倒闭，或者合作到期后要通过招标的形式更换直播服务提供商，以前的视频如何处理？如果把直播时摄录的视频和单个的文艺演出视频、节目视频存放在第三方平台，这种情况可以在很大程度上得到避免。此外，通过第三方平台播放还有一个好处，那就是这些平台都有手机App客户端，可以方便地转发到微信群和朋友圈。当然，文化馆还是要做好数字文化资源的备份。

第三，既然有线下的展览，线上的展览是多此一举吗？当然不是。互联网在某种程度上是一种超越时空的存在，线上的展览能够较好地解决时空限制。展厅的面积再大，也是有限的，不可能让一场展览无限期地进行下去。而如果在开展线下展览的同时，在线上也进行展览，线上的展览就不存在撤展的顾虑，而且不会受到展览厅开放时间的限制，只要能上网，就可以观看到展览。

五、结语

这次疫情给我们正常的学习、工作、生活造成了很大的影响，迫使我们的工作方式特别是提供文化服务的方式也发生了改变。这些改变看似是特殊时期的权宜之计，却扩展了我们的工作思路，特别是对推进数字化文化馆建设和提升文化馆数字化服务水平指明了方向，应当保留并且延续其中的一些好的做法。

我们既然能在特殊（疫情防控）时期采取特例，那么在正常时期，要继续做好这些特例也不是难事，甚至可以做得更好。这些特例之所以是特例，在很大程度上是之前被我们有意无意地忽视了。我们应该积极总结特殊（疫情防控）时期的经验和教训，从而不断优化和提升我们的工作质态，让数字化文化馆建设水平更上一个台阶，同时也让我们的文化服务水平更上一个台阶，以满足人民群众对更高水平的精神文化生活的向往。

后疫情时期县域文旅行业现状分析及发展对策研究
——以宝应县为例

作者 // 梁鹤新
单位 // 宝应县文体广电和旅游局

2020 年春节期间突发的新冠肺炎疫情，给多个行业的发展按下了暂停键，作为春节“黄金周”重点行业之一的文旅行业，受影响更为明显。当前，疫情防控工作已取得阶段性成果，疫情逐步趋向缓和，后疫情时期已悄然开启。县域文旅行业在这场因疫情带来的变革中有哪些优势和短板，如何走向复苏，怎样化危为机，笔者以宝应县文旅行业为例，做了调研和分析，并就县域文旅行业发展趋势做了初步判断和思考。

一、宝应县文旅行业在此次疫情中所受影响

新冠肺炎疫情暴发后，宝应县第一时间启动突发公共卫生事件一级响应部署。全县公共文化服务体系场馆阵地全部关闭，线下活动全部取消。目的地资源端经营性场所全面停止营业，住宿、餐饮等相关服务行业营业额接近零数。据不完全统计，与上一年同期相比，公共文体活动线下参与人数少了近 10 万人次。根据专家估计，假设春节假期（1 月 23—31 日）占 1 月总收入的 50%，2 月和 3 月上、中旬因疫情防控导致文旅行业的收益基本为 0，在第二季度将维持同比-10%至 0 的增长率，那么上半年文旅行业收入将出现约 41. 7%至 46. 7%的下降。宝应县 2019 年全域旅游收入为 48. 768 亿元，按全年平均水平算，1—6 月收入 24. 384 亿元；按增长速度为 2019 年的 12. 72%算，2020 年上半年旅游收入估算约为 27. 5 亿元；用专家估算的文旅行业收入下降率计算，宝应县 2020 年上半年旅游行业遭受的直接损失约为 11. 5 亿元，这还不包括文旅拉动的间接收入损失。

二、宝应县文旅行业复苏的基础

目前，宝应县疫情防控工作已取得初步成果，各行各业正在加快复产复工步伐。从“非典”之后文旅行业的恢复轨迹来看，新冠肺炎疫情过后，近距离周边游由于时间短、风险低，将率先恢复并爆发式发展，离家2~3小时车程范围内的家庭型微度假目的地或将成为人们出游的首要选择，康养游和文体游也会成为重要的旅游方式。宝应作为苏中里下河平原重镇，大运河文化带和江淮生态经济区在此叠加，生态环境、历史文化使其具备了独特的文旅IP基础。春看桃花夏赏荷，馨风拂绿大运河。

1. 公共文体基础

全县公共文化服务体系建设不断完善，县、镇、村三级公共文化阵地建设逐步提升，服务效能不断增强。每年组织城乡演出、展览等文体活动2000余场，“在场+线上”惠民每年近300万人次。业已形成中国·宝应“秀美荷乡”市民文化节开幕式晚会、“欢乐荷乡”宝应县文化旅游节开幕式演出及系列活动、“幸福宝应　舞动荷乡”宝应县广场舞比赛、宝应县全民健身体育节、“宝应青年千人毅行”等众多文体品牌活动。

2. 公共旅游基础

近年来，全县已初步形成“一廊带动，两线发展，三区联动，多点辐射”的旅游发展格局，射阳湖荷荡温泉、宝应湖旅游度假区、泰山殿历史文化景区、柳堡九九艳阳天、夏集桃花源景区等重点项目有序推进。成功举办中国·宝应“荷藕节”19届、泾河西瓜旅游节7届、夏集桃花文化旅游节、射阳湖“我和玫瑰园有个约定”生态文化旅游节等节庆活动多届。

3. 文化遗产基础

宝应有着2500年的运河史、2200年的建县史、1200年的建城史。宝应文化名人辈出，如“建安七子”之一的陈琳、东汉杰出的外交家臧旻、明代大画家陶成、清代经学大师刘宝楠、京剧鼻祖高朗亭等。境内物质文化遗产众多，全县入选省级非物质文化遗产名录3项、市级34项、县级54项，有市级非遗代表性传承人32人，县级非遗代表性传承人66人。民歌民舞、手工技艺等非遗项目有着广泛的群众基础，形成了以淮剧、乱针绣、鹅毛雪片制作工艺、跑马阵等为特色的非遗文化品牌项目。

4. 云上服务基础

目前，线上“云文旅”已成为日常生活中“足不出户看天下”的重要模式。宝应文旅官方已形成“宝应文旅”“宝应旅游”等强大线上移动服务格局，每年仅网络直播点击量就达200多万人次，加上镇区公众号和各自媒体的加入，线上服务已经具备强大的优势。在2020年的战“疫”期间，“六号一云”推送各类战“疫”信息60余条，阅读量达80000人次，慕课、抗疫专栏、VR展厅、掌上图书、线上旅游、线上文博等数字栏目受到市民的一致好评。

三、疫情时期宝应县文旅行业暴露的短板

后疫情时期，宝应县文旅行业虽具备复苏的优势，但从疫情防控期间的反应来看，自身的短板与不足也显露了出来。

一是基础尚显薄弱。全县文旅行业还处于较为自然的发展状态，尤其冬季文旅旺季在华南、东北地区的时候，位处苏中地区的县域文旅行业如何突破季节瓶颈实现全年均衡发展，值得思考。二是市场调整偏缓。此次疫情，文旅行业从业人员服务方向从线下转为线上反应缓慢，目的地资源端、渠道端、服务产业端基本处于停滞状态。三是“云文旅”建设有待提升。从“六号一云”的发布内容来看，文旅单位未能充分利用粉丝资源进行“大文旅”综合推介；从后台粉丝关注度分析，县内人数占比较高，县外推介力度偏弱。四是文旅融合度不高。文旅单位与镇区文体场馆、景区的衔接融合，以及文旅服务配给的精准实施还需进一步优化，契合景区主题的文体活动欠缺，具有地域特色的文创产品需要进一步开发。五是基层文旅人才欠缺。本地文旅场馆、景区的专业导游屈指可数，基本是由工作人员担任讲解员，个别场馆、景区还处于自由参观状态，场馆、景区文化内涵挖掘缺少专业人才的参与。如农家乐、渔家乐等餐饮行业基本以原生态加工为主，缺少中高端餐饮人才参与指导与提升。六是公共卫生安全基础薄弱。后疫情时期，对文旅行业的公共卫生硬件设施和公共卫生管理提出了更高的要求。基础偏差的镇区公共文体场馆、景区基础硬件设施相对于构建现代公共服务体系来说还很薄弱。场馆、景区公共卫生管理还未能形成体系，面对突发性公共卫生事件缺乏应对能力。

四、后疫情时期县域文旅行业的发展思考

后疫情时期，各行业都在发生变革，如何促进文旅行业抓住发展机遇，实现快速复苏，分享乡村康养游和文体游市场蛋糕，笔者认为可从以下方面着手。

1. 加大政策性保障力度

（1）把握上级奖补政策。吃透上级关于对文旅行业设立奖励基金、减税扶持的政策，引导县级重点文旅场馆、企业积极申报省市奖励扶持基金。（2）出台地方性发展办法。以考核为抓手，针对发展短板出台文旅场馆、景区的考核办法，逐步形成长效机制，为文旅行业长期发展提供保障。（3）利用支点撬动整块发展。采用“放水养鱼”的模式，进一步免费开放、优惠开放文旅场馆及部分景区，通过对本地农产品、文创产品、线上餐饮等服务端的休闲消费，撬动文旅市场的第一块冰。

2. 完善线上服务体系建设

未来5G技术将迎来广泛的商业应用实践，人工智能、无人机、区块链、物联网等技术的应用正在逐步成熟，文旅行业线上服务体系建设是文旅行业发展的新趋势。（1）加速发展“线下生产+线上推介”服务模式。疫情防控期间，VR全景、在线游览、慕课、在线互动等新的线上文旅参与模式正成为新的服务形式，将倒逼文旅行业的转型和升级，线下提升供给质量，线上丰富推介形式，实现“线下+线上”强强联合发展。（2）加强与国家、省、市线上平台的合作。后疫情时代，“六号一云”要实现国家、省、市、县、镇各类媒体平台的“五级联动”，构建文旅线上服务体系，借力发力，进行地方文旅资源的立体化推送。（3）加大在线推送App使用密度。现正在使用的网站、微信公众号、公共文化云还停留在信息窗口化阶段，覆盖面最大的公众号网络直播使用的是第三方直播平台的方式，技术要求相对较高，抖音、快手等短视频推送App，斗鱼、虎牙、哔哩哔哩等在线直播App操作便捷、推送快，年轻群体受众面大，县域公共文旅行业有着丰富的原生态资源，借助新兴媒介，完全可以实现“网红”效应。（4）大数据、区块链技术的基层应用。前期线上对本地文旅资源进行高密度推介发布，通过大数据形成对客户群的数据分析，进行文旅资源的精准推送。“区块链+文旅”的新模式正在兴起，地方文旅资产的数字化借助区块链技术进行升级，融入全国文旅生态链，

推动县域文旅行业在高层次平台发展。（5）现有资源的二次元开发。文旅资源的线上配给中，在对本地文旅资源的深度开发的基础上，对现有资源进行二次元开发，运用二次元故事形式，吸引更多的年轻人参与。

3. 独立型地方文旅 IP 建设

在构建“大文旅”工作框架下，推动县域公共文旅供给体系建设，形成具有地域特色的文旅 IP。（1）做好文旅融合试点工作。2020 年，宝应县射阳湖镇冲林村综合性文化服务中心成为江苏省文旅融合试点单位，通过试点工作形成《综合性文化服务中心文旅融合的冲林模式》课题报告，为本地文旅融合发展提供了样本。（2）加大文化活动进景区力度。根据省市要求，全面加速文化活动进景区工作。2020 年，文化活动数量增加到 100 场，内容上以本地非遗项目、特色项目为主，形式上增加体验环节，从居民、游客的被动接受转化为主动参与。（3）“+旅游”“旅游+”形成地域特色。为避免出现与其他地区文旅项目同质化现象，不同的场馆、景区要进行“旅游+”和“+旅游”模式的进一步研究。文化场馆以文化游为主线，成为“文化+旅游”打卡地；体育场馆以体育健身为主线，成为“健身+旅游”打卡地；景区以赏景康养为主线，成为“康养+旅游”打卡地；农家乐以本地美食为主线，成为“美食+旅游”打卡地。

4. 全面实施人才培养工程

行业要发展，人才是保障。文旅行业从业人员包括行政管理人员、专业技术人员、企业管理人员和企业服务人员 4 类，对于县镇级基层来说，人才缺乏是制约行业发展的瓶颈，实施人才培养工程迫在眉睫。（1）开辟绿色通道，委培、招录专业人才。储备专业领域人才，和专业院校签订委培计划，分批次完成人才培养计划。综合管理人才、专业技术人才招录可分渠道进行，专业技术人才可采用“基础知识+专业技能”的招录方式，确保高水平专技人才的进入。（2）制定奖励机制，加快人才成长速度。出台落实奖励政策，对在专技领域取得省市级以上重大奖项的给予奖励，对入选省市县人才培养计划的专业给予物质奖励，鼓励现有在岗人员参加各级官方机构、高校举办的专业技能培训。（3）招纳文旅志愿者，壮大服务人才队伍。广泛招纳文艺爱好者加入文旅志愿者队伍，参加各场馆、景区的文旅志愿服务工作。（4）组织技能培训，培育留得住的乡土文旅人才。对文旅基层一线从业人员进行高层次技能培训，开拓非遗传承人、讲解员、餐饮等从业群体的视野，提高服务供给质量，丰富服务供给形式，分享文旅行业高质量发展带来的红利。

5. 加快公共服务基础设施建设

牢固树立公共服务意识，持续提高全民文旅安全意识和公共卫生意识。特别是对场馆、景区的公共服务，包括服务端（酒店、餐饮）都要再度提高。(1) 完善硬件基础设施建设。进一步加强引导和督查，加快场馆、景区公共服务硬件设施建设，打造优质的卫生环境，提供精准、个性化的文旅服务，为全域文旅的复苏提供保障。(2) 完善服务机制。细化场馆阵地、景区各项管理制度，完善公共消防、公共卫生、公共食品等安全管理制度，制定公共安全快速反应机制，对日常管理形成有效约束，保障文旅行业的安全生产。

后疫情时期是城市周边乡村文旅行业快速发展的一个契机，抓住本次疫情后的发展机遇，跟随时代步伐进行全面提升，县域文旅将会迎来一个快速发展期，会成为全民文旅重要目的地的资源端，乡村也会真正成为不仅是生产粮食也生产精神食粮的城市后花园。

浅谈乡村振兴战略中的基层文化建设

——试论特殊（疫情防控）时期群文工作者的素质提升

作者 // 马　飞
单位 // 高邮市文化馆

实施乡村振兴战略是党的十九大做出的决胜全面建成小康社会、开启全面建设社会主义现代化国家新征程的新战略。实施乡村文化振兴，繁荣农村文化，培育文明新风，不断提高乡村社会文明程度，着力健全完善农村基层公共文化设施网络，提高服务效能，深入实施文化精准扶贫，不断提升农民文化获得感和满意度，保障农村群众的公共文化权益是推动乡村文化振兴的重中之重。推动乡村文化繁荣贯穿于实现农业农村现代化全过程。而文化作为一种更基础、更深沉、更持久的力量，以其先导性、战略性为乡村振兴提供了精神激励、智慧支持和道德滋养。

一、乡村文化振兴建设的重要意义

党的十九大报告划时代地提出了“实施乡村振兴战略”“坚持农业农村优先发展”的新理念，既为我国乡村发展描绘了美好的蓝图，也为农村发展创造了一个新的机遇，是今后一段时期统领我国农村发展的总纲领。同时，党的十九大报告还提出了“坚定文化自信，推动社会主义文化繁荣兴盛”的新要求，为繁荣中国特色社会主义文化指明了新方向。

乡村振兴离不开文化的引领，文化振兴是乡村振兴的题中之义。要推动农村优先发展，乡村的文化繁荣就显得尤为重要。因此，实施乡村振兴战略，必须带头振兴乡村文化，推进乡村文化繁荣兴盛，以激发农村发展的内生动力和活力。

乡村文化是乡村振兴的重要基础和保障，是乡村建设的灵魂所在。因此，要把乡村文化建设摆在更加重要的位置来抓，实施乡村文化振兴工程，建立健全乡村文化建设“四纳入”（即将乡村文化建设纳入经济社会发展的总体布局、纳入乡村振兴总体规划、纳入各级党委和政府工作的重要议事日程、纳入科学发展重要考核内容）工作机制，以推进乡村文化建设各项目标任务落到实处。

乡村文化振兴建设的核心是通过提高现代村民素质，塑造有较高思想道德素养、有文化、懂经营、会管理的新型农民，这也是现代农业、农村、农民致富的重要基础。同时，乡村文化建设能够创造出乡村振兴快速发展所需要的平安、和谐、稳定的社会环境和创业、奋斗、实干的社会氛围；能够促进科学技术、文化知识和现代农业发展相结合，使新科学技术、新知识经验、新方式方法直接应用于现代乡村生产生活，有效推动乡村振兴发展。

精神文化是现代社会发展的一个重要特征。乡村振兴既需要精神文化建设为其提供良好的社会环境和思想道德基础，同时乡村振兴建设成果又体现在现代村民的精神风貌和思想道德素质的提高上。无可讳言，当前，农村还存在着一些与现代文明不相适应的现象，例如，封建迷信还有一定的市场，在一些地方的人群当中赌博之风仍旧盛行，陈规陋习依然存在。进行乡村文化振兴建设，就是通过提高农民素质、提倡生产生活新方式，从而摒弃陈规陋习，使乡村不良风气和不文明现象逐渐消失，塑造新的社会风尚。在乡村振兴文明乡风的沐浴和影响下，积极向上、昂扬进取的精神风貌就会逐步形成，现代村民的道德水平和思想觉悟就会不断提高，民主、文明、科学之风就会兴起。

二、繁荣发展乡村文化，以文化力量助推乡村振兴

乡村文化振兴是乡村振兴战略的源头活水，是乡村振兴的铸魂工程。从多维度出发构筑乡村文化的现代性，实现文化精神引领，必然会为乡村振兴战略提供坚实的文化支撑。

1. 推动乡村文化阵地建设

大力开展文化馆总分馆建设，以及乡镇文化站、村（社区）综合性文化服务中心建设。到 2019 年年底，高邮全面建成以市文化馆为总馆，乡镇文化站为分馆，村（社区）综合性文化服务中心为基层的公共文化服务网络，并实现常态化运行。全市乡镇（街道）文化馆分馆（文化站）、村（社区）综合文化活动中心集宣传文化、党员教育、科学普及、普法教育、体育健身、文化遗产保护等功能于一体，资源充足、设备齐

全、服务规范、保障有力、群众满意度较高，建立了一套符合实际、运行良好的管理体制和运行机制，打造了一支扎根基层、专兼职结合、综合素质较高的基层文化队伍，形成了常年开展、群众喜闻乐见、有一定影响力的品牌文化活动，形成了较为完善的基层综合性文化服务中心网络体系，使基层综合性文化服务中心成为乡村文化阵地和基层公共文化服务平台。

2. 提升文化产品供给和服务

（1）充分发挥现有文化设施的作用。乡镇文化馆分馆（文化站）、村（社区）基层综合性文化服务中心为发挥好综合功能，充分利用文化、科技、卫生“三下乡”以及文化进万家、送欢乐下基层、文化惠民季、文艺志愿服务、“一村一年一场戏”免费送戏活动、“一村一月一场电影”免费放映工程等平台载体，广泛开展丰富多彩的群众文化活动，影响并带动城乡群众性文化活动的深入开展。（2）加强公共文化产品生产供给。面向基层、面向群众，着力提高公共文化产品生产能力和服务水平。推广政府购买服务、集中配送等方式，为人民群众提供质优价廉、健康适用的公共文化产品。（3）引导社会力量有序参与公共文化服务，支持各种民办博物馆、图书馆等公益性文化机构的发展，努力形成良性竞争、多元互补的公共文化服务供给体系，实现公共文化服务的提供主体多元化和提供方式多样化。（4）创新供给方式，建立“供需互动”机制。着力从“送文化”逐步向“种文化”转变，变“文化下乡”为“文化驻乡”，搭建各类展示“种文化”成果的平台，吸引广大群众积极参与，提高农村文化自我发展能力。

3. 促进乡村文化人才聚集

推动乡村文化振兴，人才是决定性因素。针对当前农村普遍存在的文化人才匮乏的问题，按照人尽其才的原则，多措并举，挖掘和培养一大批优秀的乡村本土文化人才。实施文化人才培养工程，大力支持民间文化队伍建设。2017 年，高邮市与扬州市文化艺术学校合作，实施乡镇文化站人才定向委培制，解决了乡镇文化站工作人员短缺的问题。按照“不求所有、但求所用”的原则，积极支持民间文艺团体及文化能人、民间艺人等的发展，支持他们采取多种方式拓宽文化服务渠道，在设备、技术、场地等方面给予扶持；定期进行培养，引导鼓励他们开展健康向上的文化活动。健全完善基层文化人才培训机制，加大培训力度。对基层文化骨干、文化能人、非物质文化遗产传承人等定期开展培训，提高其政治素质和业务水平，特别是加大对农村本土文化传承人的培训，推动传统文化的传承与创新。结合实际，建立吸引文化人才的责任机制，鼓励和支持用人单位以灵活多样的方式聘用、引进文化人才。深入创新乡贤文化，弘扬善行义举，着力打造一支高素质的农村文化能人队伍和业余文艺团体，充分调动其积极性与创造性，激活广大农民的参与热情。

4. 弘扬传承乡村优秀传统文化

乡村振兴战略的动能来自对乡村文化的自信和守护，乡村文化是优秀传统文化的根和魂。依托乡镇（街道）文化馆分馆（文化站）、村（社区）综合性文化服务中心，全面推进“乡村儒学讲堂”和“镇（村）史馆”建设，实现优秀传统文化对乡村基层全面、均等的覆盖，建设非遗传习、展示场所，留住“乡愁”。推进统筹镇史、村史、红色文化、特色文化等历史文化资源。进一步规范运行机制，完善规章制度，规范教材、教学、讲座、展览等活动内容，保护和发展有地方特色的乡村优秀传统文化，捍卫乡村记忆。坚持物质与非物质并举、传承与利用并重的原则，深入推进文化遗产的综合性、整体性保护，把有历史文化价值的传统村落和民居列入保护名录，努力让文物和非遗项目“活”起来、“动”起来，拓宽弘扬优秀传统文化的传播渠道。坚持立足特色、内外并重的原则，积极整合挖掘本地区丰厚的文化遗产资源，努力把弘扬优秀传统文化与提升文化软实力、激发群众的历史自豪感结合起来，取得良好的社会效应。

5. 促进文化传承创新

高邮是国家历史文化名城，文化底蕴厚重，文物众多，非物质文化遗产丰富，尤其是乡村文化资源的后发优势非常明显，具有发展乡村文化产业的良好基础和条件。一要进一步加大文化资源普查力度，强化文物保护责任，实现对县级以上文物保护单位的有效保护和管理。二要深入挖掘优秀传统文化资源，做好文化产业发展整体规划，加强特色文化资源开发利用，围绕“文化+”，推动文化产业与相关产业融合，走文化致富之路。三要加快推进大运河文化带建设，促进对独具特色的高邮文化生态资源的整体保护。四要鼓励支持文化资源由静态保护向开发利用的转变，促进文化价值和经济价值相统一，使历史文化真正成为支撑高邮乡村振兴发展的宝贵财富。

群众满意不满意、接受不接受、幸福不幸福，是文化工作应坚持的一条主要原则。新时期，推进基层公共文化建设，需要我们文化工作者着眼基层，主动下潜，一步一个脚印，努力做到开展文化工作热心、诚心，积极协调各方面力量齐心、真心，用心打造群众舒心、贴心的基层公共文化服务体系。

参考文献

［1］罗必良. 明确发展思路，实施乡村振兴战略［J］. 南方经济，2017（10）.

［2］郭翔宇. 实施乡村振兴战略　加快推进农业农村现代化［J］. 农业经济与管理，2017（5）.

“唱响荷乡”演唱大赛　唱响资源融合“大合唱”

——社会力量承办公益性文化活动的一次有益尝试

作者 // 潘明智　李　慧
单位 // 宝应县文化馆

2020 年，扬州市“我爱歌唱”歌手争霸赛火热登场，这是由扬州市委宣传部、市文广旅局等 7 个单位主办的第五届“绿杨人家”社区艺术节的重头戏之一。宝应作为这项活动的县级赛区，配套组织了“唱响荷乡”演唱大赛活动。本次活动没有采用由政府主办加承办的传统模式，而是强调效能为先，注重资源融合，大胆引入社会力量，探索了一条政府主导、多方协作、社会力量执行的公益性文化活动新路径。经过一个多月的组织实施，大赛取得圆满成功。作为一项规模不大的单一性活动，许多关键指标令人瞩目：参赛人数 174 人，为历次最高；现场观摩上千人，网上投票人数 8 万多人，网上浏览人数 30 多万人次，可谓影响很大；公共财政对活动的实际投入仅 2 万元，为历次支出最少；有 5 名选手入选市级复赛，勤率名选手入选决赛，为历次成绩最佳；在最后的总决赛上，宝应歌手表现抢眼，分获第一名、第三名，引起广泛关注……

一、基本思考

长期以来，公益性文化活动都是政府主办，这不仅是因为政府有保障公益性公共文化服务的职能，也是为了防范过度依赖社会力量而导致这种服务的缺失或变味。但随着社会发展进入新时期，我国社会的主要矛盾已经转化为人民日益增长的美好生活需要和不平衡不充分的发展之间的矛盾。当前，经济社会发展迅猛，政府承担的发展重任不断加大。尽管公共文化的投入有了大幅的增加，但离不断提高的社会需求仍有很大的差距。县文化馆作为县级地方政府公共文化服务的主要承办者，每年需要开展颇多的公益性文化活动。从年头忙到年尾，除了政府中心工作和重点活动，对于一般性活动，县文化馆常常是疲于应对，与群众日益增长的精神文化生活需求不匹配，供需矛盾明显。同时，随着社会经济多元化发展，社会力量开始更加关注公益性公共文化活动，并产生与政府合作共办的愿望。我们认为，公益性文化活动由政府主导，吸收社会力量参与，实现资源融合，不断提高公共文化服务效能，应是我们努力的方向。

公益性文化活动与许多由社会力量举办的社会化文化活动有着本质的不同。一方面，公益性文化活动虽是社会力量参与承办，但体现的是文化惠民形象，仍要达到公共文化服务均等化、标准化的要求，活动过程需依法依规、公平公正，既要影响力，更要信誉度。社会力量参与公益性文化活动，为公共文化增添了强大的社会资源。另一方面，这些社会力量有着鲜明的趋利性，如果一味专注于经济利益，将会改变公共文化服务的公益性，有损群众的文化权益和政府的形象。同时，不少社会力量虽运转机制灵活，工作有激情，也不乏相关技术人才，但缺乏相关专业知识，缺少具体工作经验，存在一定的盲目性、随意性。因此，可以根据总体工作要求，动用社会力量承担具体的工作任务。

基于以上思考，“唱响荷乡”活动主办方县委宣传部、县文体广旅局将活动交由县文化馆负责承办，并同意由社会力量执行承办。

二、具体做法

1. 政府主导，当好指挥

公益性文化活动由文化馆承办，体现了政府主导，这是对活动方向的把握，这个“指挥”的位置不可丢失。文化馆作为政府公共文化服务的龙头和骨干，长期从事公共文化服务工作，拥有准确的执业理念、良好的职业素质、专业的人才队伍和丰富的实践经验，但也会受到人力、物力、财力等种种因素制约，无法做到“一馆包天下”。

疫情使得公共财政捉襟见肘，活动经费十分困难。受疫情所困，全年工作集中在下半年，繁重的工作任务令大家疲于应对，加之现有体制内运行模式缺乏灵活的激励机制，而“唱响荷乡”演唱大赛活动也未纳入年度计划，所以使得活动的开展困难重重。为难之时，扬州聚星文化传播公司提出了承办的请求。这是一家民营私企，有举办社会化文化活动的经验，希望通过与政府部门的合作提升自己的形象，扩大影响力。

尤为欣喜的是，这家公司有较好的资源优势，活动经费可以通过赞助商获得，媒体宣传、舞台设备、技术人才等相关问题也能自行解决，能有效地解决文化馆面临的困难。经过研究并报批准，聚星文化传播公司入选本次活动的执行承办单位，专注于具体的业务工作。

虽然有社会力量参与，但政府的主导地位不能缺失。作为政府公共文化服务职能单位的县文化馆始终把握着活动的方向。一是负责制定活动方案，明确活动范围、活动要求、活动时间、活动地点、奖项设置以及评奖方法等关键要点；二是提出宣传要求，突出公益性，适度开展商业宣传；三是明确技术要求，对舞美、灯光、音响、主持、直播等全程指导、督促和检查。

2. 文旅融合，协作共赢

文旅融合是当前文化建设的一项重要内容，适应了文化发展高水平、高质量的要求。宝应荷园是一个以“荷”置景的 AAA 级景区，每年 7—9 月，荷花盛开，景色迷人，是游玩赏景的绝佳去处，但由于运行时间不长，宣传力度不够，加上地理位置偏远，人气不够理想。此次“唱响荷乡”演唱大赛，我们邀请荷园景区江苏荷之源旅游开发有限公司共同承办，得到了他们的积极响应。

这场文旅融合的活动，实现了文旅双赢。在活动宣传上，文化活动拥有了原本用于旅游宣传的宣传阵地，而景点通过文化活动的宣传大大增强了宣传覆盖面，取得了意想不到的效果。本次活动，我们首次在全县 14 个镇投放站台广告 56 块，同时运用抖音、微信公众号等新媒体进行宣传，总浏览量达 42 万多人次，微信公众号总阅读量上万人次。景点也利用各类旅游平台广为宣传，丰富了景点的文化内涵，相关内容多次被省、市媒体转载，形成“卖点”。在活动实施中，文化活动丰富了景点的文化内涵，而景点的魅力吸引着众多的群众加入其中。本次活动决赛地点设在荷园景区的音乐草坪广场，为防雨遮阳，景区专门搭建了钢架顶棚。比赛当日，适逢阴雨天气，但前往荷园的人流络绎不绝，近千名观众把活动现场围得水泄不通，还有数千名游客一边赏景，一边关注比赛的赛况。据统计，当日入园人次近万，在雨天不利天气下仍实现“旺销”。

3. 社会参与，提高效能

社会力量对参与文化活动有巨大热情，在政府主导下，社会力量在公共文化服务领域同样能够释放出巨大的能量。作为本次活动的执行承办单位，扬州聚星文化传播公司十分珍惜与政府部门合作的机会，严格按照方案要求开展活动的宣传和各流程的执行，以公益性文化惠民为主导，商业宣传适度，较好地完成了文化馆布置的任务。社会力量的巨大资源优势在这次活动中得到充分彰显。他们利用城市练歌房、婚庆公司等行业的人脉资源，发动了大量的声乐爱好者报名参赛，预赛人数达到174 人，刷新了宝应官方演唱类赛事活动参与人数的纪录。在网络投票环节，他们又发挥其自媒体领域的优势，吸引 83314 人次参与投票，创下小型活动吸引社会关注人数的新高。在组织现场比赛过程中，他们主动寻求文化馆专业人员的参与和指导，舞美、音响、直播、现场布置等尽心尽力，尽管突遇阴雨，在县文化馆专业人员的具体指导下，活动仍然井井有条、运作顺利，受到现场领导和群众的好评。社会力量强大的融资能力在这次活动得以凸显，整个活动需经费 10 余万元，为了体现政府主导，公共财政主动承担了评委费用和获奖选手的奖金计 2 万元，旅游景点提供了选手门票和比赛场地，其他运作费用全部由承办公司通过企业赞助解决。

“唱响荷乡”演唱大赛是政府主导、文旅融合、社会参与的大合唱，资源融合，优势互补，实现了共赢。这次活动使公共财政“花小钱办大事”，旅游景点投入不大效率高，社会力量获得了宝贵的活动经验和荣誉，而群众是最大的受益人，丰盛的精神大餐极大地满足了他们的文化需求。

文化高质量发展与基层综合性文化服务中心建设

作者 // 汪　林
单位 // 扬州市江都区仙女镇文化体育站

2018 年国务院政府工作报告指出，“过去四十年的高速增长，成功解决了‘有没有’的问题，现在强调高质量发展，根本在于解决‘好不好’的问题。高质量发展，意味着高质量的供给、高质量的需求、高质量的配置、高质量的投入产出、高质量的收入分配和高质量的经济循环”。江苏省委根据本省实际，提出了经济发展高质量、改革开放高质量、城乡建设高质量、文化建设高质量、生态环境高质量、人民生活高质量的六个高质量发展任务，为全省高质量发展定了目标。

根据省委高质量建设要求，江苏省文化部门在探索中前进，在改革创新中发展，加快推进文化强省建设，努力推动文化建设高质量走在前列，为建设“强富美高”新江苏提供强大精神支撑。

在全省众多的文化创新措施中，“基层综合性文化服务中心建设”创建工程是最贴近基层群众的一个项目，也是文化高质量发展在基层最亲民的体现。笔者多年从事基层群文工作，就近几年创建基层综合性文化服务中心的实践经历，浅谈对文化高质量发展与基层综合性文化服务中心建设的认识。

一、文化高质量发展是基层综合性文化服务中心建设的推进器

1. 文化高质量发展使基层综合性文化服务中心建设速度加快

基层综合性文化服务中心建设是 2016 年 9 月江苏省省政府提出的目标任务：“十三五”期间，在全国率先建成集宣传文化、党员教育、科学普及、普法教育、体育健身等功能于一体，布局合理、功能齐全、服务规范、保障有力、群众满意度较高的基层综合性公共文化服务中心。到

2020 年，实现乡镇（街道）综合性文化服务中心全覆盖，村（社区）综合性文化服务中心覆盖率达到 98% 以上。当时，基层对这项工作并未真正理解，启动较慢。2018 年，中央提出了高质量发展推进供给侧结构性改革的要求，全国各条口都认真制定高质量发展计划和政策，各级政府对综合性文化服务中心建设这项工作的认识有了质的改变，各级党委政府都将其作为一把手工程，推进的速度也突飞猛进。原计划在 2020 年年底完成全覆盖的任务，在 2019 年就已经全面完成。

2. 文化高质量发展使综合性文化服务中心建设质量明显提高

综合性文化服务中心建设初期，各村（社区）都认为，有个图书室，再加个活动室，然后挂个牌就完成任务了，包括我们专职文化工作者当时也是抱着差不多就行的工作态度。根据文化高质量发展的要求，各级文化部门逐步细化了创建标准，江苏省对“基层综合性文化服务中心建设”制定了细致严格的面积标准、“八个一”功能标准和服务标准，相当于过去对乡镇级文化站的硬件要求。这使各村（社区）综合性文化服务中心的创建更有操作性，也使建设质量有了质的提高。

3. 文化高质量发展进一步推动了基层综合性文化服务中心建设中的思维创新

在贯彻落实基层综合性文化服务中心建设标准的过程中，相关部门充分解读文化高质量发展的精髓，紧紧围绕“群众喜欢什么，想要什么”的理念，从实际出发，不死搬教条。与此同时，在各村（社区）综合性文化服务中心的建设中，开展形成了很多贴近群众的活动项目和活动阵地，创建了一大批高质量基层综合性文化服务中心。

二、基层综合性文化服务中心的建设为基层的文化高质量发展奠定了基础

1. 基层综合性文化服务中心建设使文化高质量发展在村（社区）有了抓手

基层综合性文化服务中心建设是文化惠民的“最后一公里”工程。在未创成基层综合性文化服务中心之前，村（社区）缺乏完整、系统的文化阵地和设施，很多文化政策也只能落实到镇级文化部门。与将文化高质量发展的工作真正落实到村（社区）的要求还存在一定差距。基层

综合性文化服务中心的全覆盖使得上级各项文化惠民工程一步到位，在基层开展相关活动也更方便，各项活动的开展也更贴近当地群众的文化需求。由于活动阵地就在家门口，乡镇基层的文体团队参与人数大幅度增长，使文化高质量发展工作在村（社区）有了抓手。

2. 基层综合性文化服务中心建设为基层文化高质量发展提供了实践平台

村（社区）基层综合性文化服务中心的建成，为向上级各部门输送公共文化服务提供了更好的实践平台。上级文化部门到基层开展文体活动也更加得心应手。党、团、妇、兵、民政、政法等部门都很看好基层综合性文化服务中心这一平台。各村（社区）文化分管干部及专、兼职人员也充分利用该平台，定期和不定期地为当地群众举办喜闻乐见的演出活动。由此可见，该实践平台的效应得到了充分的利用。

3. 基层综合性文化服务中心建设将文化高质量发展落实到了实处

再好的工作计划如不能最终落地生根，那也是黄粱一梦、纸上谈兵。一个个高质量基层综合性文化服务中心的落成运行，真正把基层群众文化工作推向了一个新的发展水平，把群众希望拥有的文体活动阵地和愿意参加的活动项目送到了老百姓的家门口，文化高质量发展的理论真正在基层得到了实践，落到了实处。

三、文化高质量发展理念给基层综合性文化服务中心建设提出了更高的要求

1. 要充分认识当前基层综合性文化服务中心的建设差距

基层综合性文化服务中心建设已实现了高速发展，扬州市 2018 年年底就基本实现全覆盖。只用了不到两年就在全市建成那么多基层综合性文化服务中心，也使我们基层群文工作者感到兴奋和自豪。

但在实际工作中，我们也看到基层综合性文化服务中心建设与文化高质量发展的实际要求还有一定差距。

（1）各村（社区）建设标准差距较大。大部分村（社区）的综合性文化服务中心也只是达标，其内在实用价值及建设质量有待提高。

（2）建设选址有问题。部分综合性文化服务中心都建在村（社区）行政办公区内，很多都设在四楼五楼，群众要进综合性文化服务中心必

须经过办公区，这便造成了向群众正常开放与办公管理的矛盾，直接影响了综合性文化服务中心的实用价值。

（3）后期管理相对滞后。由于综合性文化服务中心的管理人员都是由村（社区）干部兼职，流动性较大，常常发生换人、缺岗现象。频繁的人员调动也造成了业务不熟练、工作交接不到位、活动难以开展等问题。

（4）后期运行经费不到位。器材、场地更新维护出现困难。

2. 要创新基层综合性文化服务中心建设的新理念

针对以上基层综合性文化服务中心建设中出现的问题，我们要正确面对，任何一个新生事物的出现必然会发生这样那样的问题，这也是中央提出高质量发展新理念的必要所在。基层综合性文化服务中心建设经过两三年的发展，大部分村（社区）仅仅解决了“有没有”的问题，还需要用高质量发展思维来解决“好不好”的问题。

（1）解决“仅仅达标、摆样子”的问题。首先，要了解当地群众真正需要什么样的文化服务内容，要从当地群众现有生活标准入手。在基层工作的同志可能都听到过这样一种反映：综合性文化服务中心的条件还不如我家呢。对比参照当地不断提高的人民生活水平，再看我们的建设标准，只提出了“有”而忽略了“质”，这就必然会出现“仅仅达标、摆样子”的现象。扬州市江都区仙女镇的南吴社区、新和村，在建设综合性文化服务中心时就充分考虑了这一点，他们在做好面积标准、“八个一”功能标准、五个服务标准的前提下充分调研了解，并制定了服务环境硬件标准不能低于当地中高等水平家庭条件的要求，吸引了大量的群众自发参与活动，彻底解决了“摆样子”的尴尬局面。

（2）基层综合性文化服务中心选址问题是当前面临的最大难题。因建设时没有对选址做出强制性要求，大部分村（社区）综合性文化服务中心都与行政办公区混用，从而造成了向群众开放与正常办公、管理的矛盾，可能导致综合性文化服务中心成为摆设。江都区仙女镇在后期的村（社区）综合性文化服务中心建设过程中，充分考虑到前期选址的突出问题，要求尽量使综合性文化服务中心与村（社区）行政办公区域分离开来，使服务中心相对独立。仙女镇的邓院村在文体广场的周边征借了两户无人居住的民房，经过改造建成了独立的综合性文化服务中心，定时开放，实用性强，深受广大村民欢迎。仙女镇龙城社区在城区办公用房紧张的情况下，改造了一处长期荒废的公房，使其成为当地群众文化娱乐的好去处。实践证明，综合性文化服务中心的选址非常重要，一定要想群众之所想，只有真正方便百姓来去的综合性文化服务中心才不会变成摆设。

（3）综合性文化服务中心的后期管理问题将是一个需长期关注的课题。在基层实践中，上级制定的“综合性文化服务中心设立不少于 1 个由政府财政拨付的公益性文化岗位，有至少 1 名专（兼）职人员负责中心的日常管理”的规定，因没有后续的相关人事、财政等文件政策的支持，在基层无法实施，反而使服务中心的管理人员频繁地变动调整。实践证明，后期管理较好的综合性文化服务中心，都是由村（社区）就近聘用文化志愿者担任管理员并进行服务。聘用人员费用较低，相对稳定，服务贴心，这些做法有待研究推广。

（4）后期运行经费不到位，器材、场地更新维护困难，这也是长期困扰综合性文化服务中心的难题。当前，文体公共场所的后续养护管理费用相当高，建得起而养不起的现象十分普遍。这就要求我们在建设综合性文化服务中心时，必须要用文化高质量的标准做好顶层设计，弥补政策和资金支持的短板。

3. 要保障高质量基层综合性文化服务中心的建设和长久运行

实践告诉我们，基层综合性文化服务中心建设必须要有高质量的顶层设计，必须清晰了解人民群众想要什么，用文化高质量的理念贯穿建设全过程。只有以群众需求为出发点建设的综合性文化服务中心，才会成功有效，反之就会变成摆设。

从近几年基层综合性文化服务中心建设中群众的反映情况来看，这项着眼基层的群众文化工程对推动基层群文工作的开展起到了基础性和支撑性的作用，是大力推动文化供给侧结构性改革的一项有效举措。根据文化高质量发展的要求，基层综合性文化服务中心建设还有大量的工作要做，我们一定要以“人民群众需要什么样的文化服务”为主线，创造高质量的文化产品，让广大群众真正获得更多文化幸福感。

文化馆数字化建设助力群众文化工作的升级

作者 // 王少颖
单位 // 高邮市文化馆

现阶段，我国的主要矛盾发生了变化，人民日益增长的美好生活需要和不平衡不充分的发展之间的矛盾逐渐凸显。基于人民日益增长的文化需求，群众的文化工作逐渐成为我国政府和社会普遍关注的问题。随着科技水平的不断提升，现代化程度也随之提升，文化馆数字化建设成为一种潮流，也成为现在公共文化服务中的一种必然需求。针对我国文化馆数字化的现状和存在的问题，本文从不同的方面讨论了进一步提升文化馆建设的措施。

一、文化馆数字化建设的重要意义

1. 满足人民日益增长的文化需求

随着我国经济的快速发展，人民群众对于文化的选择性和接受性也进一步增强，人民群众的精神文化需求需要不同类型的优质的文化。什么样的文化能得到民众的喜爱，是文化馆当前开展工作的一个重要难题。文化馆数字化建设融合了多种文化，为人民群众提供了优质的文化内容，满足了当前人民群众的文化需求。

2. 现代化趋势的必然要求

当前数字化和现代化的程度不断提高，科技在人们生活中随处可见。文化馆数字化建设与以往文化馆的不同就在于“数字化”，它运用了现代的技术，将传统的文化馆和数字化相结合，使文化馆更具科技性，更加现代化。与互联网相结合的模式，可以使文化资源得到进一步加工，同时有利于把传统资源转为数字化资源，促进传统文化走进现代人的生活。文化馆数字化对于文化的传播和传承有着非常积极的作用，它可以对文化资源进行多次利用，进行丰富多彩的文化创作。

3. 有效增强文化馆活力

传统的文化馆是在地理位置上专门占有一定区域进行文化传播，而文化馆数字化可以使文化馆更加信息化、现代化，不局限于实体的存在。传统的服务设施对于文化的传播和受众都有很大的限制，但依赖于网络的数字化文化馆，可以使文化传播面逐渐增大、类型不断增多，有利于资源的整合，一定程度上能降低劳动力成本和土地成本。数字化文化馆的建设，是现代化背景下文化产业的创新典型。

二、目前文化馆数字化建设存在的问题及原因

1. 文化馆内容不贴合实际，无法真正满足人民群众的需求

当前获取文化的渠道众多，文化类型也多种多样，使得文化馆面临的一个问题就是内容繁多但不贴合民众的实际需求。这一问题的解决需要文化馆的负责人员真正走进群众，去观察群众需要什么样的文化。不同的年龄层、不同的专业，对于文化有不同的需求。因此，怎样提供人民满意的文化是当前文化馆面临的一个重要的研究课题。文化馆有辅助群众开展文化活动、提升群众文化素养的功能。因此，文化馆要面向群众，与时俱进地提供符合群众需求的文化。

2. 数字化文化馆资源匮乏，设备、技术不完善

为了响应文化馆数字化建设，我国各地区都开展了相应的工作，建成的大大小小的数字文化馆数不胜数。数字化文化馆的建立基础在于资源的支撑，借助互联网上的资源可以满足群众对文化的需求。当前各文化馆之间的问题在于缺少交流和共享，使得各文化馆间的资源独立存在。对于大型文化馆来说，资源可能能够满足人民群众的需求，但是对于小型的文化馆，资源匮乏便是当前的一个重要难题。

在有了数字资源之后，资源的采集、转换、存储、加工便是一套完整的工序。数字化资源是文化馆数字化的基础，有些馆区由于设备和技术的限制，导致资源无法转化，无法实现有效利用。因此技术升级、设备更新是当前文化馆建设的一个重要问题。

3. 文化馆服务意识薄弱，缺乏主动性

虽然文化馆数字化和现代化建设在不断推进，但是馆中的工作人员、负责人员对于文化馆数字化的特点还存在认识上的偏差。现代化技术是

推动文化传播的一个重要手段，但它同样对文化传播人员提出了一定的要求。针对繁复的传播手段和技术，很多工作人员缺乏主动性，只停留在表面，没有进行深入研究，这一点是值得关注的。

4. 数字化文化馆手段单一，缺乏专业人才

文化馆数字化的专业建设人员和研究人员目前存在明显的短缺，人才队伍建设是当前文化馆数字化建设的一个根本性问题。文化馆数字化建设的任意环节都需要具备技术素养的人才来把关。因此要注重对专业人才的培训，提高从业人员的专业素养和能力。

三、针对目前存在的问题可采取的举措

1. 转变文化馆建设的核心思想，增强服务意识

文化馆是为了服务人民群众而建的，目的是不断满足人民群众对文化的需求，提高人民群众的素养。文化馆建设的核心在于为人民群众提供优质的文化。因此，文化馆的工作人员要增强服务意识，针对文化的特点和人民群众的需求，为人民群众提供满意的文化资源。文化馆的负责人员要增强工作的主动性，充分利用互联网技术，不断加大文化馆服务的覆盖面，使文化馆成为有力的文化交流平台。

2. 统筹规划，整合现有资源

针对我国现阶段文化资源的状况，要想更好地促进文化馆的发展，就要对互联网和网络资源进行统筹规划。要认真统计全国大大小小文化馆的现有资源，利用互联网技术使资源得到有效的整合。把各类的文化资源分布到大大小小的文化馆当中，针对人民群众的实际情况，为群众提供更多实际有用的资源。

3. 促进技术改进，加强人才培养

文化馆数字化建设涉及计算机技术、互联网技术和大数据等多方面专业的知识，对文化馆工作人员的专业性也提出了更高的要求。因此，要加强对工作人员的培训，使其具有专业的从业能力，提高其专业素养。所以，独立的人才支撑是进一步推进文化馆数字化建设的关键保障。

4. 增强宣传力度

当前人们获取文化资源的渠道众多，因此对于文化馆的作用并没有更多的了解。文化馆要仔细研究自身的特殊性，仔细研究什么样的文化

资源可以提高人们对文化馆的关注度。文化馆应该充分利用各种途径，加大宣传力度，广泛传播文化馆的作用，提高人们对文化馆的关注度，从而使文化馆的作用得到进一步彰显。

四、结语

文化馆是为人们提供文化资源的重要机构，文化馆数字化建设也是顺应“互联网+”趋势下的新举措。文化馆数字化有利于满足人民日益增长的文化需求，对人民群众文化素养的提升具有重要作用。

参考文献

［1］马昭蓉. 浅谈新时代下经济欠发达地区文化馆数字化建设的思考［J］. 大众文艺，2019（14）.

［2］牟晓娟. 文化馆数字化在现代公共文化服务体系中的作用［J］. 科技风，2018（30）.

［3］丁学刚. 浅谈档案数字化管理在县级文化馆建设中的重要性［J］. 办公室业务，2018（6）.

［4］伍钛. 论文化馆站联盟模式下的新型文化馆数字化建设——以深圳市文化馆为例［J］. 艺术科技，2017，30（7）.

文化馆总分馆体系建设与服务模式探究

作者 // 王中秋
单位 // 宝应县文化馆

随着我国物质文明的高度发展，国家也更加重视人民群众的精神文明建设，不断通过多种途径大力推进群众精神文明建设是国家近年来开展的重要工作之一。文化馆作为公共文化服务体系的重要组成，对发展群众文化、丰富群众生活、提升群众整体素养具有巨大作用，然而在新形势下，传统的文化馆管理模式存在一些问题，这就需要打造文化馆总分馆体系，以此来推进我国文化事业更好地发展。

一、文化馆总分馆体系建设的内涵

文化馆总分馆制度始于美国公共图书馆，是为实现资源共享而组织的综合服务模式。我国公共文化服务具有基本性、公益性、均等化和便利性的特征，打造总分馆体系有利于我国公共文化事业的发展和资源的共享与配置，对提升当地公共文化服务水平有重要作用。在我国的县级文化馆中，目前开始广泛推行总分馆制，以此打破长期以来的分馆管理体系，通过该管理体系的建立可以实现人员、设施、经费、网络等相关资源的统一配置，进而实现文化活动、艺术生产、艺术培训等业务行为系统化、集约化的发展，这对于我国文化馆的发展大有益处。①

二、文化馆总分馆体系建设存在的问题

第一，管理机制不科学。当前的行政管理体制下，市区、乡镇村级的各个文化馆都是相互独立的，并且缺乏有效的沟通。比如，经费的划

① 肖公章. 文化馆总分馆服务体系建设是深化文化体制改革的重要举措［J］. 文化月刊，2018（12）：140-142.

拨及人员的配置主要由当地政府决定，这样就容易存在重复投入及资源浪费的情况。同时，诸多文化馆还存在资金不足和人员不足的问题，导致文化馆难以实现标准化和规范化的建设。

第二，人力配置不合理。不同层级文化馆的人资配置方面有着巨大的差异，存在管理人员多、文化工作人员少的问题，还有部分乡镇文化站的工作人员多为刚毕业的大学生，存在专业能力欠缺的问题，甚至一些文化站的工作人员存在兼职的情况，不能全身心地投入文化事业的发展工作中。

第三，文化产品的供给不均衡。近年来，乡镇村级文化站得到了诸多人力和资金的投入，基础设施和环境得到了极大的改善，并且实现了服务网络的基本覆盖，然而依然存在诸多问题。如文化站播放电影没有群众观看，图书馆群众借阅人数少，这体现出群众参与热情不高的问题，也造成了很多的资源浪费。

第四，对文化馆的服务绩效考核不到位。长期以来，我国文化馆的工作考核是上级相关文化机构对硬件设施建设及活动开展形式进行考核，缺乏对文化服务效果的考核，也没有考虑到群众的满意程度。在开展文化服务的工作中，文化产品的品种单一，群众缺少参与权和决策权，参与热情不高，导致一些文化活动的开展没有满足群众的切身需要。①

三、如何创新文化馆总分馆体系建设

在文化馆总分馆体系的建设过程中，需要本着“政府主导、多级投入、一体建设”的原则，形成总分馆为主、多个分馆为辅的管理模式，实现总馆、分馆及服务点结合，在相互配合中提升基础设施的标准化建设，打造系统的服务体系和文化服务圈。

首先，需要当地政府在打造文化馆总分馆体系的过程中发挥主导作用。要对乡镇文化工作进行系统的考核，保证经费的支持，建立文化站、博物馆、图书馆、歌舞团等相互配合的公共文化服务体系。同时，要考虑到当地文化需求，对人力资源和设备资源进行统一调配，并且要积极

---

① 黄少玉，林润昆（摄）.“两式两员四协同”——中山市文化馆总分馆服务体系建设进行时［J］. 文化月刊，2018（12）：128–129.

吸引社会组织加大对总分馆服务项目资金的投入力度，以此提升服务水平。

其次，需要对组织架构进行创新。基于文化馆总分馆体系，可以对人员、经费、服务等诸多问题进行创新管理，以此提升文化馆的工作效率和服务职能，比如通过对直线职能制的利用，使各级文化馆工作职责清晰、分工明确，有利于对文化馆分馆相关工作的指导；而利用项目制的组织构架，可以将相关的权力下放给不同的项目组，总馆有更多的精力规划总分馆的发展问题。

最后，需要对服务模式进行创新。对于公共文化产品的配送来说，需要做到标准化、均衡化及数字化，需要结合群众的年龄、艺术特长、爱好和活动时间等因素，推广相关的群众文化活动，以此起到强身健体和开拓视野的作用。此外，在数字化建设过程中还要大力借助网络信息与文化馆的结合，提升文化资源的服务水平。①

四、结语

当前国家大力倡导“文化自信”的理念，在此背景下，我国文化馆建设取得了良好的发展，建设文化馆总分馆服务体系可以保证管理机制人员配置、服务绩效考核等相关工作的有序开展，进而为丰富群众文化生活提供保障。

① 汤森. 关于加强公共文化馆总分馆体系建设效率的策略研究［J］. 大陆桥视野，2016（22）：258-259.

构建文化志愿者服务平台　打造邗江文化服务品牌

作者 // 周　玲
单位 // 扬州市邗江区文化体育和旅游局

党的十九大报告提出“坚定文化自信，推动社会主义文化繁荣兴盛”。为了加快推进文化惠民工程，我们要改变传统的送文化下乡的模式，变“送文化”为“种文化”，变“文化下乡”为“文化留乡”，让社会主义先进文化在基层扎根生长。而要做到这一点，文化志愿者将起到不可替代的作用。邗江区群众文化有着深厚的历史底蕴和良好的发展基础，随着社会现代化的发展及新农村建设和全面小康建设的深入，近年来，邗江区文化志愿服务活动蓬勃兴起，涌现出一大批活跃在城乡基层的文化志愿者，他们在丰富群众精神文化生活、传播文化志愿服务理念、创新基层文化服务方式等方面发挥了积极作用，把社会主义核心价值观融入邗江区社会发展的各方面，形成了全区人民的情感认同和行为习惯。如何为文化志愿者服务构建平台、打造邗江区文化服务特色品牌，将是我们群众文化工作者的一项重要工作任务。

一、发展文化志愿服务的意义

文化志愿者是随着文化建设的需要应时而生的一支重要力量。他们无私奉献，积极参与，组织发动，出资出力，特别是有的志愿者为社会奉献一技之长，真诚为社会服务，他们通过亲自参与，才艺得到展示、心理得到满足、情绪得到释放、情趣得到提高，对促进社会和谐有着独特的作用。因此，我们应当通过广泛宣传和发动，使更多的群众参与到文化志愿者行列中来，逐步形成关心社会、服务社会、奉献社会的现代文明理念。

实践证明，广泛开展基层文化志愿服务活动是繁荣发展城乡基层文化的有效方式，有利于引导人们在服务他人、奉献社会过程中提升道德境界，促进社会主义核心价值体系建设；有利于推动群众性文化活动广泛深入开展，丰富人民群众的精神文化生活；有利于激发人民群众文化创造的积极性，让蕴藏于人民群众中的文化创造活力得到充分发挥；有利于吸引优秀文化人才服务基层，壮大基层文化人才队伍，为加强基层文化建设提供人才支撑。

二、邗江区文化志愿服务取得的成果

文化志愿者是具有文化艺术才能，自愿奉献时间与精力，为文化事业发展、社会进步奉献艺术才华的人。他们大多在基层一线，是邗江区农村文化宣传、社区演出、服务弱势群体等活动的重要力量。通过举办文化志愿者文艺骨干培训班，将全区的文化志愿者集中起来接受系统文化志愿服务培训，进行广场舞的普及与提高、非遗的挖掘、保护与传承、剧本创作、小品戏剧的表演等方面的培训，培训内容应是群众喜闻乐见的，以及有利于文化志愿者走进农村和社区开展服务活动、贴近生活、推广性强的。近年来，邗江区积极发挥文化志愿者的引领作用，通过文艺团队评星定级等活动，吸引镇村文体团队积极参与各类群众文化活动，利用“我们的节日”、地区重大节庆活动等机会，开展全区文艺巡演、文明创建专场演出，基本实现了“周周有活动、月月有高潮、场场有亮点”，已成为邗江区文化服务的品牌。

1. 争当文化传播使者，提升社会文明风尚

近年来，邗江区文化志愿者积极参与“百团舞邗江·书香醉邗城”“相聚来鹤台·激情欢乐谷”“星期天剧场”等各类群众文化活动，文化志愿者为文化活动提供志愿服务，既确保了活动的顺利进行，又节约了活动经费，取得了良好的社会效应。邗江区文化志愿者以丰富多彩的活动为载体，依托多样化服务平台，展现了良好的精神风貌，得到了越来越多群众的认可和支持，为活动的覆盖面广、参与性强、影响力大立下了汗马功劳，同时，通过志愿者的无私奉献，为提升社会文明风尚起到了积极的示范带动作用。

2. 参与和谐社会建设，营造良好社会氛围

满足群众文化需求，展示志愿者风采，是文化志愿者努力参与文化“四送”活动的重要源泉。邗江区文化志愿者一直以活跃群众文化生活为

主线，努力为群众提供丰富多彩的文化大餐。邗江区文化工作者积极吸纳各类具有文艺特长的人才，为文化志愿者开展文艺下基层活动打下了人才基础。文化志愿者关爱农村留守儿童、农民工子女、孤寡老人、残障人员等弱势群体，积极开展“送戏、送书、送电影、送健康”等公益性活动及各类慈善活动，让爱心在社会上传播，营造了友爱互助的良好氛围。

3. 投身文明城市创建，倡导文明生活方式

在文明城市创建中，邗江区文化志愿者积极配合文化主管部门，加大了对营业性网吧的监管力度，积极配合整治校园周边文化环境。邗江区文化志愿者走进学校、走进社区，通过宣传相关文明道德知识，组织征文、绘画、吟诵等系列活动，把主题教育与文明城市创建有机结合。为确保文化市场健康、有序地发展，文化志愿者还配合有关部门加大相关法律法规的宣传力度，深化了“阳光娱乐”的活动效果。

三、加强文化志愿者的建设和管理

在文化建设事业中，如何构建文化志愿者服务平台，进一步发挥文化志愿者的骨干作用，推动邗江区文化经济不断向前发展，这就需要我们做到以下几点：

1. 加强组织领导，壮大文化志愿者队伍

深入贯彻落实中央文明委《关于深入开展志愿服务活动的意见》，成立文化志愿者指导委员会，并稳步建设文化志愿者体系，建立以区文化志愿者服务队为龙头，以各镇（街道）及各村（社区）二、三级文化志愿者服务队为基础的全区性的文化志愿者队伍和相应的管理体系，吸纳人才，壮大队伍，促进和完善邗江区文化志愿者人员的组织建设。

2. 加强资金保障，确保文化志愿工作顺利开展

多渠道落实文化志愿者工作经费：一是把文化志愿者的工作经费纳入年度预算中；二是通过与企业结对共建，争取企业赞助；三是通过文化志愿者自筹的方式，以保证文化志愿者工作的运营成本和正常经费支出。通过文化志愿者星级评定、表彰优秀文化志愿者、提供免费观看演出、参加培训等措施强化文化志愿者激励制度，在物质与精神上对文化志愿者进行激励，鼓励更多的社会人士参与文化志愿服务。

3. 加强日常管理，促进文化志愿工作高效运作

本着自愿参与的原则，以建立一支数量充足、管理规范、作用显著的专业化文化志愿者为目的，继续加强文化志愿者招募，进一步完善文化志愿者信息库，建立健全文化志愿者服务活动登记制度、文化志愿者服务时间统计、绩效评价制度及文化志愿服务保障制度，使志愿者明确有关权利和义务，充分调动志愿者参与活动的积极性、主动性和创造性。在文化志愿活动开展中，加大宣传力度，利用重点报道、动态追踪报道等方式，通过网络、报纸、广播、电视等多种媒介，及时对文化志愿服务活动进行宣传报道，让更多的群众了解志愿行动并参与其中。

4. 加强学习培训，提升文化志愿者综合素质

文化志愿者专业的服务素质和服务技能是确保文化志愿者活动顺利开展的重要保障。建立志愿者培训机制，采取自主学习和定期培训相结合的办法，统一规划、合理安排，围绕服务理念、服务技巧等内容，对文化志愿者开展专题培训工作，并鼓励志愿者积极参与。通过学习培训，促使志愿者更加注重提升自身综合素质和服务能力，从而增强文化志愿者服务的使命感，提高文化志愿者的综合素质。

“仓廪实而文化兴”，随着邗江区人民物质生活水平的日益提高，人民群众的精神文化生活需求也日益高涨，文化的力量成为实现社会跨越式发展和长治久安的强大思想保证和精神动力。随着文化事业的不断发展，文化志愿服务将逐渐成为公共文化服务体系建设的一项重要内容。我们将进一步以各种丰富多彩的群众文化活动为载体，进一步为文化志愿服务搭建平台，使文化志愿者继续秉承志愿精神，丰富邗江区文化志愿服务内容，提高文化服务质量，增强公益文化服务的凝聚力和辐射效应，从而进一步打响邗江文化活动品牌，打响邗江区文化志愿服务品牌，展示邗江区文化志愿者的形象，为邗江文化事业的繁荣发展锦上添花。

泰州

以文艺战“疫”　与时代同行

——特殊（疫情防控）时期文化工作者的使命与担当

作者 // 高秀春　高　扬
单位 // 泰州市姜堰区文化馆　靖江市文化馆

“文章合为时而著，歌诗合为事而作。”文艺创作，从来都不是单纯的个体行动；文化工作，一直具有公共性的功能和职能。2020 年初春，疯狂肆虐的新冠肺炎病毒袭扰祖国山河大地，中国最广大的文艺工作者闻风而动，在以文战“疫”“第二战场”各显神通，为宣传防疫知识，激发抗疫斗志，凝聚战“疫”力量，短时间内创作推出了大量抗疫主题作品，在中国文艺史上留下了浓墨重彩的一笔，同时也为树立大国形象、开创中国奇迹做出了独特贡献。生动的文艺战“疫”实践，不仅充分彰显了特殊（疫情防控）时期文化、文艺工作者的使命与担当，而且进一步激励了基层文艺战线文化人的职责追求和时代抱负，鼓舞了广大同仁砥砺文化自信，弘扬文化传承，将手中的笔化作匕首投枪，荡涤假恶丑，歌颂真善美。以真情为伴，与时代同行，不断谱写为人民鼓与呼，跟社会同进步的文艺“大风歌”。

一、疫情大考，姜堰文化馆人的速度

姜堰区文化馆是城区公共文化服务的主阵地、排头兵，这里全年组织各种各样的培训、讲座、演出活动上千场，每天吸引数十上百的群众，2019 年全年服务人次近 10 万，是众多文艺爱好者的精神高地、心灵家园。新冠肺炎疫情发生以来，我们根据上级防控工作部署要求，以文艺战“疫”，与时代同行，用责任和担当谱写了姜堰文体广旅文艺工作新的交响乐。

1. 闭馆不闭心，服务不离岗

2020 年春节假期临近，文化馆各项活动已蓄势待发，但疫情突如其来。根据上级要求，1 月 24 日，我们发布“文化馆暂缓对外开放”公告，紧急取消或推迟各项文化活动，并通过电话、微信、网络对外发布。同时，按防疫要求，对馆内电梯、楼道、展厅、教室等场所进行清洁消毒。2 月 4

日，第一时间推出"'艺'起战'疫'"文艺专栏第一篇章，向全体人员发出倡议，动员大家用自己喜欢的艺术作品表现中国人民的抗疫壮举，讲好中国故事，凝聚中国力量，为战胜疫情彰显担当。活动得到社会各界积极响应，应征稿件通过网络从四面八方涌来，既有享有盛名的地方名家，也有刚刚入门的艺术新兵；既有群文专业人员，也有艺术培训班的普通学员。有的作者还自己花钱将作品做成了音频、视频，虽然艺术水平参差不齐，但真情实感撼动人心。截至2月25日，一个月时间内，我们在文化馆微信公众号连续推出4期专栏，涵盖歌曲、戏剧、朗诵、曲艺、书法、绘画、摄影等艺术形式，每期阅读点击量均有数百人。

2. 防疫保安全，文艺显担当

大疫当前，文艺工作者和白衣天使一样，是不同战线的战士。姜堰区文化馆组织本馆创作人员和社会文艺骨干，拿起艺术之笔，用艺术作品参与防疫斗争。刘效东一马当先，一口气拿出了小品《村口》、三句半《万众一心抗疫情》、相声《请您别心慌》、京剧清唱《共产党员时刻听从党召唤》、天津快板《坚持到底不松懈》等5部作品，并亲自参与录音和视频拍摄指导；笔者从1月底到3月中旬创作了吉他弹唱《春节按下暂停键》、音乐快板《霜重色愈浓》、对口快板《迎来春色是暖阳》、配乐朗诵《感谢有你》、曲艺串烧《支部建在最前沿》、戏曲联唱《中国力量显担当》等近20件作品；副馆长陈曦短期内创作了《好久不见》《我们一起》《爱的力量》等多首歌曲，并自谱自唱，受到了新闻媒体的高度关注，后来还被区里表彰为"最美志愿者"；张晓霞、张雨松、徐骅、杨雪芹紧紧跟上，相继创作出了小品《和你一样》、篆刻《去病》、书法《录张彦满江红》《录钱存德满江红》《录郁胜天满江红》《生命重于泰山》等作品。相关文艺作品陆续在泰州市和姜堰区各大微信公众平台、融媒体表演歌唱，传播汇聚阳光能量，讴歌赞美大爱情怀，激励鼓舞战"疫"决心，引导大家一起守望春暖花开，平安康健。

3. 抗疫进社区，实干美名扬

防疫阻击战是一场全民参与的人民战争，社区是基层防疫工作的主战场。根据防疫需要，文化馆除值班人员外，其他人员不需要到馆坐班，大家响应号召，支援社区防疫工作。笔者（高秀春）兼任锦都社区临时党支部副书记，对口支援社区防控宣传和督查工作，为社区防控专门创作了曲艺串烧《支部建在最前沿》，进一步团结和凝聚了社区志愿者的信心决心，得到了社区党员干部的一致好评。疫情防控初期，小区戒备森严，居民生活受到重大冲击，文化馆4名在职党员临危受命，参与一线防疫工作。刘效东为了排查居民身体状况，全天候守在社区，通过电话与每一户居民建立联系，常常是大半天不歇手。为了抢时间，也出于个人防护心理及上洗手间不方便等原因，嘴说干了，都不愿去喝水。有些同志身处需要24小时值守的卡口，为了外防输入，内防输出，卡口对每一个进出的人都要从严把关，体温一人一测，通行一人一证，饥寒劳累可想而知。陈骥、冯蔚、李芳、游淑敏，为了防疫安全，文化馆人个个勇敢上前，没有旁观者，只有逆行人。我们中间年轻人居多，大多数女同事的孩子都还很小，有的甚至睡觉都不肯离其左右。但是，在为了安全的大局观下，所有的人都选择了咬牙坚守，默默扛起属于自己的那一份担当。

二、双战双赢，姜堰文化馆人的激情

战“疫”定有胜时，发展不能停步。习近平总书记在统筹推进新冠肺炎疫情防控和经济社会发展工作部署会议上的重要讲话，在文化馆同仁中持续引发强烈反响。大家纷纷表示，要认真学习领会习近平总书记重要讲话精神，坚决贯彻落实党中央决策部署，坚定必胜信念，把初心体现在行动上，把使命落实在岗位上，统筹做好疫情防控和经济社会发展工作，为我们全面打赢疫情防控的人民战争、总体战、阻击战注入智慧力量，努力实现全年经济社会发展目标任务。

1. 守土有责，构筑文艺宣传高地

疫情迫使我们将大量文艺活动由线下转向线上，3月17日起，姜堰区文化馆开始在微信平台推出线上公益培训，涵括音乐、舞蹈、美术、书法各个门类，到5月12号已经推出了“十讲”活动。一项项线上活动，让普通市民与文化馆仍然保持服务“零距离”，既满足了疫情防控期间群众“宅生活”的文化需求，又有力保障了广大市民包括我们自身的生命健康安全。为充分发挥文艺轻骑兵作用，构筑宣传新高地，文化馆创作人员坚持深入工业园区，到生产一线实地采风，创作并拍摄数来宝《企业复工“八个一”》、凤凰词《心理防护“戴口罩”》、弹词《愿得此身长报国》，同时报送省市微信平台播放，助力复工复产和防疫安全。

2. 下笔有神，根植文艺创作厚土

读书破万卷，下笔如有神。书是无字书，神是精气神。文艺创作方法有一百条、一千条，但最根本、最关键、最牢靠的办法是扎根人民和生活的深厚土壤，到火热的生活、广阔的天地中去深耕细读。一是“走出去”，到工厂企业去，到社区村组去，到百姓家中去，跟基层干部交心，跟普通百姓交友，注重倾听群众的心声，注重发掘全民抗疫的热点、亮点、动情点，在与人民的密切交往中，不断磨练“脚力、眼力、脑力、笔力”；二是“请进来”，把一线群众、抗疫英模连同乡土文艺人才一起请到馆里座谈，深度挖掘抗疫最前沿的感人故事，寻找文艺创作的切入点、结合点，尽量用百姓语言叙说百姓情感，演绎至真情怀；三是“沉下身”，坚信开卷有益，它山之石，可以攻玉，广泛收集、阅读主流媒体、新媒体平台上的经典文案，组织文艺创作骨干个人自学加集中研学，结合年初制定的文艺创作规划，井然有序开展抗疫专题文艺创作，为抗疫文艺宣传预设丰富的节目库存。

3. 宣传有方，强化文艺资源共享

抗疫文艺宣传不仅要亲力亲为，而且有必要巧妙借力。为此，我们一是内部挖潜，充分调动馆内业务人员积极性，整合自身文艺资源，开展抗疫文艺宣传，深入乡镇社区与乡土文艺人才互动；二是外部延伸，通过招募文化志愿者、文艺志愿团队，借助文艺惠民演出、文化志愿服务，不断壮大文艺人才队伍，扩大文艺宣传影响；三是左右开弓，以文化互动推进文艺朋友圈的扩容提质与增效。我们继续提升苏中友邻县市文艺交流演出的规模和档次，借船出海、借力发力，在乡村百姓大舞台上进一步放大抗疫文艺作品的感染力和穿透力；四是上下联动，借助省市公共文化平台资源，开展慕课互动展播，集聚微信公众号人气，做优新媒体平台，不断摸索创新和优化后疫情时代的抗疫文艺宣传新方式。

三、常态防控，姜堰文化馆人的沉思

一场战疫中的文艺创作带来了一次醍醐灌顶的精神洗礼：过了几十年的太平日子，“烟火”早已取代“烽火”，家国情怀也在很多人那里退却为朦胧的生活背景。近些年，一些文艺工作者的目光局限于自己的“小世界”，营造着自己的“小时代”，抒发着自己的“小悲欢”，久而久

之，离时代和人民越来越远。这场疫情，把文艺工作者裹进了抗疫的人民战争，让一度模糊的家国情怀在文艺工作者面前再次变得清晰而具体，让每一个文艺战士都经历了精神的洗礼和心灵的涤荡，大家因此创作出众多如军歌似战鼓的抗疫作品。疫情大考，检验了文化馆人的胸怀抱负，也坚定了文艺工作者扛起社会担当的信心力量。常态防控，道阻且长，行则将至，与时代同行，我们与人民群众共阳光。

1. 彰显情怀，坚定文化自信

"文化自信是一个国家、一个民族发展中更基本、更深沉、更持久的力量。"十九届五中全会对文化建设高度重视，从战略和全局上做出了规划和设计，明确提出到 2035 年建成文化强国。一个真正的文化大国与文化强国，一定是在思想理念上具有全球影响力的国家。通过战"疫"文艺对文化馆人的大考所凝聚的思想共识，"十四五"时期我们更要彰显文化情怀，坚定文化自信，讲好"中国故事"，为不断提升中华文化影响力尽心尽力。

2. 砥砺情操，坚守文化自觉

文化自觉体现了文化主体对自身文化特性的体认，我们应该明白自身文化从哪里来又将往哪里去，并自觉承担起文化责任。"不忘初心，继续前进"八个关键字鲜明地揭示了这一点。理想情操是中国共产党人领导中国人民夺取抗疫胜利的重要精神力量，同时也成为中国共产党领导下的社会主义社会重要的精神标识和文化特性。在未来的工作中，我们要不断砥砺理想情操，将坚定的文化自觉内化于心，外化于行，时刻践行光荣的文艺使命。

3. 激发情感，坚持文化自强

增强文化自信和文化自觉，从根本上来说还是为了实现国家和民族的文化自强。习近平总书记之所以把坚定文化自信与坚持中国特色社会主义道路自信、理论自信、制度自信并列到一起，其目的也正在于此。他强调，要"从建设社会主义文化强国的高度，增强文化自觉和文化自信"，坚持文化自信，弘扬先进文化，提高国家文化软实力必须"朝着建设社会主义文化强国的目标不断前进"。文化馆人就要不断激发文艺为时代鼓呼的伟大情感，立足现实，不忘本来、吸收外来、面向未来，推动中华优秀传统文化创造性转化、创新性发展，继承革命文化，发展社会主义先进文化，不断铸就中华文化新辉煌，为努力建设社会主义文化强国建功立业、书写华章。

文化馆应在文旅融合中创新发展
——以泰州市文化馆为例

作者 // 刘文韬
单位 // 泰州市文化馆

文化机构与旅游机构合并，两者融合为整体，这是党和国家的英明决定，是深化改革的重要举措。近年来，文旅融合不断深入，已彰显出巨大的潜力与成效，文旅相互促进，共同提高，相得益彰，为不断增进和满足广大人民群众对美好幸福生活的追求、为国民经济的繁荣发展做出了重要贡献。文旅融合给文化馆提供了更广阔的阵地，提供了自我发展的极好机遇和极好条件。文化馆应抓住机遇，主动参与文旅融合，发挥自身优势，创新发展，进一步丰富人民群众的精神文化生活，提升人民群众对文化的获得感、幸福感，同时也促进公共文化事业的高质量发展。文化馆在文旅融合中大有作为，以泰州市文化馆为例，泰州市文化馆主动融入文旅融合发展，不断提高思想认识，提升工作目标，改进服务方式，采用创新措施，自我加压，自我激励，有力地促进了群众文化事业的繁荣发展。

一、抓住机遇，放大优势

文化馆是公益性群众文化事业单位，担负着组织、指导开展形式多样、丰富多彩、喜闻乐见的群众文化活动；指导、辅导群众业余文艺团队建设，提升文艺骨干水平；举办各类展览、讲座、培训，普及科学文化知识和艺术教育；开展数字化信息服务；收集、整理、研究非物质文化遗产，开展非遗普及、展示、宣传活动，指导传承人开展传习活动；开展本地区老年文化、少儿文化工作，开展民间文化交流等工作。文化馆的服务是面向广大群众的，是公益性的，是以不断满足人民群众对精神文化的生活需要、让人民群众享有公共文化基本权益为工作目标的。文化馆与文旅融合发展的目标是一致的，有着许多相同、相融的地方。

文旅融合为文化馆事业的繁荣发展带来了新的机遇，同时也带来了新的挑战。文化馆人需要勇挑振兴文化的重担，创新实干，放大自身优势，丰富公共文化服务内涵，更好地为文旅融合增添生机和活力。

泰州市文化馆积极融入文旅融合发展，认真分析了自身优势，增强文化自信，坚定在文旅融合中创新发展，进一步彰显文化馆的功能。其优势有：

（1）有一支一专多能、吃苦耐劳的馆员队伍。大多数馆员都是本科以上文化程度，高级职称占三分之一，基层群众文化工作都有 10 年以上实践经验，每年都有文艺创作精品在国家、省、市获奖，馆员们相互合作，共同组织开展了各类群众文化活动。

（2）有一个设备较好、功能齐全的文化阵地。泰州市文化馆现有馆舍 14000 余平方米，包括能容纳近 400 人的民众剧场，400 多平方米的书画、摄影展览厅，展览面积达 500 平方米的泰州市非物质文化遗产展厅，以及各类文艺培训教室、报告厅、录音室等，还有流动舞台车和大巴客车（演员服务车）。

（3）有一支素质较好的文化志愿者队伍。这支队伍有着为群众服务的热心与热情，能文能武，大多是文艺骨干、群众文艺的爱好者、社区文化辅导员。只要文化馆一声召唤，他们立刻激情饱满地投入各项群众文化服务活动中去。

（4）有多个文化馆直属文艺团队。这些文艺团队都是群众文艺队伍中的佼佼者，都是经过泰州市文化馆长期辅导和培训的。他们扎根基层，自创自编自导能力突出，在群众文化活动中起着带头作用、榜样作用。

（5）有多个数字化服务网络平台。泰州市文化馆建立了自己的官方网站、微信公众号、公共文化云、惠民服务平台等，开辟多项专栏，开展线上互动、线上学习、线上观展等活动，为公共文化服务的输出提供了便捷的途径，特别是在抗击疫情防控期间，让广大群众足不出户就能收到优质的文化服务。

（6）有多年积累的创办老年大学、未成年人寒暑假文艺培训班的经验。不断满足老年人、少年儿童对学习文艺知识与技能的需要。

（7）建立了泰州市非物质文化遗产保护中心。保护中心拥有当地丰富的特色文化资料库，担负着对非物质文化遗产的保护、传承与发展。

以上是泰州市文化馆的主要优势，是开展群众文化活动和公共文化服务的主要基础。如何抓住文旅融合发展的机遇，主动融入，放大优势，创新发展，开创文化馆工作新画面，应是每个文化馆人应该深入调研与思考的紧迫议题。

二、能融尽融，创新发展

文旅融合发展提出了“宜融则融，能融尽融，兴文促旅，兴旅彰文”的工作思路，以人民美好生活为出发点，推动文化旅游发展。文化馆是文化事业的重要组成部分，是群众文化活动的组织者、指导者、辅导者。文化馆也是以人民美好生活为出发点，与文旅融合发展一脉相承，互通互融。文化馆面对文旅融合快速发展的新形势，必须打破单一的惯性思维，要深度了解“群众文化+旅游”的新需求，转变传统观念，开展融合发展的实践，探求符合文化融合发展的创新可能性，用好用活文化馆自身优势条件，寻找契合点和黏合剂，制定措施，力推文旅融合发展，同时开创文化馆工作的新局面，促进公共文化高质量发展。

泰州市文化馆在对泰州市文化旅游融合、文化旅游市场、文化旅游规划了解的基础上，按照“能融则融”的思路，找到与文化旅游工作密切结合的契合点。从四个方面开展融合发展，取得了一定成效。

1. 弘扬地方特色文化，提升文旅地区知名度

泰州有着 2100 年的历史，素有“汉唐古郡　淮海名区”之称，文化积淀深厚，长期逐渐形成的戏曲文化、宗教文化、饮食文化、盐税文化、习俗文化等，都有着鲜明的地域特色。

泰州市文化馆积极组织各种形式的戏曲文化活动走进旅游景区。京剧大师梅兰芳是泰州人，是泰州人的骄傲，泰州每年都会举办梅兰芳艺术节，宣传梅兰芳精神，弘扬京剧梅派艺术。文化馆连续举办了 11 届泰州京剧票友演唱比赛活动，组织举办宁镇扬泰京剧票友交流演唱活动，邀请全国各地京剧名票演唱梅派戏。参加活动的票友都要到旅游景区梅园梅兰芳纪念馆参观学习，并在纪念馆开展演唱活动。京腔梅韵吸引了国内外游客驻足观看，有的还主动登台表演，为梅兰芳纪念馆营造了浓浓京剧氛围，给大量国内外游客留下了深刻难忘的印象；组织昆曲票友在孔尚任创作《桃花扇》的桃园演唱《桃花扇》等昆曲选段；在评话大

师柳敬亭纪念馆的柳园，开展业余说书、演讲、朗诵活动，这些活动为旅游景区增添了生机和活力。通过这些活动不仅让更多人了解了泰州戏曲文化，记住了戏曲界的大师、泰州的名人，而且也不断地推进了泰州戏曲文化的传承发展。

泰州饮食文化十分丰富，有着突出的泰州地域特色，大多已列入泰州市非遗保护项目。泰州市文化馆帮助项目保护单位打造的名特优旅游产品，如泰州小磨麻油、泰州嵌桃麻糕、泰州芝麻饼、泰州丝光薄荷糖、黄桥烧饼、靖江肉脯、靖江蟹黄汤包、泰兴宣堡小馄饨、姜堰虾球鱼饼、兴化卤菜等，在各大旅游景区建立销售点，既满足了游客的需求，又创造了较可观的经济收入。泰州人有着独特的生活习惯，早上“皮包水”，晚上“水包皮”。泰州市非遗保护中心把泰州早茶列为非物质文化遗产并加以保护传承，积极宣传推广。吃泰州早茶已成为泰州旅游的一个亮点。到泰州必吃泰州早茶，鱼汤面、各式包子点心、烫干丝或煮干丝、各式碟子肴肉、脆鱼、姜丝、红枣、酱菜等，品种丰富，色香味俱全。游客品尝后，赞不绝口，深感“祥泰之州”的老百姓有口福，纷纷表示以后还要来泰州。弘扬地方特色文化，这与文化馆工作职能紧密相融，既丰富了旅游景区的文化含量，又扩大了泰州的知名度，让更多人了解泰州、热爱泰州、向往泰州。

2. 彰显泰州特色文化品牌，丰富文旅文化内涵

特色文化品牌是长期形成的，是经过千锤百炼的实践、广大群众赞誉认可的。例如，“百姓大舞台”“文化进万家”“非遗进社区进校园”“龙舞大赛”等活动在群众中有口皆碑，给广大市民群众带来无尽欢乐。文化馆把这些特色文化品牌活动嫁接到各旅游景点，举办各种文艺演出和展览活动，展现泰州民间文化特色，展示泰州群众文艺团队的艺术水平。特别是传统节假日或旅游旺季，全力组织文艺团队在旅游景区开展各种文化活动，增添热闹、喜庆、欢乐的氛围，让游客不仅看到靓丽的风景，而且欣赏到泰州地方特色的民间文艺，又增加了游客对景区的满意度。文艺团队的融入也促进了团队的自身建设，他们不断积极创作新节目，不断提高表演水平，这也与文化馆的职能紧密相连，相得益彰。

特色文化品牌活动与文旅融合，进一步丰富了旅游景区的文化含量，也使这些文化品牌活动得到了检验和提升，文化馆的组织能力也得到了提高，取得了一举多得的效果。

3. 整合文化资源，拓宽服务文旅融合道路

在文旅融合发展中，文化馆除发挥自身优势，用好用活文化馆阵地和自身队伍，还存在力量不够、文化资源不够等问题，文化馆利用群众文化聚合力的优势，动员组织社会团体参与服务文旅融合发展，联合社会各界建立公益活动联盟，整合文化资源，拓宽服务文旅融合发展道路。

泰州市文化馆联合市民政局、老干部局、老龄委，以及市摄影家协会、老年美术家协会、书法家协会，牵头成立老年大学公益培训联盟，把泰州市 4 所老年大学整合在一起，实现资源共享，师资共同，取长补短，满足老有所学、老有所乐、老有所为的需求。现在老年人衣食无忧，子女都成年了，都想外出旅游，欣赏祖国大好河山，也想在旅游中留下美好记忆，为此泰州市文化馆老年大学开设了摄影培训班，从传授基础知识开始，教授他们使用手机、照相机、摄影机拍摄和后期剪辑，市摄影家协会主动选派业务能力强、讲解清晰、有热情有耐心的会员担任老师，摄影培训班受到众多老同志的热烈欢迎。有的老同志喜欢画画，老年大学为他们开设了速写、写生绘画班，并组织他们到风景旅游区去写生，既欣赏美景，又提升了创作灵感和绘画水平。学习交流中，老教师与老学员心灵相通，十分和谐。

泰州市文化馆利用市委、市政府文化惠民政策（每年 1000 万惠民演出券），依托泰州市惠民服务平台，鼓励社会群众文艺团队到社区乡村及基层单位演出。文化馆在市委宣传部和文广旅局的领导下成立了“泰州市文化惠民券管理办公室”，在加强自身管理的同时，用好政策，不断加强文艺团队建设，提升文艺团队水平，开展团队评比活动，及时听取广大群众的反馈意见，每年都组织文艺团队举行新创节目大赛活动，由专家和群众代表打分，评选出的优秀节目集中展演，同时到社区乡村演出，到旅游景区演出，所到之处都成为欢乐的海洋。

4. “传、帮、带”，助力乡村旅游发展

乡村旅游是文化旅游中快速兴起的热点项目，受到广大旅游者的青睐。振兴乡村文化建设，可以促进乡村旅游的发展。泰州市文化馆主动深入特色田园乡村，与他们结对开展“文化让乡村更美丽”活动，共建、共促、共享文化建设成果。泰州市文化馆还在当地召开乡村文化建设座

谈会，提高乡村干部群众的文化认知，通过座谈会了解本乡村的传统文化特色、地理环境优势和乡村文化建设中的短板；组织群众观看邻近市县优秀乡村文化建设的录像，举办美丽乡村摄影图片展、非遗项目介绍图片展，传授文化知识，鼓励帮助乡村文艺人才建立特色团队，开展文化活动，传授各种文化技能；组织乡村广场文艺演出、农民画展等活动，增加乡村文化氛围；帮助乡村制定文化建设规划和落地措施，建立健全乡村文化保护机制，以此彰显乡村文化特色，带动乡村旅游发展，促进乡村全面小康建设和城乡融合发展。乡村特色文化旅游项目受到广大游客的欢迎，乡村的精神文明建设与物质文明建设有了飞跃式发展。

三、以“艺”抗“疫”，勇于担当

2020年年初，突如其来的疫情对群众享受公共文化服务产生了极大影响，为贯彻落实党中央和中共泰州市委市政府的决策部署，用文艺战“疫”，筑牢抗疫精神防线，提升战胜疫情的信心和决心，让“宅”在家里做贡献的人民群众足不出户便能享受到优质便捷、丰富多彩的公共文化服务，泰州市文化馆加强数字化文化馆建设，丰富文化馆网络内容，线上服务不断创新，开展丰富多彩的线上文化活动；依托“泰州市文化馆”微信公众号，融官方门户网站、泰州市公共文化云为一体，开设“掌上文化馆”，打造多元化的公共文化服务空间；开辟“掌上文化”专栏，开设抗疫专题、文雅慕课、文化易点通、网上展厅、梅柳文艺等五大模块。

掌上文化馆开展了“万众一心　抗击疫情”——泰州市文化馆群众文艺优秀作品展播，用优秀的文艺作品为一线的抗疫战士们加油打气；开设掌上课堂，通过丰富多彩的文艺节目、海量资讯的慕课展示、科学实用的百科知识为广大群众送去“文化大餐”，真正做到闭馆不停业；在“五四”青年节期间，面向全市青年摄影爱好者发出“寻找最美瞬间”主题摄影活动通知；“六一”儿童节期间，开展“文艺助力·童心抗疫”——泰州市少儿美术书法作品征集网络投票活动，通过儿童的视角和画笔谱写抗疫英雄赞歌；在2020年“文化和自然遗产日”前后，集中开展了非遗网上宣传展示系列活动和“精彩非遗·醉美泰州”专题片展播，使更多群众了解泰州历史、感受泰州文化底蕴，通过专题宣传片向外界推介泰州，让更多的人到泰州旅游、品尝泰州美食；另外，开展清明节知识、抗疫知识和非遗知识普及宣传有奖竞答活动，使群众在学习知识的同时收获一点小惊喜。

截至目前，泰州市掌上文化馆共推出图文将近300篇，阅读观众30余万人次，网络直播观看人数20余万人次。广大市民积极参与线上活动，累计线上互动交流、评论数多达上千条，群众好评如潮，微信公众号推送内容也获得诸多粉丝点赞。下一步，泰州市文化馆将根据群众切实需求，推出更多内容丰富实用、方式新颖的线上活动，面向更多的社会群体开展服务，努力实现公共文化数字均等化，线上线下双管齐下，打造丰富多彩的公共文化服务空间。

文旅融合发展事关民生幸福，事关城市形象，事关社会发展。文化馆的工作职责与文旅融合发展有许多相融相通之处，相得益彰。文化馆融入其中大有可为、大有作为，同时，文旅融合发展也将进一步促进文化馆自身事业的蓬勃发展。

参考文献

［1］王德刚. 做好文化和旅游规划　为文旅融合提供保障［N］. 中国旅游报，2019-06-19.

［2］吕承刚. 文化馆的“角色”内涵与定位，雅唱艺术网，2016-03-18.

［3］窦群. 促进城乡融合发展　文旅行业大有作为［N］. 中国旅游报，2019-06-17.

浅议文旅融合背景下广场文化活动的时代特征

作者 // 倪震宇
单位 // 泰州市海陵区文化馆

随着我国社会主义现代化进程的推进，公共文化设施建设越来越健全、越来越完善，各地的文化遗产也逐步被保护、被重视，文化资源不断被发掘，这为旅游发展注入了文化气息和文化活力，也使得公共文化设施与文化资源得到了更加充分的利用。“宜融则融，能融尽融，以文促旅，以旅彰文”，这是当前文化和旅游部门总的工作思路，确立了文旅融合的理念，指明了当前文旅融合发展的基本方向，也为文旅融合发展大背景下的基层文化馆工作提供了理论依据和参考。文化馆作为建设公共文化服务体系的前沿阵地，集中体现了其所在地域的文化内涵。面临文旅融合发展新趋势，文化馆要紧跟时代潮流，具有前瞻意识，做到改变传统模式，在公共文化服务体系上进行自我功能调节。

文化馆的服务具有公益性、共享性的特征，这也使得文化馆与旅游的融合具有先天的优势，尤其是近年来各地区文化广场建设如火如荼，极适宜作为市民和游客文化体验、精神休闲的场所。如果说广场是一个城市的眼睛，那么通过这个特殊的眼睛，我们可以找到这个城市的旋律，可以发现这个城市彰显的个性，而使广场具有这种功能特质的正是具有浓郁地方特色和生活气息的群众文化活动。近年来，随着经济社会的不断发展，群众的业余文化生活要求日益提高，开展好广场文化活动，是新形势下群众文化的发展趋势，对坚持先进文化的前进方向，以及构建和谐社会、促进文旅融合、丰富广大群众的生活情趣，都具有十分重要的现实意义。

广场文化是群众文化活动的缩影。衡量群众文化活动开展得如何，就是看群众自娱自乐文化活动的普及程度，看大型广场文化活动艺术水准的高低和规模大小。现代城市紧张的生活节奏，使得人们在繁忙的工作之余，越来越注重业余生活，越来越注重健身强体，越来越注重休闲人生，因为在一年365天中，有100多天是节假日、双休日。所以，人们在休闲中自得其乐、自我表现、自我丰富的心理越来越强烈。大众性零门槛的广场文化活动正好契合了他们的需求。随着社会的进步，广场文化越来越展示出其海纳百川的容量和丰富多彩的特色，它包括了企业文化、乡村文化、校园文化及旅游文化等，已成为当今社会文化的缩影，其时代特征更加鲜明。

深入持久的文化影响是广场文化活动的不竭动力。广场文化展现的是群众的精神风貌，是现代城市文明的重要载体，也是陶冶人民情操的思想文化阵地。组织利用受众面广、影响力大的广场这一阵地，通过文化体育活动这一有效形式，唱响共产党好、社会主义好、改革开放好、伟大祖国好、人民好、各民族好的主旋律，寓教于乐，可以收到事半功倍的效果。利用广场举办传统节庆活动和群众歌咏大会等大型广场集会，将成为对市民进行爱国主义教育的重要载体。在广场上举行的18岁成人宣誓仪式、青少年绿色文明行动、城乡少年手拉手、乡土风情摄影展、少儿绘画比赛等活动也使广场成为加强对未成年人思想教育建设的重要场所。在广场上开展的优秀非物质文化遗产如项目展示、互动交流、非遗产品销售、民俗文艺演出等活动，既弘扬了中华优秀传统文化，也吸引了市民与游客的观看和参与。

公益性、开放性让广场文化活动彰显出了强劲活力。广场文化活动的样式之广、参与人数之多、群众影响力之大，是任何形式的文化活动都无法比拟的。它既有体育健身，又有丰富多彩的艺术表演；既有高雅文化，又有大众文化。它集各自的兴趣、爱好、需求自发组成；无固定人员、无固定时间、自愿参加，是以休闲、放松、活动经脉、健身强体为目的，以休闲性为特征的文化现象。

除自发的文化活动外，目前广场文化活动主要有以下三种形式：一是重大节日的庆典活动，由政府主办、宣传文化部门承办，组织专业剧团、民间剧团、各系统的艺术团队开展大型的广场活动；二是文化部门组织，以全市区各单位业余团队为主，由文化馆承办的广场文化活动；三是以街道、乡镇、社区、行政村为单位，以活跃社区居民和乡村百姓文化生活为目的的小型多样的广场文化活动。利用各类活动形式的特点，提高广场文化活动的品位和群众文化活动的水平，为我们文化工作者提供了大显身手的广阔空间。在组织活动过程中如何更好地发挥广场文化惠民、乐民、智民、引民的社会功能和时代价值，是摆在广大文化工作者面前的新课题。

一、兴建广场是开展广场文化的硬件保证

广场是城市重要的基础设施之一，只有与文化相配套，才能成为现代化城市文明的标志和象征，才能真正发挥广场所应具备的功能。我们在城市建设中要注重文化广场的规划设计，合理确定广场位置，留足空间，完善设施，备足器材，为广场活动的开展提供便利条件，以此为载体的广场文化活动才能不断活跃起来，文化活动才能长年不断、高潮迭起，从而成为城市文化靓丽的风景线。

二、重视活动的导向性、示范性和时代性

文化馆举办广场群众文化活动，要按照“隆重、热烈、节俭、实效”的原则，采取集中与分散、专业性与群众性、平时文化活动与节庆文化活动相结合的方式，唱好四季歌，每季度都有活动主题。每年的广场文化活动都立足突出地方特色，排出全年计划，确保周周有活动、年年有新意。只有完善的运行机制、群众的广泛参与、丰富多彩的活动内容和深入持久的文化影响，才能使广场群众文化活动散发出长盛不衰的独特魅力，成为展示地域文化的名片和弘扬民族优秀文化的大舞台。

三、加强对广场文化的领导和指导

广场文化的地位和作用，已越来越被各级领导所重视。广场文化紧紧围绕党和政府的中心工作，根据不同时期的任务，围绕重大主题，在区域内各广场举办文化活动，把党和政府的方针政策形象生动、及时有效地送到群众中。特别是群众在自娱自乐的过程中，潜移默化、陶冶情操、净化心灵，提高广大群众的思想品德、文化素养，在构建和谐社会中起到了不可估量的作用。重视广场文化活动的开展，已成为各级领导的共识。

四、深度挖掘民俗文化

民间民俗文化对地方文化的建设有着巨大的推动作用，同时，其本身作为旅游产业重要的组成部分，能够促进地方文化旅游的发展。随着旅游业在国内的兴盛，很多地方已经有意识地对民俗文化进行保护，并加大开发力度。文化馆作为提供公共文化服务的机构，整合民俗文化资源，宣传民俗文化特色，促进民俗文化发展，是其职能范围内极为重要的一块。因此，在实际工作中，文化馆要通过广场这个载体，主动为地方非物质文化遗产传承人、老手艺人搭建宣传展示平台，帮助扶持民间艺术传承发展，带动市民和游客共同参与到民俗文化的保护和传承中来。

广场文化活动的蓬勃发展，给文化主管部门和文化工作者提出了新要求，为群众文化工作开辟了新的可以大显身手的领域。文化馆可以在活动组织的过程中，探索总结出一套从广场舞台的搭设到音响灯光的安装、从演出团队的组织到活动内容的编排、从观众队伍的宣传组织到公共秩序的维护等方面的经验，以便更好地开展活动。此外，为适应开展广场文化活动的需要，我们还可以建立广场文化工作队，解决演出活动中出现的困难，以确保广场文化活动健康、蓬勃地向前发展。

广场文化作为一种开放性、群体性、广泛性的群众文化活动，已被领导所重视、社会所承认、公众所青睐。随着时代的发展、社会的进步、观念的更新，群众文化活动一定会有更大的发展空间，一定会在构建美好和谐社会中闪烁更加绚丽灿烂的光辉。

在通过广场文化促进文旅融合的实践过程中，文化馆要认清自身多元化的功能定位，将文化、娱乐、旅游、消费融为一体。一方面，要充分运用自身所具备的丰富的群众文化资源，通过广场举办各类文化公益活动，丰富地方旅游文化资源，带动地方旅游文化特色的提升；另一方面，塑造文化馆成为地方文化标志，使文化馆本身成为旅游文化的一部分并进行多方联动，这既做到了有效利用资源，同时也能够更全面地发挥文化馆的文旅功能。

参考文献

［1］王慧聪. 论文化馆在文化旅游融合发展中的作用——以山东省文化馆系统为例［J］. 人文天下，2019（19）.

用特色小镇构筑文旅融合发展新高地
——以泰兴市黄桥镇规划建设“琴韵小镇”为例

作者 // 沈小冰
单位 // 泰州市文化馆

2009 年，原文化部和原国家旅游局联合发布了《关于促进文化与旅游结合发展的指导意见》，此次文化与旅游部成立后，国务院办公厅随即出台了《关于促进全域旅游发展的指导意见》，足见国家对文化与旅游融合发展的重视。如何实现文化与旅游从原来的“深度结合”到现在的“全域融合”，笔者认为，特色小镇建设就是一块重要的试验田和试金石。泰兴市黄桥镇是江苏省首批 25 家特色小镇之一，并于 2017 年 8 月被评定为“全国特色小镇”，其建设经验和成功之道，将为新时代推动文旅高质量发展提供有益启示和借鉴。

一、黄桥特色小镇建设背景

黄桥镇自 2012 年起就着力打造集生产、研发、交易、培训、旅游为一体的“中国乐城”，并于 2016 年年初正式提出了打造特色小镇计划，该计划主要基于以下几方面的考量。

1. 响应国家、省、市政策的号召

2016 年 7 月，国家发展改革委、财政部及住建部决定在全国范围开展特色小镇培育工作，计划到 2020 年，培育 1000 个左右各具特色、富有活力的休闲旅游、商贸物流、现代制造、教育科技、传统文化、美丽宜居等特色小镇，引领带动全国小城镇建设。《江苏省人民政府关于培育创建江苏特色小镇的指导意见》（苏政发〔2016〕176 号）指出，力争通过 3~5 年努力，分批培育创建约 100 个产业特色鲜明、体制机制灵活、人文气息浓厚、生态环境优美、多种功能叠加、宜居宜业宜游的特色小镇。2017 年 8 月 9 日，泰州市召开特色小镇建设推进会，公布首批 10 个创建小镇，并提出今后 5 年要确保高标准建成 20 个特色产业小镇、旅游风情

小镇，在文化传承、产业发展、规划建设、生态环境等方面形成富有泰州特色的江苏样板。

2. 适应时代发展潮流的诉求

我国现有的小城镇大多数是经过历史的沉淀自然形成的，具有一定的合理性。然而随着经济社会的发展，这些小城镇在文化影响、产业升级、科技发展、人才引入、生态环境等方面都面临着挑战。培育发展特色小镇，适应“四化同步”的时代潮流，为城乡优势整合搭建新载体，为城乡创新创业搭建新平台，为城乡要素交流搭建新机制，有利于推进供给侧结构性改革，有利于推进发展动能转换，有利于促进大中小城市和小城镇协调发展，有利于发挥城镇化对新农村建设的辐射带动作用。

3. 策应产业转型升级的要求

在经济新常态下，黄桥原有乐器产业结构不合理，人才引进困难，科技创新缺乏，文化内涵单调。创建特色小镇，可以推动黄桥乐器产业由传统生产型、制造型、加工型产业转型升级为创新型产业，实现从主攻产品出口市场转向国内市场，从制造企业转向多元化运作或向上下游延伸，由低端市场进军高端市场，有利于打造国际知名文化产业品牌。

4. 顺应宜居宜业宜游的追求

大都市的“职住分离”趋势，造成生产型服务业越来越集中于市中心，居民住得离市中心越来越远，通勤时间越来越长（目前已远大于欧美），道路越来越堵，城市宜居性越来越差。而小城镇功能布局不合理、公共服务不配套、基础设施不完善、地域特性不明显现象普遍存在。黄桥镇近几年建设日新月异，但产业、生活、旅游等空间隔离问题严重。打造特色小镇，有利于促进生产、生活、生态融合，形成“产城游”一体的新型空间，顺应了群众新期待。

二、黄桥“琴韵小镇”建设成效

近年来，黄桥镇充分发挥“中国提琴产业之都”的蝴蝶效应，创新体制机制，加快打造“琴韵小镇”，力争使小镇成为全国乐器生产的集聚地、乐器文化的集锦地、乐器人才的集汇地、乐器营销的集散地、乐器服务的集成地和乐器旅游的集结地。

1. 坚持规划引领，打造三生融合的“样板区”

“琴韵小镇”规划面积为3平方公里，重点建设“一湖一厅两片区”，即音乐湖、小镇客厅、乐器产业集聚区和琴韵文化拓展区。核心区规划面积1. 32平方公里，具有以下特点：一是在空间布局上聚合。以音乐湖为空间资源核心，向东通过“七韵森林”主题，构建音乐长廊；向南构筑“L”形产业空间联系，形成活力开放的“空间环”。二是在多个规划上融合。小镇与黄桥新城开发、古镇保护、工业园区发展同步规划，同步建设。突出前瞻性和协调性，统筹考虑人口分布、生产力布局、国土空间利用和生态环境保护。注重生产、生活、生态“三生融合”，打造宜居、宜业、宜游空间。三是在建筑形态上契合。从古镇到琴韵小镇再到北部新城，通过建筑立面及屋顶颜色进行协调过渡，强调地域特色，聚合音乐元素，精心规划建设建筑形态，力求做到“无处不琴、无事不韵”。

2. 坚持产业引擎，打造乐器行业的“制高点”

黄桥乐器产业至今已有50多年的发展历史，拥有乐器生产企业230多家，提琴产量占全国总量的70%和世界总量的30%。预计2021年可聚集乐器企业300家，形成百亿元年产规模，在全球乐器行业中的地位将进一步提升。一是推动文化产业转型。以培育“黄桥乐器”区域公共品牌为核心，由本土龙头企业凤灵、斯坦特、琴艺等牵头，实施产业扩张和转型升级战略，从产品标准、工艺水平、人员素质、厂房设施等方面全面提档升级，促进提琴制造向乐器产业、乐器产业向琴韵文化的拓展。大力实施以“名人”“名企”“名牌”为核心的“三名”工程，集中力量招商选商，促进行业龙头企业向小镇集聚。二是推动平台建设。打造全国性乐器工匠培训总部、原材料标准化仓储中心、物流配送中心，为乐器产业提供全方位的服务。加强产业与市场的联结，吸引各类品牌、各类乐器入驻主题街区，打造乐器界的“奥特莱斯”。强化网络在线展示和产品信息发布，积极申报国家级、世界级检测中心，率先制定乐器生产工艺标准。三是推动项目建设。音乐生态湖已经竣工运营，日均参观人次接近1万人。维也纳国际酒店、乐器文化创意研发中心、凤灵产业园、华歌吉他、欧美嘉乐器等项目已经启动。

3. 坚持文化引航，打造琴韵传承的“发源地”

历史上，黄桥镇音乐大师辈出，清末著名音韵学家何萱著有《琴法指掌》2卷，所著《韵史》一书存于国家图书馆。近代有国家一级作曲家何彬，一曲《东方红》享誉世界。近年来，黄桥镇已连续8年举办“凤灵提琴之夜”——吕思清名琴名曲音乐会。“黄桥乐器文化产业园”已被命名为“江苏省文化产业示范园”。目前，黄桥正凭借特色小镇平台，积极拓展琴韵文化，赋予时代精神，做好文脉传承文章。一是注重以广泛宣传推介琴韵文化。积极邀请中央电视台、《人民日报》、《新华日报》等媒体对琴韵小镇进行采访报道，高度重视微信公众号、微博等新媒体作用，扩大影响力。“琴韵小镇”的相关报道先后登上央视四套《记住乡愁》、央视二套《聚焦两会》及《交易时间》等栏目。二是注重以节庆活动打造琴韵文化。成功举办“6·21国际乐器演奏日”中国·黄桥主会场活动，中国国际教育频道、央视十五套等30多家媒体进行了专题刊播。未来将通过“中国好琴声”、中东欧16国音乐文化节、大学生音乐节、小提琴影视周、格莱美音乐体验等活动，将琴韵小镇打造成中国“流行古典”的音乐圣地。三是注重以普及推广弘扬琴韵文化。加强与国内国际知名专业艺术院校合作，培养音乐艺术方面的专业人才，继续在各中小学普及提琴教育，营造浓厚的音乐氛围，全国音乐教育服务联盟（黄桥）示范基地通过验收。同时，按照AAA级以上景区建设标准，完善旅游配套设施、商贸休闲、乐器体验、音乐生态功能，精心策划旅游项目，打造富有特色的“乐器艺术之旅”。通过全景化体验、全业化产品、全民化共享，构建文化古镇、红色重镇、特色田园乡村与特色小镇互为补充、联动共融的大旅游格局，打响“全域旅游”名片。

4. 坚持市场引入，打造文旅融合的“试验田”

积极推进重点领域改革，坚持市场化运作，促进产业链、创新链、人才链等耦合。一是致力运营模式创新。积极招引北大青鸟音乐集团、平安银行文化产业部、上海文化产业股权投资基金、中国乐器协会、中国演出协会等资源参与小镇运营。二是着力投入机制创新。坚持政府主导、市场主体，鼓励和吸引社会资本参与小镇建设，拓展PPP项目合作模式。强化创业孵化，落实“创业富民30条”，用好创业富民“三张券”，致力解决创业者的后顾之忧。三是发力行政改革创新。黄桥镇作为江苏省“扩权强镇”改革试点镇，承接了1119项县级行政权力，实行“一枚公章管审批”，极大地方便了企业和群众。建立特色小镇投资项目审批“绿色通道”制度，审批程序在合理情况下再压缩 1/3 以上的办理时间。

三、黄桥“琴韵小镇”建设的思路措施

1. 强化发展，做大产业

坚持文化产业引擎，提升乐器产业的全球市场份额。一是聚汇产业集群。充分借鉴中国台湾地区后里萨克斯产业发展的成功经验，成立黄桥乐器产业协同联盟，负责对“黄桥乐器”地区共同品牌的保护、推广、认证等工作，在世界上树立黄桥优质乐器产业的形象。充分借鉴日本滨松钢琴产业发展的成功经验，注重培育凤灵、华歌、斯坦特、琴艺等龙头企业和品牌企业，加快打造一批国际知名的自主品牌。继续弘扬工匠精神，营造匠心文化，打造音乐创意、公司歌曲、节日惊喜等订制服务，引领高端市场潮流。注重将乐器产品由专业用品向装饰品、艺术品、收藏品等拓展。二是聚焦营销推广。做好“集散中心”，建设自己的乐器展销中心，积极组织和承办各类乐器产品的展销会，将黄桥打造成为全国乐器买卖的工厂店。做大“线上交易”，发挥省级农村电子商务平台建设优势，构建庞大的电子商务团队，通过网络在线展示和产品信息发布，提高乐器贸易的信息化水平。做强“会展经济”，继续组织企业参展上海乐器博览会和广州、北京乐器博览会。三是聚力产业服务。建设全国性乐器工匠培训总部、研发检测中心、仓储物流中心、电商平台，精心打造乐器产业设计、研发、交流、质检、评级等一体化的全链条服务，形成“服务资源全品化、合作资源全球化、产业服务互联化”的行业服务体系。建立行业协会管理服务中心，强化行业协会对乐器产业发展的管理与服务，引导乐器企业抱团发展“组团作战”。

2. 细化规划，合理布局

始终以“绣花”的精细之功、精准之功、精巧之功规划和建设特色小镇。一是精细构建空间布局。注重多规融合，与黄桥新城建设、古镇保护开发同步规划，同步建设，突出前瞻性和协调性，统筹考虑人口分布、生产力布局、国土空间利用和生态环境保护。二是精心设计建筑形态。通过“琴谱”来塑造标志性建筑，将“五线谱”元素融入建筑之中，以园艺的形式表现出音乐符号。通过“韵律”的延伸构建建筑风貌，建

造“曲径通幽”式的长廊，形成韵律均衡变化的天际线。在音乐长廊北侧，靠近小镇客厅和音乐湖设置一处观湖品廊的“观景塔”。轴线上的节点有7个“音乐盒”，带给人们不同的情绪体验。三是精准彰显特色元素。强调地域特色，凸显传统文化，聚合音乐元素，按照“高品质、高颜值、高气质”的要求，精心规划建设小镇客厅，沿季黄河打造滨水民间艺术特色街区、滨水音乐文化体验街区等，力求让琴韵文化融进每一栋建筑，形成古今交融、文旅贯通、“有意蕴”的小镇形态。

3. 显化特色，传承文化

深入挖掘乐器文化内涵，对乐器文化产业进行再拓伸、再拓展，引导文化创意产业的发展，并积极开发主题性文化创意产品。一是全力开展节庆活动。加强节庆活动产品开发，通过展览展销、音乐艺术、文化交流、形象传播等系列节庆活动的策划组织，举办乐器制作、乐器演奏、音乐创作等大型赛事，开展名琴鉴赏、名家献艺、名曲欣赏等艺术活动，打造中国的“维也纳金色大厅”。二是全面营造琴韵氛围。加强与意大利克雷蒙娜沟通对接，推动东西方“克雷蒙娜”深度合作，建立友好共建小镇。与国际顶级的提琴演奏大师、制作大师对接，尽快确定“小镇镇长”人选。改造乐器博览馆，建立琴艺名人馆，开设“琴韵”主题餐厅，彰显“琴韵”气质。三是全域推进旅游发展。建成后的琴韵小镇将拥有国内最大的乐器博览馆、主题鲜明的音乐酒店、精致优雅的音乐生态湖，功能完善、风情独特、处处皆景。邀请专业机构进行统筹规划，认真策划，与古镇旅游、红色旅游、生态休闲旅游联动共融。

4. 深化合作，市场运营

在政府的引导下，充分发挥企业的主体作用，坚持市场化运作。一是主抓运营资源招引。做好编制规划、保护生态、优化服务，广泛引入有实力的投资建设主体，让专业的人干专业的事。二是紧抓投融机制创新。通过政府引导性投入调动社会资本参与小镇建设。重视创新融资方式，探索产业基金、股权众筹、PPP 等融资路径。引入第三方机构，为入驻企业提供专业的风投、技术孵化、市场推广、供应链整合等服务。三是狠抓要素供给优化。探索建立企业要素使用绩效综合评价体系，提高资源要素使用效益。建立企业百分考核和大数据监控体系，将企业按照入库税金、开票收入、亩均开票收入、亩均税收、每度电“贡献税收”

等指标进行排位，分类列入“红”“黄”“绿”榜单，进行差别化管理，与企业资源供给和腾退相挂钩。在纳税贡献、企业上市、建设效能、设备投入、科技创新等方面提高奖励标准，促动企业与科技、人才、资本相结合，与国内外一流公司“高位嫁接”，谋求高端发展。

全民艺术普及与文化馆的传播推广

作者 // 孙　超
单位 // 泰州市文化馆

随着现代化社会的飞速发展，人们对于精神生活的需求越来越高，文化馆作为群众艺术的组织部门，为满足人民的美好生活需求应及时做出改变。健康的文化展览活动、丰富的艺术表现形式、全面的精神文化生活都将以文化馆为依托，促进全民艺术的普及。文化馆是社会公共文化服务体系的重要发展平台，有利于国家现代化公共文化服务供给模式的完善。全民艺术的普及需要强有力的文化依托，我市的文化馆建设还存在着一些不足，建议在创新机制的基础上，充分发挥泰州的文化特色，寻求更准确的文化定位，力求在完善泰州群众文化的基础上，为其他省市文化馆的全民艺术普及活动起到推动与促进作用。

一、文化馆建设面临的机遇和挑战

1. 全民艺术普及的战略发展意义

全民艺术的普及具有重要的历史意义与现实意义。全民艺术起源于我国的“诗歌”“乐府”等传统文化之中，是源远流长的文化传承。近现代以来，通过对艺术教育的总结与实践，全民艺术逐渐成为提升国民整体生活素质、优化国民精神追求的重要途径。随着现代化社会的飞速发展，国民物质生活已经可以达到初步小康，而精神需求无法满足将会严重阻碍国家文化的发展。在全民艺术普及的发展道路中，对全国各省市的文化馆提出创新发展战略，需在时代的引领下形成广泛的社会共识与社会整合能力，促进全民艺术的普及，继而促进人的全面发展，创新人民群众之间的文化交流与艺术互动形式。

2. 全民艺术普及为文化馆发展带来的机遇

文化馆的建设在群众文化的发展中逐渐被边缘化，信息技术的进步与应用，为人们提供了多元化的艺术欣赏平台与渠道，艺术的欣赏不再局限于文化馆之中，越来越多的社会组织、行业协会、文化公司等与文化馆形成市场竞争，争相开展多元化的艺术活动，缺少特色与个性的文化馆已经不再是人们精神需求的首要选择平台。在复杂的市场竞争背景之下，文化馆可破而后立，从根本上做出转变，为全民艺术普及进行创新传播推广，对其内部管理机制与文化馆应用职能全面整合，扩展服务范围，丰富展示内容，创新展览平台等，实现新式文化运营。

3. 全民艺术普及为文化馆发展带来的挑战

全民艺术普及为文化馆发展带来的挑战表现在两个方面：一方面，全民艺术的发展工作较为迟缓，北上广深等超一线城市在经济腾飞的同时，文化艺术的创新也远高于其他省市，而普通二线城市在发展的过程中以这些试点为榜样，缺少对文化馆艺术普及的特色需求发挥；另一方面，在全民艺术普及的文化馆建设中，经济成本的投入成为重要的阻碍因素。艺术的普及与发展对文化馆的软硬件设施升级都提出了新的需求，以经济效益为中心的商业艺术展览与文化馆的艺术展览有着重要的成本收益差距，缺少资金的支撑为文化馆的艺术传播与推广带来了严重影响。

二、全民艺术普及下文化馆的传播推广策略

1. 优化馆内人员艺术素质

全民艺术普及与文化馆传播推广息息相关。较为基础的推广传播工作是对馆内人员感知美、鉴赏美、理解美与创造美的能力进行培训与升级，加强馆内人才建设，建立专业化的艺术创新团队。人才是最为宝贵的艺术资源，通过专业人才队伍的建设，为全民艺术的普及与开展提供更有效的文化环境，为艺术作品的全民化艺术创新提供人才保障。全民艺术普及的文化馆艺术展览，不是选择曲高和寡的艺术作品，而是从大众文化中选取最符合人们审美的艺术作品。泰州市的大众文化独具特色，自古就有“儒风之盛，素冠淮南”的美称。泰州市历史上的艺术杰出代表有施耐庵、郑板桥与梅兰芳等人，泰州还是全国文明城市、国家园林城市、科技进步先进市。为紧随经济、文化、生态的发展步伐，文化馆对馆内人员进行了专业性的艺术素养培训，建立了具有艺术素质与文化传播素养的专业化人才队伍，以此提升馆内全民艺术普及的特色，促进

文化馆的书画展览成为地区标志，以个人带动的方式，提升文化馆的艺术传播与推广形式。

2. 整合资源，落实群众路线

文化馆艺术活动的开展与推进，势必要进行标准化、理论化的体系研究与探索，在理论探索的过程中结合实践的发展，深入人民群众的队伍之中，了解大众文化的需求，贯彻“以人为本”的发展观，是我国各项工作开展的思想指导，力求在文化馆的公共文化服务体系完善中做到“从群众中来，到群众中去”，广泛进行城区居民的意见调查，针对不同年龄层次的居民进行阶段性的全民艺术普及推广策略，促进城市居民的全民艺术开展意识，在传播中落实社会主义核心价值观，提升居民的整体艺术素质，促进文明中国的战略目标完善。① 资源的整合不仅是对群众的意见进行收集，还需要结合不同省市的文化馆建设进行自身的文化内容创新，与各大文化艺术展览平台形成资源共享与合作，在文化馆的艺术传播推广中开展艺术培训课程，面向全社会进行艺术常识与艺术知识的普及，扩大文化馆的艺术宣传力度，提升文化馆的艺术环境优化。文化馆的艺术传播与推广是一项长期的建设内容，在实践的过程中不断进行理论创新才能源源不断地为全民艺术普及提供活力与动力。

3. 引导社会力量参与艺术推广

市场经济的深化改革创新，为文化馆的建设提供了更多的传播创新方式，全民艺术普及不仅是文化馆的任务，同时也是社会各界的任务，文化馆的全民艺术普及需要大量的资金投入，因而，在创新过程中应促进文化馆与文化产业相结合，提升文化馆艺术活动开展的经济效益回收，在全民艺术普及的同时，为文化产业的建设提供新的发展渠道。我国的文化产业开发还处于起步阶段，具有良好的潜力与上升空间。文化馆的建设需要拓宽社会艺术课程的培训开展，艺术课程的培训与展开应分为两个部分：一部分是付费性艺术课程，对想要进行艺术专业素质提升的人员，开展艺术提升专业课程，包括书画创作、表演创作等艺术课程；另一部分是公益性艺术培训课程，这一部分的课程应以文化馆为培训单

---

① 周春晖. 论“全民艺术普及”语境中的文化馆艺术培训［J］. 北方文学，2016（23）：123-125.

位，社会艺术培训机构为辅助单位，进行艺术的常识与审美知识普及，真正做到全民艺术普及，惠及群众，才能真正促进我国的文化艺术整体性进步。①

4. 提升数字化文化馆的建设

科学技术的全民化普及已经成为生活常态，文化馆的建设需与时代的发展相融合，只有提升数字化、智能化、网络化的文化馆平台，才能不断提升文化馆艺术活动开展与人民生活的紧密联系性。“互联网+”的全媒体时代具有超强的潜力融合性，文化馆建立了官方微博、微信公众号及官方网站等网络平台，为人民群众提供了线上观赏活动和现场艺术教学课程，通过网络平台与其他省市的文化馆、文化机构形成资源共享，丰富了其网络平台的艺术展示内容。在文化馆的艺术展演活动策划中，要重视网络的传播力量，实现优质艺术文化资源的网上宣传，从而促进文化馆艺术活动开展与国民生活的适配性。我国全民艺术普及活动的历史源远流长，在时代的创新中，不能忘记传统文化的指引，在国民经济的进步过程中，不能忽视国民精神素养的提升。

综上所述，全民艺术的普及已经呈现不可逆的趋势，文化的发展离不开文化馆的创新与转型，泰州市文化馆的建设不仅是自身的发展，更是公共文化服务体系完善的责任与使命。构建现代化公共文化服务体系，是党的十八届三中全会做出的战略部署。泰州市文化馆建设要坚决实现全面深化改革，推动现代化体制的重点创新，需在时代的发展潮流下寻求新的创新管理机制、运营机制、传播机制，在市场的变化中抓住机遇，迎接挑战。身为文化馆的一员，需坚定职业理念，构建职业担当，创新职业思路，以求完成职业使命。

① 封霓. 浅谈在全民艺术普及中文化馆如何做好传播推广［J］. 北方文学，2019（3）：159.

关于文体广旅融合发展机关管理的几点思考

作者 // 杨华山
单位 // 泰州市姜堰区文体广旅局

县区文体广旅局自 2019 年 3 月机构合并、人事调整以来，一直处于磨合当中。文化人的睿智含蓄，体育人的直率骨气，旅游人的洞达开放，三者各有千秋，各有特色。如何做到融合交融，必须在以下几个方面进行深度融合。

一、工作方向一定要正确

文旅融合，离不开人财物的有机融合，要从“身心体耳”几个方面进行深度融合。

“身”：就是态度要端正，为人要谦逊，要弯腰，低下身子，勤勉务实，干事创业；腰杆子要直，为人要正派，做事要有担当，能够挑担子，善于扛责任；目标方向要明，要发展壮大，提升影响力和公信力。

“心”：就是要统一思想，提高认识，切实增强集体荣誉感，强调忠诚，甘于奉献，以单位集体为荣，以干事创业为荣，以消极应对为耻。要有包容之心、大度之情，容错纠错，鼓励实干担当，营造“心往一处想、劲往一处使”、齐心协力干大事的浓厚工作氛围。

“体”：就是从班子成员到科室负责人、科室工作人员的工作布置谋划，再到文体广旅各部门科室活动、行动安排，要浑然一体，整体联动，躬身而行，率先垂范；要协调统一动作，令行禁止，有令必行，有禁必止。要统筹谋划、统一协调，利用和结合各部门、个人特长，而不能各行其是，另起炉灶。

“耳”：就是不阳奉阴违，不推诿扯皮，耳提面命，听话顺心。也要敢听真话，敢进诤言，善于听取下级和同事的意见和建议，一切要从工作出发，从实际出发，从美好的愿景出发。要坚持民主集中制，坚持重大事项决策报告制度，建立和相关规范工作流程。

二、工作目标一定要明确

按照“文化有力量，体育见精神，旅游展风采，广电接地气；事业促发展，产业得兴旺；诗在远方赋，路在脚下行”的指导思想和工作思路，要科学制定文体广旅行业发展、工作开展中长短期工作规划和工作计划；在谋划发展、选人用人上一定要有长远眼光，杜绝短视和小我行为。要在糅合、融合、发展上做文章，深入解析，进行思考，按照平衡、交融、磨合、发展的思路组织开展好各项工作。

三、工作思路一定要清晰

坚持文体事业和文体产业双轮驱动，社会效益和经济效益两个并重，市场监管与公共服务双向联动。按照条块结合、统分结合，坚持条线工作负责制，做到统筹协调，互相补台、共同推进。注重分管负责人之间协调，部门、科室之间协调，科室、馆内部工作协调。整合相关资源优势，归并相近、相同、类同科室，明确工作职责和工作分工，建议可以分为以下几个组或者条线。

1. 基础设施建设（含民生实事工程）条线

包括文化馆、图书馆、博物馆、重点工程、民生实事工程、乡镇综合文化中心、百姓大舞台、城市书房、农家书屋、体育设施、文体市场发展和体育站点、彩票点的建设等方面。

2. 公共文体活动、为民服务条线

包括文艺科、旅游科（办节办会）、群体科、竞训科、文化馆、图书馆、博物馆等开展的一些群众性文体活动及群众文体协会、团体建设方面。设立公共文体综合服务中心，由分管局长任主任，文化馆、图书馆、博物馆、体育场负责人任副主任同时兼任馆长、场长。

3. 文体产业和文化遗产保护利用条线

包括文化遗产科（文化产业科）、竞训科（体育产业部分）、博物馆（文创产品、文化工程修复）、文化馆（非物质文化遗产）、体育场场地（收入经费管理部分）、体育彩票中心（彩票发行销售）、文体旅游市场转型升级（包装项目、上争资金）等方面，立足开源节流、上争资金，保

运行，保发展。

4. 市场监督管理与服务发展条线

包括市场科（含行政许可）、旅游科、群体科、竞训科，涉及文化体育广电和旅游的监管执法方面，包含网吧、KTV、游泳馆、健身馆、广播电视安全播出、小耳朵专项整治、古玩字画市场、营业性演出、旅行社、景区、大型游乐场所市场监管，以及相关体育指导员、行业协会方面的培训和执法。进一步加强“放管服”改革，整合相关资源，举办引导活动，创新工作思路，简便工作流程，方便群众办事，促进产业和市场发展。

5. 坚持党的集中统一领导

坚持“党政同责”“一岗双责”，设立党政联席办公、会商工作机制，设立党政综合办公室，由分管局长兼任办公室主任，下设党务综合办公室、政务综合办公室。

（1）党务综合办公室：包括组织、人事（招录、职称）、宣传、纪检、工会、妇联、共青团、综治、法治、主题教育、党日活动等方面，挂联指导基层支部建设。

（2）政务综合办公室：办事、办文、办会，协调推进区局日常行政工作、财务、劳资、招投标、来客招待、公务用车、信访、维稳、大安全、招商引资、文明城市创建、重大工程手续办理、单位内部管理等方面，挂联指导科室开展日常工作。

四、工作保障一定要加强

按照“一册两单三规范四注重”要求，建立和完善各项制度，保证工作平稳顺利进行。

一册：整理归并修订完善《市（县、区）文体广旅局各项工作制度》，做到人手一册。

两单：一是工作请示汇报单。按照“事项（事由）、经办人、科室意见、分管领导意见、主要领导意见”落实工作请示汇报制度。二是工作任务派单。按照“事项（事由）、主要领导意见、分管领导意见、科室意见、承办人、承办结果”建立工作任务派单记录，形成双向平行的工作请示汇报、交办落实工作机制，做到件件有落实，事事有回音，从而促进工作落实到位，做到有据可查、有法可依、有档可存。

三规范：一是民主议事规范。重大事项决策要邀请负责纪检、法治建设工作的同志列席。二是科室运行规范。建立科室（馆）工作规范，科室分工明确、公示公开，做到系统内部协作、外部办事，找到点、找对人、找对路，进一步强调首问负责制、服务承诺制、工作责任追究制。三是协调动作规范。加强部门、科室联动，建立联动工作机制、工作责任追究制度，防止政出多头，谁都过问，谁都不问，谁都不负责任。

四注重：一是注重量体裁衣、因人设岗、因才施用。极大限度地发挥个人特长，促进整体工作推进；注重德艺双馨、德才兼备、实绩考量，大胆提拔、破格使用优秀人才，建立文体广旅社会人才资源库、系统内部专家库，建立相关专家委员会、顾问委员会；二是注重偏听则暗，兼听则明。深入开展调查研究活动，面对实际，讲真话，说实话。坚持一线工作法，落实容错纠错三项制度，鼓励实干担当，营造干事创业的浓厚氛围。三是注重整体运行、统一动作。从一个综合活动、一个重点项目，一一着手考虑，从全局系统层面，按照系统工程要求，点兵捉将，分工实施，分段进行，整体推进。四是注重抓好基层、打好基础。整合镇村文体广旅资源、人才优势，明确牵头负责同志，形成抓工作有牛鼻子、干工作有龙头子、工作衔接有骨子、干事创业有胆子、工作保障有票子的“五子登科”工作新格局。

文化馆数字化发展趋势与变革
——试论特殊（疫情防控）时期群文工作者的素质提升

作者 // 杨进勇
单位 // 泰州市文化馆

为更好地适应我国文化发展的新形势，完成全新的时代任务，文化馆需要创新管理体系，全面提高数字化服务水平，以此来满足人民群众的文化需求。文化馆是文化建设的重要领域，在网络时代，文化馆的管理形式和服务形式也要向数字化、网络化靠拢。在信息技术全面快速发展的今天，文化馆在建设与运营管理的过程中，应该充分全面借助信息技术手段，推动文化馆的变革与发展，不断提升文化馆的整体建设成效，充分发挥文化馆的应用价值作用。

一、文化馆数字化建设的重要作用

积极推进文化馆的数字化进程，不断提升数字化建设成效，具有非常重要的现实作用。一方面，积极推进文化馆数字化建设，能够充分全面实现数字与文化的结合，在很大程度上提升数字化文化馆的社会效用。以数字化为主要的发展及建设渠道，能够充分全面地冲破公共文化服务空间和时间的制约，让群众随时随地享受公共文化服务，提升公共文化服务的效能。另一方面，在社会经济全面快速发展的过程中，文化馆具有非常重要的文化导向及价值传播等作用。依托科学的文化馆建设，能够为中国传统文化的发展创设广阔的窗口及平台，继而全方位推动中国传统文化的传播和发展。此外，在文化馆的建设过程中，逐步摆脱传统的发展路径，转变传统的发展模式，积极采用数字化的发展方式，能够在很大程度上提升文化馆的利用率。现阶段，伴随着互联网技术的深入快速发展，文化馆的信息作用及信息价值得到了充分全面的体现。通过数字化的建设路径，能够扩展文化馆的受众群体，提升文化馆的发展质量，同时全方位推动文化馆的创新与发展。

二、文化馆数字化发展的趋势

伴随着信息技术的全面快速发展，文化馆在快速发展的过程中应该充分利用数字技术来实现创新与发展。现阶段，在文化馆的发展过程中，数字化倾向越来越大，数字化路径越来越深入。数字化的管理及运营模式能够提升文化馆的建设成效，能够优化文化馆的发展质量，全方位实现文化馆的创新与发展。目前文化馆数字化发展的趋势主要体现在以下几个方面：

1. 资源管理的规范性与科学性

在文化馆的运营及发展过程中，传统的管理模式存在着较为突出的问题，在一定程度上限制着文化馆的发展，同时也制约着文化馆作用的发挥。文化馆的资源管理是非常重要的。传统的资源管理工作存在着一定的弊端及无序性，难以提升资源的整体利用价值。数字化技术的广泛应用，必将使文化馆的资源管理工作迈上新的台阶，文化馆资源管理的规范性与科学性也将得到充分的保障。实践证明，数字技术的应用，既能够实现文化馆纸质资源的快速转换，也能够实现对文化馆资源的充分利用。传统的文化馆在资源管理的过程中，更多依赖于人工管理的模式，这不仅影响着文化馆资源管理的整体成效，同时也造成了人力资源的浪费。文化馆的数字化发展，为资源管理创设了良好的条件，为资源管理提供了广阔的平台，文化馆的资源价值得到了充分的体现，文化馆的信息价值得到了全面的发挥及广泛的应用。数字化技术能够将纸质档案转变为电子档案，实现档案的传递及共享，实现档案管理的科学与优化，继而形成一个完善且独立的网络系统，更好地提升信息数据的传递效率，进一步优化信息数据的传递成效。

2. 馆内资源的高效共享

文化馆是以信息资源为载体的，拥有大量的信息资源是文化馆最明显的特色，也是文化馆最核心的功能。在传统的管理模式下，文化馆信息资源的整体开发及利用存在着较大的不足，这就使得很多重要的档案资源无法得到充分全面的应用及有效的开发。但数字化的管理模式和管理系统，能够提升文化馆资源的整体利用率，实现信息资源的高效共享与传递。在数字化管理系统中，文化馆的管理人员及时将纸质档案转变为电子档案，继而实现它的高效传输及快速共享。文化馆可以依托信息技术手段来强化管理人员与广大受众的互动与交流，依托信息平台来做好信息的高效传输工作，继而为广大用户提供个性化、有针对性的信息服务，以满足用户的信息需求。在全媒体时代，受众用户的信息需求方式发生了深刻的变革，受众用户的信息素养得到了有效的提升。在信息资源的利用过程中，他们更具有选择性及主动性。数字化的管理平台、管理系统，以及开放化的网络环境，能够促使受众用户主动选择和利用文化馆的数字资源。

三、文化馆数字化的变革

数字技术的全面快速发展，为文化馆的建设及发展提供了无限的可能。为更好地推动文化馆的发展，全方位优化文化馆的数字化建设成效，应该充分结合文化馆的发展实际，积极推动文化馆数字化的建设进程，充分发挥文化馆的价值导向及社会服务等多重职能。

1. 完善数字化基础设施建设

在文化馆数字化建设及发展的过程中，数字化管理系统及设备是非常重要的物质基础，只有不断提升数字化基础设施的建设，不断完善数字化基础设施的类型，才能更好地提升文化馆数字化的发展质量，才能全方位推动文化馆数字化的发展方向。因此，在实践过程中，文化馆应该主动加大对信息技术的投入，主动规建完善系统的信息化管理设施设备，凸显文化馆的整体建设成效，极力发挥文化馆的功能及作用。如文化馆应该积极加大对软硬件设施的投入，投放科学的电子阅览室，积极开展丰富多彩的线上文化交流活动，创设良好的发展平台，从而推动文化馆文化活动有声有色地开展。

2. 全面加强管理人才的培养

文化馆数字化发展对于管理人才的要求特别高。因此，在实践过程中，为更好地推动文化馆的数字化建设进程，全面提升文化馆的数字化发展程度，必须注重培育优质的数字化管理人才。文化馆除构建完善的人才培训体系，切实提升他们的管理素养及岗位素养外，更要着重提升他们的信息素养，引导他们科学精准地操作技术设备，高效开展日常化的管理及运作。

3. 始终秉持以人为本的服务理念

在文化馆数字化的建设过程中，要全面树立以人为本的服务理念，不断创新服务方式，以此来提升文化馆的服务能力及辐射能力。与此同时，文化馆还应该注重结合广大人民群众的现实需求，把握不同受众群体的个性需要等，全方位创新服务体系，不断完善服务内容。此外，在文化馆数字化的发展过程中，要充分依托新媒体技术和信息技术手段，全面创新宣传推广方式，让更多的人了解文化馆的价值及作用，让更多的人享受到文化馆的多元服务。

四、结语

伴随着数字技术及信息技术的全面快速发展，在文化馆数字化发展过程中，应该精准把握它的发展趋势，充分运用数字化管理手段，积极创新数字化管理模式，更好地提升数字资源的整体利用成效。同时，还应该积极完善相关的软硬件设施，高效率地提升相关人员的信息素养。

参考文献

[1] 苏卓玛. 数字化文化馆在现代公共文化服务体系中的作用 [J]. 群文天地，2019（2）.

[2] 庄虹意. 大数据背景下数字文化馆建设路径 [J]. 智库时代，2019（10）.

以笔为援　同心抗疫

——浅谈泰州在抗疫中的群众文艺创作

作者 // 朱智红
单位 // 泰州市文化馆

岁末年初，新冠肺炎疫情在中国大地蔓延开来，一场没有硝烟的战争骤然打响。在此次疫情防控期间，泰州文艺工作者积极投入抗疫文艺创作，音乐、戏剧、曲艺、美术、书法、摄影、诗歌等各种类型的抗疫文艺作品呈现井喷之势，展现了泰州人民群众团结一心、坚决打赢疫情防控阻击战的必胜信心，为泰州人民群众和医务工作者在抗击疫情的关键时期增强信心、凝聚力量、共克时艰，贡献了泰州文艺工作者应有的责任和担当。本文拟从以下几个方面阐述泰州抗疫群众文艺创作的特点。

一、文化单位携手联动，共征抗疫文艺作品

疫情无情人有情，凝心聚力为打赢。自新型冠状病毒肆虐中国大地以来，广大医务工作者和党员干部舍生忘死，奋战在一线，谱写了一曲曲感天动地的生命赞歌。为贯彻落实党中央和中共泰州市委、市政府的决策部署，充分发挥文化工作者敢于担当的精神，进一步凝聚抗击病毒、战胜疫情的精气神，泰州市各文化单位携手联动，共征抗疫文艺作品。泰州市文广旅局及所辖各市县（区）级文广旅局、泰州市文联各文艺家协会及所辖各市县（区）级文联各文艺家协会、泰州市文化馆及所辖各市县（区）级文化馆均先后发出了征文通知。全市文化单位积极行动起来，广泛动员一切创作力量开展“抗疫”主题文艺作品创作，以“人民”的视角生动讲述防疫抗疫一线的感人事迹，以艺术的形式歌颂“最美逆行者”。在疫情防控期间，全市文化部门积极配合，各界作者积极响应、热情参与，争做幕后的“战疫英雄”，共收到文学、音乐、戏剧、曲艺、美术、书法、摄影、诗歌等各类作品1000余件，展示了泰州人民群众打赢疫情防控阻击战的必胜信心。此次“抗疫”主题作品征集活动虽然时

间紧迫，条件有限，但丝毫没有减退人民群众投身创作的热情。他们有感而发，抒写内心，歌颂勇士，坚定信念。这些作品的作者涵盖了社会的各个层面，既有群文工作者也有学校老师，既有公务员也有企业职工，既有非遗传承人也有人大代表，既有耄耋老人也有一年级的小学生。他们或以家庭为单位就地取材，就地录制，或以网络为媒介多方联动，反复打造。在单位、在家中、在录音棚、在画室、在抗疫工作的路上……所到之地，无不是他们创作的园地。大量文学、书法、美术、摄影、群文等主题系列文艺作品持续增长，凝聚起泰州文化人众志成城、共克时艰的强大正能量。“艺”起抗疫的背后，传递着基层文艺工作者、志愿者浓浓的家国情怀。泰州市书法家协会以“万众一心　抗击疫情”为主题开展书法作品征集活动，得到了全市书法工作者的积极响应。泰州市诗词协会在微信群中开展防疫抗疫诗词创作比赛，诗词爱好者以诗词为武器加入斗争中，为逆行者歌唱，为武汉加油。泰州市高港区楹联诗词协会还组织会员向泰州市第三人民医院开展定向捐赠活动，以实际行动支持防疫抗疫斗争。兴化垛田农民画家王一兆赶画 4 幅作品，用绘画形式宣传居家隔离、勤洗手、戴口罩等防疫知识。农民画家、儿童文学作家顾红干不仅编写了“防病抗毒”的儿歌和童话，还绘制了多幅农民画作品。“城市一片寂静，危险如此接近，你们坚贞无畏，直面可怕疫情……”这是泰州学院俄罗斯籍教师希玛为在武汉抗击疫情的医务工作者创作的歌曲。希玛先生在泰州学院已经任教 4 年，她早已把中国当作自己的“第二故乡”。这个假期，她时刻关注疫情防控的新闻，用歌曲记录下中华民族在抗疫中的无畏与坚韧，用声音传递正能量，激励人们同舟共济、众志成城，为武汉加油，为中国加油。泰州市人民医院纪委书记顾成兴的报告文学《第一担当——泰州市人民医院抗击新冠肺炎纪实》在《泰州晚报》连载。一些优秀的抗疫文艺作品通过网络平台的广泛传播凝聚起全民族众志成城抗疫情的磅礴力量。如歌曲类作品有：《我是党员我先上》（沈小兵词、曹家为曲）、《我就在你身旁》（沈小兵词、曹家为曲）、《希望》（曹家为词，金宇华、周丽娜曲）、《记住你的目光》（李春词、吴小平曲）、《人民第一位》（秦逸、侯鑫词，张卫忠曲）、《黄鹤又飞来》（陈苏扬词、姚绍宏曲）、《用生命守候》（董景云词、蒋丹子曲）；散文类佳作有：《他们的名字在风里传颂》（刘仁前）、《戴口罩的春天》（孙建国）；

诗歌类佳作有：《心愿》（薛梅）、《屏障》（童继铭、顾丽亚）；曲艺类佳作有：《庚子年看新闻》（焦自强）、《复工防控不放松》（章再文）、《众志成城战疫情》（王根林）、《防疫宣传大观园》（高秀春），他们用心创作的每一件作品富于真情实感，含有道义之善、文艺之美。解读政策文件，宣传防护知识，通过抗疫文艺特有的感染力与影响力，做到知民情、解民忧、纾民怨、暖民心。这些抗疫作品凝聚着人民群众“众志成城，抗击疫情”的强大精神力量，展现着“非常时期”泰州人民团结一心、同舟共济的精神风貌。泰州市文化馆推出了近30个系列的抗疫文艺作品展播，从百姓生活、车站卡口、社区防控，到志愿服务、书画作品、掌上课堂，呈现了全市上下万众一心抗击疫情的精神风貌，可谓全景式的新时代大写真。泰州市文化馆编辑出版一期《梅柳文艺》（抗疫文艺作品专刊），及时寄送到各文化单位、各街道办、各文化站等，用文艺作品的力量鼓舞群众战胜疫情，建设美好家园。

二、网络文艺空前活跃，助力传播抗疫佳作

文艺作品是文化的鲜活生动载体。内容创新是价值创新的基础，技术创新是价值创新的动力。技术维度既是文艺作品价值维度的实现基础，也是其实现载体。文艺与“互联网+”、新媒体的融合创新，为构建良好“互联网+”文艺生态提供了有益启示。这次以“抗疫”为主题的文艺创作，带有“互联网+”文艺的显著特征，具有特殊的意义。疫情挡住人们出门的脚步，而“互联网+”的创作方式和传播首发，让这些以“抗疫”为主题的文艺创作，带着真情第一时间在人间传递。因为有了互联网特别是“互联网+”文艺多年的发展和积淀，已经初步培养了文艺工作者依托网络开展文艺创作和传播的意识和能力，更重要的是同时培养了民众“网络赏艺”的习惯和能力，使得疫情暴发没多久，泰州“抗疫”主题文艺创作便迅速以自发或半自发的形式开展了起来。这次主题创作具有鲜明的互联网属性，首先表现为网络平台特别是文艺专业微信公众号发挥了重要作用。网络平台在这次抗疫文艺作品创作中的作用，不仅是传播意义上的，而且是组织意义上的。泰州市文广旅局和泰州市文联作为泰州文化界最权威的两大文化机构在各自的官方微信公众号上汇集了各有特色的“抗疫”主题文艺作品并集中推出，起到了强烈的示范作用，及

时发挥了对创作的引导和匡正作用。泰州市各文化单位在省、市委宣传部指导下，迅速组织开展“万众一心　抗击疫情”主题文艺作品征集活动。他们用画笔定格感动，逆向而行，勇于担当，在第一线的医护人员成为最美画面；他们用歌声擂响战鼓，吹响号角，打赢疫情防控阻击战的必胜信念鼓舞了每一个人；他们用诗歌凝聚温暖，普通民众守望相助传递的爱心化作一行行动人的文字。疫情暴发后，主题创作活动得到了广大文艺家的积极响应，全市文化单位从文艺视角讲述抗疫故事，创作推出疫情防控主题文艺作品、线上文艺资源累计上千件。他们用文艺的形式和力量助力打赢疫情防控阻击战。

三、精品力作纷纷呈现，影响遍及省内外

在全民“抗疫”的特殊时期，泰州市文艺家们在第一时间体现出了勇气、担当、情怀与思想的力量，以不同的形式创作了大量的作品，与许多社会力量一起，加入对这场灾难的抗争中。他们以文字、声音、画笔，记录着抗疫工作中的点点滴滴，记录下泰州人民面对磨难时的坚韧与顽强，记录下真实流淌在人们心间的歌与诗，为疫情防控斗争创作出了多种形式的文艺作品，安民心、鼓士气、同携手、战疫情。深厚的文艺底蕴和人文素质，使得泰州涌现出诸多优秀的抗疫文艺作品，在省内外产生了广泛影响。歌曲《我就在你身旁》在疫情初期由中宣部、中国音乐家协会隆重推出。歌曲《我是党员我先上》在泰州“抗疫”一线传唱，把一种激情唱响，把一座城市的瞬间记录成了永恒。这首歌曲一经推出就被人民网、新华网、学习强国等平台转载，并在酷狗、QQ 等音乐网络上线。几天的点阅率就超过百万次，其中在新华网融媒体 3 天的播放量突破 72 万。歌曲《最亮的光线》（李晛词、高峰曲）、《剪去长发的姑娘》（余松山词、刘宝选曲）入围全国校园抗击疫情主题公益歌曲 MV 并在中国教育电视台展播。泰州多首抗疫歌曲被学习强国平台采用。《用生命守候》入选江苏省抗疫公益优秀原创歌曲。王锐的小戏《非常时期的爱情》在《为了明天——2020 长三角地区主题创作剧本征集》活动中荣获优秀奖。沈海涛创作的抗疫漫画新三国故事——《“四”顾茅庐》从 1 万多幅漫画作品中脱颖而出，成功入选中国美术家协会举办的“众志成城　抗击疫情——美术家在行动”的漫画作品主题展，也是泰州地区唯

一入选的作品。江苏省文艺网选登多篇泰州市抗疫文艺作品：散文《他们的名字在风里传颂》（刘仁前），面塑《抗击疫情，我们必胜》（王洪祥），雕版印刷《祈福长生图》（宋保旺），火花《抗疫系列》（罗爱国），微画《送别图》（钱新明），篆刻《去病》（徐骅），书法《抗击疫情　众志成城》（徐培晨），国画《勇士》（周洋）、《背影》（曹滨）、《不畏艰难战病毒》（梅德君）、《保护大武汉 决胜雷神山》（王庆军）、《他们也不是铁打的》（刘华年）、《战胜疫情》（刘争鸣）、国画小品《紧急驰援战疫情》（孙广华），以及孙志勇、周宇和王家任的书法作品。在由中共江苏省委宣传部、江苏省文化和旅游厅主办的《江苏省抗疫主题美术书法精品展》中，泰州有 10 件字画作品入选展览。在“江苏省美术书法‘同心战疫’主题作品展”美术作品评选工作中，泰州市中国画学会郑剑君、刘争鸣、周洋、梅德君、王庆军 5 位画家的作品成功入选。在江苏省文化馆举办的“众志成城　同心战疫——全省群众美术摄影作品展”中曹滨的美术作品《九零后突击队》成功入选。由于笔者能力有限，泰州一些优秀抗疫文艺作品仍然未能一一列举，难免有遗珠之憾了。

泰州抗疫群众文艺创作与疫情的发展是同步的、共时性的，很多作品仍然存在激情有余而审美不足、表象叙事多于沉淀表达的问题。在持续和沉淀阶段，需要理性思考和艺术思维的贯通。灾难题材的特殊性隐含着书写方式的独特性，泰州抗疫文艺创作的大量作品为以后抗疫文艺的深度再创作积累了宝贵的素材。

马鞍山

网络展演以文化人　数字体验乐在其中
——马鞍山市“数字文化馆”建设的实践与探索

作者 // 陈学明
单位 // 安徽省马鞍山市文化馆

数字文化馆建设议题的提出，主要基于网络时代文化馆的传统服务已不能满足群众日益增长的文化需求。经过多年的发展，马鞍山市数字文化馆以实现“每家拥有一个文化馆”为发展目标，以马鞍山市文化馆网站和官方微信、微博为基础，搭建马鞍山市群众文化网上服务平台，着力推动数字文化馆建设和面向全社会的公益性群众文化数字信息服务，为广大市民、网民提供了更广泛、更精彩的公共文化服务，实现了文化馆 24 小时的不间断服务，让广大市民足不出户就能了解和参与文化馆的各项文化活动。

一、马鞍山市数字文化馆建设的初衷

1. 顺应“国家一级馆”评估定级工作的需要

2011 年，文化部在第三次评估定级时把文化馆的数字化、网络化列入评估标准，在全国示范区建设的“创建标准”中第一次提出“数字化文化馆”的概念，“十二五”规划把文化馆的数字化、网络化建设纳入其中。

在这次评估定级中，马鞍山市文化馆在安徽省 14 个一级馆中总分名列前茅，连续两次被评为国家一级文化馆，各项测评指标基本都达到优秀。但在数字化评分项目中，离标准化要求还有一定的距离。通过这次评估，马鞍山市文化馆领导班子敏锐地意识到，数字化文化馆建设将是未来文化馆发展的必经之路。为此，马鞍山市决定先试先行，边实践边探索。

2. 顺应创建国家文化服务体系示范区的需要

根据我国公共文化服务体系的要求，文化馆的公共文化服务由阵地服务、流动服务及数字化服务组成。而数字化服务是当下文化馆创新公

共文化服务的一项紧迫任务和重要手段。但大多数文化馆至今还没有网站、数字化服务室或电子阅览室，远远落后于公共图书馆的数字化建设。①

2011 年 6 月，马鞍山市被文化部、财政部列为第一批创建国家公共文化服务体系示范区，文化馆、图书馆、博物馆等公共文化场馆迎来了前所未有的大好发展机遇。自创建工作开展以来，马鞍山市文化馆肩负着公共文化服务体系建设的重要职责，一方面积极开展阵地服务、流动服务；另一方面，还积极探索数字化服务等群众文化外延服务内容，这些都为马鞍山市数字文化馆建设提供了广阔的发展空间。

3. 顺应马鞍山市文化馆发展的实际需要

作为国家一级馆的马鞍山市文化馆，工作开展得有声有色。依照全市群众文化活动组织示范中心、指导培训中心、创作编导中心和非物质文化遗产保护中心的工作定位，马鞍山市文化馆在提供公共文化产品及服务、组织文化志愿者队伍、保护非物质文化遗产等多个方面做了大量工作，成绩斐然。

但是，在热闹的同时，文化馆的工作人员也听到了另一种声音，那就是“不满足”。有很多市民往往因为路途遥远、工作繁忙或不了解文化馆的服务功能而错失了很多享受服务的机会。这种“不满足”的声音让文化馆的工作人员深受触动：传统的活动组织方式和运行模式已不能完全满足当今群众多元化、多层次、覆盖多时段的需求，在数字化、信息化和全球化的时代大背景下，应将文化馆的活动和数字技术相结合，创新运行模式，拓展和延伸服务功能。创建数字文化馆的设想油然而生。2011 年，市文化馆抓住这一机遇，以省钱办好事为原则，开始着力推动数字文化馆建设工作。

二、数字文化馆的马鞍山实践

1. 较强的信息资源数字化加工处理能力

数字资源是文献信息的表现形式之一，是将计算机技术、通信技术及多媒体技术相互融合而形成的以数字形式发布、存取、利用的信息资

---

① 吴江. 数字文化馆建设的构想［N］. 中国文化报，2013-4-23（12）.

源总和①。数字资源加工处理是数字文化馆建设的基础技术性工作，因而，数字资源加工处理能力的高低也在一定程度上决定了数字文化馆建设发展的水平。自数字文化馆建设工作开展以来，马鞍山市文化馆一直高度重视数字资源加工处理工作，专门引进 2 名技术人员立足本馆举办的所有群众文化活动，自行拍摄、编辑、制作、上传。马鞍山市文化馆网站自 2011 年 6 月运行以来，累计发布信息 4000 多篇、图片 34000 多张，制作上传群文活动视频 360G，点击量已逾 200 余万次。

2. 丰富的数字化服务内容

（1）改版升级文化馆网站。网站是马鞍山市数字文化馆建设的重要组成部分。经过精心策划、设计和 10 余次的改版升级后，马鞍山市文化馆建成了内容丰富、技术先进、覆盖城乡、传播快捷的群众文化信息化服务体系。改版后的网站除继续保持原网站的六大特点外，还从互动交流、网页设计、地域特色文化展示、廉政文化展播、公共文化服务体系建设等方面增设了多种服务项目，如文化志愿服务和场馆免费开放的网上预约、开设网上远程辅导，以及群众文艺视频点播、预约式配送服务网上申请、文化志愿者登记注册和确认等，为城乡群众公共文化服务精细化、科学化发展提供了有效手段和支撑平台。

（2）网站栏目设置特色化。马鞍山市文化馆在网站设计中，以互动性、便利性、直观性为出发点，突出群众的参与，增设了“免费开放”“网上展厅”和“文化共享工程”“群众文化信息视频点播”“公共文化服务体系建设”及自办报刊“《群星》电子报”等栏目，实现了群文活动内容、形式和服务多样性。

（3）网上展览展示常态化。“数字文化馆”实现了文化馆真正意义上的 24 小时服务。通过“网上展厅”平台，对展厅展出的优秀美术、书法、摄影作品进行二次资源加工在网上展出，对优秀作品进行精选，建设了优秀作品精选库，可以让市民随时随地了解展览作品。

（4）品牌文化活动数字化。经过多年的发展，马鞍山市文化馆已成功打造“江南之花”群众文化节、“周末大舞台”、预约配送服务、文化志愿者服务等品牌文化活动。马鞍山市文化馆充分发挥数字资源加工能

---

① 邢军. 国家图书馆数字资源长期保存现状与研究［J］，数字与缩微影像，2011（4）：18-22.

力优势，将每场的演出活动制作成高清视频并上传至文化馆网站，供网民欣赏。

（5）非遗保护传承多元化。马鞍山市文化馆作为市非物质文化遗产保护中心，不仅通过书籍、音视频资料记载这些宝贵的文化财产，还通过视频、图片的搜集及网络上传，让更多的人了解非遗成果。多渠道宣传非遗保护工作，通过网络平台展示市级以上的非遗代表性项目和传承人的风采，重点把2011年10月正式编辑出版的《马鞍山市非物质文化遗产名录图典》的电子图书上传至互联网，扩大了非遗项目的知晓度。

（6）基层群众文化信息化。网站专门设置的“基层动态”板块涵盖了各乡镇文化站和县区文化馆的文化工作信息，不仅为基层文化馆（站）提供了工作交流的平台，也带动了基层群众文化单位的信息化建设，网站建成以来共采用各县区、乡镇1120条信息，方便了市民更全面地了解全市的群众文化工作，扩大了影响力。

（7）群文远程辅导便捷化。立足网络平台，突破时空界线，针对不同人群的爱好和学习需求，根据馆内各业务人员专业种类，分别开设书法、绘画、舞蹈、器乐等课程项目，目前已制作上传时长达8个多小时的书法、中国画、非遗保护、心理健康讲座等6部专题电教片，依托“优酷网”和“马鞍山文化信息共享工程”的视频点播平台向广大网民免费开放，为大众的终身学习、随时学习创造条件，提供可能。

3. 全面的网络宣传教育功能

马鞍山市文化馆数字化建设在实现公共文化“均等性”服务效率全面提升的同时，更加注重其公益性宣传教育阵地的社会效应。一方面，通过信息和宣传报道，积极展示市及三区三县群众文化建设成果；另一方面，通过网站“廉政文化网上行”“道德领域专项治理”“每周一文”等版块，强化宣传舆论的正面教育导向功能。马鞍山市文化馆网站在马鞍山市文明城市建设、公共文化服务体系示范区创建和道德领域突出问题专项教育和治理，以及弘扬主旋律、促进社会和谐等方面充分发挥了主阵地的宣传作用。

4. 突出的科技服务手段

党的十七届六中全会《中共中央关于深化文化体制改革　推动社会

主义文化发展大繁荣若干重大问题的决定》指出，要推进文化科技创新。科技创新是文化发展的重要引擎。要发挥文化和科技相互促进的作用，深入实施科技带动战略，增强自主创新能力。为让更多的主流文化和丰富多彩的群众文化活动占领互联网，马鞍山市文化馆进一步强化网络宣传意识，及时开通马鞍山市文化馆官方新浪微博、腾讯微博、微信和微网站等文化互动交流平台，即时传播群众文化活动信息，推动数字信息化建设，加强与市民之间的互动交流。马鞍山市在“数字文化馆建设”方面的探索和实践，处于全国同行业领先水平，得到了中央媒体的充分肯定，《中国文化报》于2013年8月20日以“‘数字文化馆’的马鞍山实验”为题长篇幅专门报道了马鞍山市的数字文化馆建设。

5. 广泛的社会力量参与

十八届三中全会《中共中央关于全面深化改革若干重大问题的决定》指出，引入竞争机制，推动公共文化服务社会化发展。鼓励社会力量、社会资本参与公共文化服务体系建设，培育文化非营利组织。2012年，马鞍山市文化馆利用社会力量，在文化馆大楼墙体合作建成市区面积最大、画面最清晰的大型LED屏，不仅为广大市民参与群众文化活动提供了一个更直观、生动的平台，也为市民在参与广场活动和休闲纳凉时免费观看中央台《新闻联播》、电影、公益讯息、重大赛事直播和了解全市文化活动动态提供了一个很好的窗口，更为马鞍山市创建国家公共文化服务体系示范区增加了一块很好的宣传阵地。据统计，每月免费观看文化大屏受惠群众近三万人次。

6. 特色的公共阅读空间服务模式

数字文化馆发展离不开创新，创新是数字文化馆持续发展的不竭动力。马鞍山市文化馆致力于探索多种形式的数字化发展模式。马鞍山市文化馆电子阅览室建成初期，并不被市民所欢迎。为了充分发挥资源的利用效率，2013年6月，马鞍山市文化馆尝试引进本地的萤火虫书店，与其合作建设公共阅读空间并免费对外开放，在为市民提供上网服务的同时提供阅读服务，没想到这一举措确实取得了实效，前来上网看书的市民络绎不绝。尤其是中小学生，他们或自己组织，或在家长的带领下，在节假日通过读书和上网两种渠道学习知识，查询信息。“萤火虫”公共阅读空间作为安徽省首家入驻公益性文化场馆的书店，从单纯的图书零售到与文化馆共同组织公共阅读的服务与图书的流通，二者进行了深度的合作，并不断思考如何提高公共文化服务质量，力图将“萤火虫”公共阅读空间打造成马鞍山市民心灵的一个精神坐标。

三、马鞍山市数字文化馆现阶段存在的问题

1. 科技手段运用不广泛

目前，受文化馆软硬件设备的限制，广大市民群众大多还是通过图文、音视频等传统形式了解参与马鞍山市的群众文化活动，缺少声光电等科技化、立体化的生动展示平台和现场体验。

2. 硬件建设有待加强

马鞍山市文化馆网站现阶段尚未拥有自己独立的服务器，主要依托优酷网和“马鞍山文化信息共享工程”的视频点播平台将视频资料实现共享。这样不仅不便于独立化、安全化、便捷化的资源管理，还时常由于服务器本身的原因，导致市民群众无法正常观看视频。

3. 推广平台亟待完善

官方微博、微信的关注度有待进一步增强。手机网络作为新兴的服务手段，已成为市民不可或缺的基本文化需求。目前，马鞍山市文化馆网站的浏览量在逐步上升，但微博、微信的影响力尚小，且未有效利用App这一手机平台，以供广大市民通过手机更好地关注文化活动信息。

四、马鞍山市数字文化馆下一步的发展思路

1. 通过文化馆改造完善数字化功能布局

在文化部公共文化司和国家公共文化发展中心的关心支持下，以标准化、示范性为目标，结合即将实施的文化馆改扩建工程，文化馆专门腾出500平方米场馆，尽快高质量地完成“数字文化馆”体验厅建成工作。通过科技与文化的深度融合，综合运用多媒体、3D技术、半景画、电子沙盘、声光电等现代技术手段，全方位、立体式地展示马鞍山市群众文化的发展成果，展示信息化数字化时代下“文化让生活更精彩”的服务理念，让市民共享公共文化示范区创建成果。

2. 通过科技手段强化数字化服务平台

为更好地开展与微信、微博用户的互动交流，提升文化公益形象，

马鞍山市文化馆与马鞍山百助网络科技有限公司合作，进一步丰富细化市文化馆微网站项目建设方案，设计推出文化馆 App 收集客户端。只要微信用户关注文化馆官方公众平台，即可访问市文化馆网站。这一服务项目的建成，将实现市文化馆信息资源通过 PC、平板电脑、智能手机、多媒体智能终端等的全媒体服务，使广大基层群众利用移动设备，随时随地接收、使用文化资源，实现优质资源对城镇社区、乡镇农村的全覆盖。

3. 打造基于新媒体的服务新业态

手机网络作为新兴的服务手段，已成为市民不可或缺的基本文化需求。为让马鞍山市民群众充分享受国家公共文化服务体系示范区带来的实惠，马鞍山市文化馆正在筹划“市文化馆 WIFI 全覆盖”项目，为市民提供免费的手机网络服务。这一项目建成后，任何人只要途经市文化馆，都可以畅游无线网络，并即时享受到文化资讯、文艺演出、书画展览、预约配送等多方面的惠民服务，实现信息资源共享，打造手机公共文化信息服务平台，使文化服务真正融入市民的生活当中。

4. 瞄准青少年服务群体为“数字文化馆”造势

一是探索“百度提问”模式在文化志愿服务中的新运用，争取建设文化志愿者网络在线“一对一辅导”的新模式；二是拟与 KTV 歌厅联系，把对习惯于包厢唱歌的青年人的优美歌声进行专门录制，通过虚拟网络汇集展演，评审出周冠军，再组织周冠军每月在文化馆门前的大舞台进行才艺展示和比拼，依次产生月冠军、季冠军、年冠军，策划开展“马鞍山歌王争霸赛”广场汇报演出和“马鞍山好声音”乡村巡演等活动，进一步丰富城乡文化活动。

5. 实现传统服务和数字化服务“两条腿走路”协同发展

数字文化馆的发展使传统的文化馆从实体空间拓展到虚拟空间，成为“没有围墙的文化馆”。多年来，马鞍山市文化馆已成功打造“江南之花”群众文化节、“周末大舞台”、预约配送服务、文化志愿者服务等品牌文化活动。数字文化馆的建设给马鞍山市文化馆各项传统服务插上了“腾飞”的翅膀，各类群众文化活动都可以通过数字服务平台展览展示，广大市民足不出户就可以在网上报名参加各类活动、提出文化需求或参与交流互动。预约配送服务和文化志愿服务是马鞍山市在国家公共文化服务体系示范区创建过程中探索出的特色服务，并积累了一定经验，曾受到原文化部的表彰。但通过网络平台开展预约配送服务、远程培训和文化志愿者服务这几项工作尚处于发展初期，下一步，马鞍山市文化馆将坚持群众需求导向，引导群众在文化建设中自我表现、自我教育、自我服务，为基层群众提供集成化服务平台；立足实际、因地制宜，推出体现地域特色的体验式公共文化服务，大幅提高公共文化设施利用率；做好技术、资源上的衔接，打造适用网站，推出一批资源，集合一群应用，开展服务推广。

面对新形势，马鞍山市文化馆将进一步加大“数字文化馆”建设的力度，牢牢把握信息技术环境下发展主导权、提升数字化服务水平和能力，为数字文化馆建设与发展尽可能提供一点借鉴和参考作用。

浅论对非物质文化遗产的认识

作者 // 彭 涛
单位 // 当涂县文化馆

泱泱中华，漫漫五千年，炎黄儿女在人类历史长河中创造了辉煌的东方文明，形成了包括非物质文化遗产在内的多种文化元素并存的独具特色的中华民族文化体系，为全人类的传承和发展做出了重要贡献。现在我国非物质文化遗产的生存、保护和发展面临着很多新的情况和问题，怎么样才能使我国非物质文化遗产保护工作落到实处，达到预期目的呢？这是一个非常重要且迫切需要解决的问题。眼下，国务院和各级地方政府都对这项工作作出了具体部署，并出台《非物质文化遗产保护法》，业内人士也纷纷发表极具见地的看法，但均未谈及这个非常重要且迫切需要解决的问题。作为一名群众文化工作者，基于十余载工作经验和教训，获得的深刻体会是：关键点在于对非物质文化遗产具体个体的正确认识。以下是笔者的一点粗见，仅供业内人士参考。

第一，不要以简单的政治概念和二元对立的方法论对非物质文化遗产具体个体作判决。

长期以来，由于种种历史原因，我们周围的不少人深受意识形态的影响，对人类历史上出现的多种文化现象，不是以科学态度和方法去探究其出现的合理性和传承发展的规律性，而是习惯于简单地以进步或落后、有益或有害等简单思维定式来进行判断，把消极因素看得很重，重到看作是人类理性思维和当前意识形态的对立面，这显然是不对的。比如说“出菩萨”这种农村里较为盛行的现象，就有很多人认为是搞“迷信”。当然，这里面不排除迷信因素，但我们的任务是使其搞得更健康一些，去除里面的迷信色彩，而不是简单地给它戴上一顶“迷信”的帽子一下子彻底废除了事。

第二，要以历史唯物论的观点去认识非物质文化遗产具体个体存在和发展的合理性。

我国的非物质文化遗产是中华民族文化之根，是中华文化五千年的传承。我们只有有了认识准备以后，才能对一些非物质文化遗产具体个体有一个合理的把握尺度。只有把一些非物质文化遗产具体个体中所表现的所谓不为现代文明接受的东西和我们的现代科技一道看作是人类文化的共同构成因素，才是一种正确的态度。只有这样，我们才是历史唯物论者，而非机械唯物论者。

第三，不要求全责备，要通过非物质文化遗产具体个体获取其积极的信息和健康的内涵。

非物质文化遗产保护工作就是要通过对非物质文化遗产的保护、继承和利用，保护中华文化的独特性，弘扬中华民族优良传统，传承中华文化精神，守护中国人共同的精神家园。就对生命意识和自强不息的崇尚是中华文化精神的一个体现。对于这一点，非物质文化遗产具体个体都有表现，只是有的表现强烈些，有的不那么强烈罢了。诸如刚柔相济的地方民歌，粗犷激烈的民风习俗，好看动听的“采茶灯”，惊险刺激的“踩高跷”，还有俏皮诙谐的“舞狮”，等等，都无一例外地向观赏者展示了自强不息的精神。毋庸置疑，如果我们能以这样的心态去看待非物质文化遗产具体个体，肯定是有利于非物质文化遗产保护这一伟大工程的。

第四，要从群众文化活动的功能角度来评价非物质文化遗产具体个体活跃群众文化生活的积极意义。

作为群众文化工作者，我们工作任务就是“繁荣群众文化，丰富人民生活”。所组织的大大小小的群众文化活动，就是让老百姓开心、高兴。如一些“龙灯进城踩街”“龙狮游街”和“灯会”等活动，无不达到人山人海，观者如潮，争相观看的状态。笔者认为，作为表演类的非物质文化遗产的具体个体，只要能愉悦群众，让群众高兴，我们就应该保护、利用它。

以上，是笔者就非物质文化遗产保护工作谈的一些对非物质文化遗产具体个体的认识问题，归纳起来就是：不要以政治标准简单化地给非物质文化遗产具体个体作判断、下结论，定其是与非、对与错、真理与谬论；要用历史的眼光去认识非物质文化遗产具体个体存在、传承、发展的合理性；要开发非物质文化遗产每一个具体个体中所蕴含的可以为现代所用的内涵；要充分认识非物质文化遗产之具体个体在繁荣群众文化、丰富人民生活中所具有的积极而又巨大的作用。只有对非物质文化遗产有了一个正确的认识，非遗工作者才会对非物质文化遗产保护工作产生极大的热情，使非物质文化遗产的每一个具体个体在人类历史长河中长存。

文旅融合发展背景下的公共文化服务

作者 // 齐　俊
单位 // 含山县文化馆

2018 年 3 月，中共中央印发的《深化党和国家机构改革方案》提出，将原文化部、国家旅游局的职责整合，组建中华人民共和国文化和旅游部。2018 年 3 月，第十三届全国人大一次会议表决通过了关于国务院机构改革方案的决定，批准设立中华人民共和国文化和旅游部。2018 年 4 月 8 日，中华人民共和国文化和旅游部正式挂牌。这在中国特色社会主义文化建设进程中是一件具有重大标志性意义的事件。

随着文化和旅游部的一体化组建整合，文旅融合发展开始作为一项重要的机构改革任务、社会现象和学术研究命题而备受关注。推进深化文化和旅游体制改革，就是为了在统一的中国特色社会主义市场经济体制的框架下，打通一直以来大文化领域内各类资源之间长期形成的行政壁垒和市场空白，统筹公共文化服务事业、文化产业发展及旅游资源的深度开发，加速推动公共文化服务事业、文化市场产业及旅游业三者的深度融合发展，不断提高民族文化软实力和中华文化的影响力，增强和彰显文化自信，为经济社会的持续快速发展提供强大新动能。

一、深化公共文化服务改革的迫切性

公共文化服务是指“由政府主导、社会力量参与，以满足公民基本文化需求为主要目的而提供的公共文化设施、文化产品、文化活动以及其他相关服务”。

从本质上说，打造服务型政府，公共文化服务属于其重要的基本职能之一。保障全体人民群众基本的文化权益，满足人民群众的基本文化需求是政府的重要目的。党的十六大以来，我国公共文化服务快速稳步提升，体系建设全面加速推进，已经逐步形成了全面覆盖、产品丰富、运行有效的体系框架。广大人民群众的文化生活也因公共文化服务的普及和深入而变得日益充实，人民群众对生活的满意度和幸福感也获得了前所未有的提升。

然而，同时我们也应该看到，与公共文化服务体系建设密切相关的基础研究还是明显滞后，相关理论、政策、制度、措施等方面准备得还是稍显不足，特别是在人民群众的基本文化权益及基本文化需求的理解上还存在一定的偏差。一方面，可能是过去的公共文化服务体系建设存在着一定阶段性的误区，如在供给上，公共文化产品和服务过于强调“享受成果”，过于突出“文化乐民”，过于侧重“产品多样”，从而导致公共文化产品的质量相对较差，服务过于淡漠，在政策引领功能和社会效应上产生了模糊，甚至在个别地区出现了以较低端的文化产品和服务去填补人民群众闲暇时光的现象。相对普遍的问题主要表现为以下几个方面：

其一，“大水漫灌式”的派送。在部分地区，一段时间内，曾经出现大量的公共文化产品，服务呈现“大水漫灌式”。数量庞大的中低端甚至不适应时代发展的淘汰性的公共文化产品被派送到基层。从数量上来看，确实丰富了基层人民群众的文化生活。但是，有限的财政资金并没有得到合理有效的使用，投入与产出比较低。同时，阶段性的定量配给，在一定程度上让基层养成了“等、靠、要”的习惯，从而成了被动接受或“被娱乐”式的享用。基层群众的自觉意识被淡化，群众的创新意识淡漠，社会的文化主动性、积极性、创造性被阻滞，公共文化服务的内在价值观处于盲目忙碌中，服务队伍趋向“从众化”“媚众化”和低水平的“循环化”。部分文化工作者消磨了意志，丢失了本领，荒废了专业。他们抱着垄断的心态，溜达在时代的边缘，日益缺乏自主生存的能力和竞争的实力，日益丧失深化改革、创新发展的理念和勇气。

其二，“泛娱乐化”的占领。党的十九大指出，“中国特色社会主义文化是激励全党全国各族人民奋勇前进的强大精神力量”。作为中国特色社会主义文化的重要组成部分，公共文化服务的目标是致力于提升全民的思想文化素养，提高全民文化认同，引领建设学习型社会，高质量地满足人民群众对美好文化生活的需求。所以，在这样的标准衡量下，目前传统的公共文化服务尚且只能给基层群众提供一定数量上的文化服务产品，还不能高效地发挥在主流意识形态上的引领作用，还不能准确体现习近平总书记关于“以文化人，以文育人”的思想。泛“娱乐化”的公共文化产品和公共服务，在一定程度上也迎合了社会上滋生蔓延、日益泛滥的“泛娱乐化”倾向。而作为由政府主导的公共文化服务，不应成为这一现象的推手或旁观者，而应积极主动承担引导社会向上、向善、求真、尚美的政府责任。

其三，唯量测评的导向。基础设施、服务资源和人才队伍是公共文化服务的三大基石。而服务内容和价值引领更应是这个基石的底座。过去，在基础条件十分匮乏的情况下，作为阶段性重点工作任务，基础设施、服务资源和人才队伍一直以来都是工作的中心。在推行的公共文化服务效能测评指标中，普遍存在单纯的“唯量”是绩：财政投入占比越高越好，公共文化设置面积越大越好，活动场次越多越好，群众参与人数越多越好。在这样的标准衡量下，局部地区盲目追求、相互攀比数量上的翻番，然而，编制多了却人浮于事，产品多了却难有精品，设施好了却未尽其用。这样的直展平铺，并未导致质的飞跃，原因便在于工作的中心并未转移到价值建设、内容建设和服务方式的建设上来。

其四，底色不鲜明的摇摆。2019 年 3 月 4 日，习近平总书记在看望参加全国政协会议的文艺界社科界委员时指出：“共和国是红色的，不能淡化这个颜色。”在党和政府主导提供的公共文化服务工作中，我们要始终紧紧围绕党和政府中心工作，牢固树立“四个意识”，坚定“四个自信”，坚决做到“两个维护”。坚持守正创新，坚持融入红色基因。把传统的公共文化服务主体队伍中色彩不鲜明的、提供的产品和服务底色不鲜明的加以甄别，去伪存真，明确价值导向，不留“灰色地带”，杜绝“真空地带”。不给任何境外非法势力、非法宗教势力、非法文化产品有见缝插针或浑水摸鱼的机会和生存土壤。

由此可见，加快推动公共文化服务改革发展，推动公共文化服务由传统的“娱乐型”向富有新时代中国特色的现代“价值型”“学习型”“经济社会发展助力型”转变势在必行。

二、新时代公共文化服务融合改革的方向性

坚持正确方向，发挥正确导向，高举旗帜、凝聚人心、培育新人、

倡导主流是新时代公共文化服务融合改革的首要任务。

第一，从宏观理论角度来看。中华民族自古以来崇尚“以德为先”“德化天下”，在始终坚持主流意识形态引领、坚持弘扬社会主义核心价值观的当代中国，尤其是在中华民族走向伟大复兴的历史征程中，公共文化服务的本质内涵不同于所谓“普世”的文化或由他国“舶来”的文化。我国《宪法》明确规定“中国特色社会主义”理论、道路、制度和文化，由各级党委、政府保障的人民群众基本文化权益，应当充分体现中国特色社会主义制度和文化的基本特点、基本要求，应当把培育和弘扬社会主义核心价值观摆在中心位置，应当有利于“加快学习型社会建设，提高国民素质”，应当为经济社会发展提供正向动能。

第二，从特定时代的要求来看。党的十九大以来，以习近平同志为核心的党中央，反复强调“人民对美好生活的向往，就是我们的奋斗目标”。人民“美好”的向往、人民的满意度和幸福感是公共文化“向上向善”的标尺，是体现“人的发展”的本质需求。各级党委政府主导并组织提供的公共文化产品和服务，必须要符合人民群众的本质需求，必须要顺应人民群众的长远利益。广大人民群众获得的文化产品和服务，必须要有利于群众自身的提升和发展，而不是图一时之喜乐和一瞬之欢娱，政府不能以“娱乐化”冲击“学习型社会”建设，不能淡化社会推进文化创新发展的意志力，不能阻滞公共文化直接或间接助力经济社会发展的传导机制和动能。

第三，从微观层面来分析。党的十八大确定了“以人民为中心”的工作原则。在这一原则下，新时代公共文化服务必须更加明确人民群众在公共文化服务中的“主体”地位。作为“主题”，人民群众的文化权益包含多个方面：文化信息的获得、文化成果的享受、文化活动的参与、文化素养的提高、文化能力的提升、文化产品的创造和文化服务的自主开展等。为了确保人民群众“以主体的方式”实现自身文化权益，党委、政府及各级各类公益性文化单位和参与公共文化提供的社会主体，必须把公共文化服务的工作重点聚焦到“主体”上来，服务于“主体”的提升和发展，帮助“主体”实现其本质需求。由此，就要对公共文化服务价值的引导力、产品的高品质、服务的便利性，以及信息的透明度、广度和深度制定更高、更全面的评测标准。

第四，从公共文化服务“融合改革”的现实性来看。在“宜融则融，能融尽融，以文促旅，以旅彰文”的工作原则和思路指引下，公共文化服务创设了“融合改革”的路径指导。所谓的“融合改革”，就是指适度打破公共文化服务的传统边界，改变单个系统封闭运行、孤立实施的旧格局，统筹公共文化服务与文化产业、旅游产业，尊重各自领域规律和特点，增进公共文化服务与各相关文化领域之间的联系，用好公共文化服务“溢出效应”和“漫延效应”，在中国特色社会主义文化建设的整体大局中，重点发挥公共文化服务支持文化产业、促进旅游产业、助力经济社会发展的重要动能。

第五，从公共文化服务“融合改革”的时代性来看。表面上看来，公共文化与文化产业、旅游产业似乎属于不同领域，相互之间似乎并无直接联系。一味简单地要求公共文化在带动文旅产业发展时快速发挥出重要作用似乎有些急功近利，然而，看待问题要从系统的、发展的和辩证的角度出发，单纯地把公共文化从社会整体，或是从社会事业整体，或是从社会文化事业整体中割裂出来的观点是机械的、片面的，脱离了社会、社会事业、社会文化事业整体的公共文化服务，就是一件华而不实的衣服，没有实在的内容和社会价值。随着近年来科技的加速发展，互联网、移动互联网及5G的发展即将带动的物联网的广泛深入运用，社会的常规性、整体性、关联性前所未有地呈现出来，其中也包括了对传统社会事业领域和社会产业领域边界的打破。文化事业与文化产业、文旅产业之间的传统壁垒也正在被快速打破。也就是说，社会事业可以以社会产业的方式进行，进而直接或间接应用于文化事业，带动文化产业、文旅产业，并顺势应用、转化或延伸为公共文化，带动文旅产业，直至带动人民群众就业和创业，促进社会各项事业的全面发展。

三、公共文化服务融合改革发展的实践意义和路径

推进公共文化服务“融合改革”，带动文化和旅游产业、助力经济社会发展，其必然性是源于社会事业与社会生产之间的关系，源于社会“供需产”之间的链式传导和交互作用的整体性。

第一，新时代公共文化服务站在了一个新起点。

在党的十九大报告中，习近平总书记明确要求：“全党要更加自觉地

增强道路自信、理论自信、制度自信、文化自信。”公共文化服务、文化和旅游产业，均属于中国特色社会主义文化自信建设范畴。公共文化产业和文旅产业虽属不同概念，但在外延上有很大的交汇面，从国家政策层面的指引来看，推动文旅“宜融则融，能融尽融”，统筹文化事业和文化产业发展，整合文化和旅游产业特征，为经济发展提供新动能，是现阶段深化融合发展的重中之重，也是盘活文旅领域各类资源、激发创新活力、做大产业增量、广域带动发展的重大举措。在这之中，公共文化服务因其方位的特殊性，既具有带动相关的艺术创作、文化交流等领域的突出作用，也具有带动相邻的文化和旅游产业的相关基础环境建设、公共服务、人员素质提升、媒体传播推介等显著功能，并涉及城市建设、乡村振兴、交通运输、生态保护、环境改造、传统保护等产业领域，具备打造成战略性支柱产业的潜质，潜力巨大，前景广阔。此外，公共文化服务在带动文旅产业的同时，与公共文化紧密联系的相关产业发展，不仅能够丰富公共文化产品供给，还能在服务的范围、对象、载体和手段的拓展中，实质性地推动公共文化服务效能的提升，更有利于促进公共文化服务改革创新发展，相互促进，形成良性循环。

第二，新时代涵育了经济社会动能的新路径。

全面深化文化和旅游融合，促进产业发展，激发新的动能，是党和政府根据新形势向各级文化系统提出的一项重要任务。如何将新的政策引导、转化为推动社会全方位发展的巨大动力，亟待完善相关工作机制，实施“精准发力”。文旅产业发展的方法和路径很多，重点在于注重文化空间和资源的重新利用及组合，深挖文化内涵，发现文化价值。利用公共文化与文化和旅游产业在“文化”上的共同点，追求新的价值。二者有很多相通之处，公共文化服务丰富人民群众的精神文化素养，旅游则是人们高端的需求，二者之间价值导向是一致的。公共文化能够提升人们“向上向善”的精神境界，改善生活品质，而文化旅游同样融合精神体验和愉悦，二者在精神环境治理方面具有一致的诉求。只有做好基础性支撑，提供良好的环境，才能有效地促进文化和旅游产业的发展。具体表现在：

一是公共文化及基础设施的扩展和充实。各项文化设施都具备相当的旅游功能。以新的观念整合文化馆、图书馆、博物馆、科技馆、美术馆等，使其具有旅游功能。

二是增强和丰富公共文化的旅游传播能力。以深厚的文化内涵对传统旅游的“游客中心”进行项目配置，将当地的自然风光、文化遗存、历史知识、人文掌故、民间习俗、名人故居与主要景点、旅游线路、特色产品、重要活动、独特非遗、餐饮休闲等进行导览、展示、宣传、推介、体验等一体化服务。使之具有现场性和亲历感，成为吸引和稳定游客的基本要素。除此之外，利用现代信息方式更新服务形式，更加有效地取得商业效果。

三是延展公共文化内涵，增加旅游服务的广度和深度。旅游的经济效益与游客滞留时间的长短成正比。单一的观赏风景难以让游客长留，更难以吸引游客在同一景点反复玩。应对自然风光赋予内涵和深度，结合公共文化服务的全新的创意，把服务内容与历史人文、物产美食等紧密结合，集中汇聚和展示当地丰富的文化特色和人文资源，蕴含感染、教育、吸引游客的独特魅力，使那些内容贫乏、单一的景观游转化为富有温情、提振精神、触及灵魂、引人渐入佳境的文化旅游。

第三，公共文化及文化和旅游产业面临双向高品质发展的新选择。

一是坚定正确的政治方向，牢固树立“以人民为中心”的工作原则。加强公共文化领域主流意识形态的管理和引领，深入贯彻党的群众路线，加强和巩固党和政府基层文化阵地，弘扬社会主义核心价值观、满足人民群众美好生活需求、引导人民群众将“向上向善”放在首位。

二是要深化融合改革，推动公共文化与中国特色社会主义市场经济体制相适应，扩大开放，引入竞争机制，提升社会参与，实施公共文化服务政府购买，积极鼓励和引导社会力量参与，大力推动公共文化的社会化发展。

三是提高公共文化产品的品质和服务质量，培持各类公共文化产品的高品质产出及服务主体，完善行业机制。

四是强化公共文化行业管理和服务效能评价，建立健全评价反馈机制，完善投入产出绩效评价，依法依规实行全面化、全程化品质管理，发挥政府的指挥棒作用和杠杆作用，不断提高公共文化服务效能。

五是内评效应和外评效应相结合。在公共文化体系内部，可用“设施量”“资源量”“利用率”等来作为内评考量。而服务对象的“知晓度”“参与度”“满意度”等作为外评的主要指标。其中，外部效应的可测评性与内部效应测评要置于同等位置，在实际中，外评效应甚至更具实际价值和引导意义。推进外部测评致力于“打破”“拓展”或是“跨越”，借助内部测评引发微量“调整”。公共文化对服务区域内文化和旅游产业的带动发展变化，应成为映照公共文化服务质量变化的一面镜子。文旅“双向”高品质融合发展，除了公共文化服务在带动文化和旅游产业发展中有品质提升的作用之外，文化和旅游产业的品质也会因公共文化的介入和带动而同步跃升。公共文化服务的服务对象是人，其目的是丰富人民群众的文化生活、提升人民群众的精神文化素养。无论外评或内评，都要本着“以人为本”“促进人的发展”的原则，落实哪些可以作为测评的依据和举措。即把人的知识增长、人格成长、素养提升作为价值追求，把人民群众是否因公共文化的服务行为而增长了知识和才干、获得了精神愉悦、提升了精神品质作为评判公共文化服务品质的核心指标。

自2018年11月习近平主席在首届中国国际进口博览会开幕式主旨演讲中提出“支持长江三角洲区域一体化发展并上升为国家战略”，到2020年政府工作报告明确将长三角区域一体化发展上升为国家战略，标志着长三角区域一体化发展进入新阶段。因此，以文旅深度融合推动长三角旅游一体化实现新发展，更好支撑服务国家战略，便成为文旅行业在长三角区域一体化进入更高质量发展的新阶段面临的重大任务，这也是长三角每一个文旅人肩负的新的历史使命和无愧于时代的责任担当。

参考文献

［1］中央文献研究室. 十八大以来重要文献选编［M］. 北京：中央文献出版社，2018.

［2］程筱艾. 长三角一体化深度融合困境与建议文献综述［J］. 市场研究，2019（8）.

［3］杨亚波. 建立有效的公共文化服务体制　切实保障人民群众基本文化权益［J］. 西藏研究，2012，136（6）.

破题精准、举措有力，激发群众文化工作新活力

——“和县文化大讲堂”建设思考

作者 // 阮　兵
单位 // 和县文化馆

“和州大讲堂”作为马鞍山大讲堂的分讲堂，自设立以来，在我县理论宣传、文化普及等方面发挥了不可替代的作用。近年来，和县文旅体局积极破题“和州大讲堂”建设，通过开办“和县文化大讲堂”，去呼应和州大讲堂发展要求，着力繁荣群众文化、激发群众文化工作新活力。作为“和州大讲堂”的子讲堂，“和县文化大讲堂”以“求知·鉴赏·交流·分享”为主题，下设文化讲堂、道德讲堂和名家讲堂等三类讲堂，宣讲内容涵盖传统文化、艺术鉴赏、城市人文精神、读书育人、道德模范事迹等多领域。笔者作为一名和县文化馆工作人员，亲历了“和县文化大讲堂”诞生、成长及壮大的全过程，下面是笔者对和县文旅体局的和县文化大讲堂建设的一些粗浅认识。

一、活动开展

“和县文化大讲堂”每期都会挑选市民喜欢、关心的热点、焦点话题开讲，让群众文化爱好者与文化名人、大师等零距离对话，目前，社会知名度较高，反响力较大。

1. 文化讲堂

文化讲堂是和县文旅体局于 2016 年 10 月开办的公益性群众文化讲座，内容涵盖文学创作、非遗保护、民俗文化、声乐教学、书画赏析等方面，每月一期。每期讲座主题紧扣群众需求，回应群众关切，受邀讲课人员既有旅美声乐教授等知名大家，也有了解和县地域文化特色的本土教师。截至 2020 年 10 月，共举办了 43 期，受众五千余人次，极大地丰富了市民业余文化生活，为群众文化爱好者们提供了一个良好的交流和学习平台。

2. 道德讲堂

道德讲堂于2012年1月份开办，系和县县委组织部、和县县委宣传部、和县文旅体局主办，每季度一期，目前共举办了30余期。每期邀请2~3名各级“好人”模范进行先进事迹宣讲，通过身边人讲身边事、身边人讲自己事、身边事教育身边人，让群众觉得可亲、可信、可行、可学，在潜移默化中使群众接受了“正能量”教育。“好人”的先进事迹折射出了人性的光辉，有着良好的社会影响和较高的群众认可度。该讲堂的举办有力地推进了我县公民道德建设，使我县学习好人、争当好人蔚然成风。截至2020年10月，我县共有“中国好人”14人、“安徽好人”7人、“马鞍山好人”67人、“和县好人”80人。

3. 名家讲堂

名家讲堂由和县文旅体局与市新华书店于2017年2月联合开办，每两月一期，目前已举办22期。内容涵盖学生素质教育、阅读能力提升、阅读分享交流、传统历史文化等方面。通过发挥全市名校名师人才集萃的优势，传播历史传统文化、优秀创新文化和阅读文化，通过以书会友、阅读心得分享等形式讴歌发展成就，搭建学习、交流、分享桥梁。

二、三点思考

1. 明确初衷，满足多层次需求

人气是检验讲堂活力、生命力的一项硬指标。讲堂开讲容易，但抓住观众的注意力难，当一堂讲座开讲，不需要为观众犯愁，人民群众自发参与其中之日，就是讲堂出成果、深入人心之时。那么搞清初衷、了解需求就至关重要。“和县文化大讲堂”开办的初衷就是以普及群众文艺、弘扬社会风尚、推动全民阅读为支点，去撬动群众文化工作的多样性需求。“文化讲堂”“道德讲堂”“名家讲堂”紧紧围绕“以文化人”“以德育人”“以书会友”的重心，分类设置宣讲主题，邀请不同类别专家宣讲。每期开讲前一周，通过问卷调查、微信群咨询等形式了解群众感兴趣的课题，及时掌握群众反映。通过“群众点菜、专家配菜”等方式按需定讲，满足群众实际需求，紧扣群众关心的重点、热点和焦点，设立声乐教习、艺术鉴赏、书画赏析、道德文明、民俗文化、阅读分享等方面内容，以满足不同层次、不同层面人员的多样化需求。讲堂内容既有计划性、系统性，又有及时性、针对性，让群众看得明、听得懂、学得进、能接受。

2. 突出重点，效果与特色并重

讲堂工作既要兼顾全面、又要突出重点，抓住了重点才能形成特色、形成精品、形成品牌。“和县文化大讲堂”作为激发群众文化工作活力的新载体，受众十分广泛，打通了服务基层群众文化工作的“最后一公里”。“和县文化大讲堂”的三个分支，各有重点、各具特色。“文化讲堂”重点是“以文化人”，以弘扬优秀传统文化、普及群众性文化艺术知识为主，所以授课人员就需要有较高的艺术水准与专业知识，如先后邀请宣讲的戎林、罗抒东、陈克涛、黄先友、张新宇等人，都是创作、声乐、书画、民俗、摄影等方面的行家里手和业内大咖，受众也需要是具有一定的群众文艺爱好与相应的知识储备的市民朋友。“道德讲堂”重点是“以德育人”，目的是在全社会营造崇尚、学习、争当道德模范的氛围，主讲人员以各类“好人”即百姓宣讲员为主，发动社会群众积极参与，采取拉家常、讲故事等喜闻乐见的形式，开展互动式宣讲，用好人先进的事迹、用群众身边的事例，用群众爱听的语言，把弘扬社会“真善美”的理论和先进文化简明扼要、形象生动地表达出来，及时解决深层次的思想认识问题，增强思想政治工作感染力，让群众好记、好学、好做。“名家讲堂”重点是“以书会人”，主要服务于在校学生、家长和书友群体，以推广阅读，打造“阅·生活”阅读品牌。在人员邀请方面以名师、阅读者为主。讲堂内容系统性较强，由于是一种阅读分享，课堂形式较为活泼，知识性、趣味性并重。如邀请的马鞍山二中教师金鹏举办的“笔落惊风雨”讲座，既分享了阅读心得体会，又为高三学生们现场释疑解惑，听众参与度高，气氛活跃，家长反响良好。

3. 土洋结合，不断注入新血液

一个讲堂要想常讲常新，保持生命力，宣讲队伍的人员组成很重要，只有不断吸收新鲜血液，宣讲才能有活力、有新鲜度。“和县文化大讲堂”设立之初，就注重人才队伍建设，成立了“专家数据库”。一是梳理本土人才，通过走访、座谈等形式，掌握一批熟知和县地域文化知识、具有群众文化工作“实战经验”的“土专家”信息；关注每期的各级“好人”先进事迹。将这些本土专家与“好人”中有宣讲意愿、热爱宣讲、有责任心，愿意向群众传播知识、分享经验的人员吸收到宣讲队伍中。几年来，通过对本土专家的不断挖掘与培育，“好人”数量不断增加，这支百姓宣讲队伍不断壮大。二是吸纳专业大咖。为保证、提高讲堂的学习质量，满足多层次的群众文化需求，我们通过“以老带新”、网络搜寻等渠道主动联系周边地区专家学者前来授课，对群众满意度高、社会反响好的人员登记备案，纳入专家库。目前，专家数据库内各类专家学者近 60 人，每期讲堂都会根据年初制定的讲堂工作计划，从库中择优选择专家。

同时，为增强专家库的生命力，避免其成为“冻库”，需定期走访本土专家、电话联系外请专家，通过快递、邮件等平台，将各类讲堂活动材料、音视频资料传送，请库内专家们对活动开展情况进行点评，提出建议与意见，以方便今后活动改进。这种方式既使库内专家们联络了感情，增进了友谊，避免了“有事电话，无事没声”的尴尬，同时又为讲堂的不断完善、发展收集到了很多宝贵意见。

探究群众文化活动的时代价值与管理创新

作者 // 孙　荣
单位 // 马鞍山市文化馆

一、群众文化活动的时代价值

群众文化既可以促进文化的传播，还可以增强人民群众的精神属性。当今的社会处于一个比较浮躁的时代，需要有相关的精神来指导人民群众的精神，最好的办法就是开展一系列的文化活动来调节平衡点，让广大群众通过自己的精神来对自己的工作、情绪进行更好的把控，在自己的岗位上发挥更大的作用，这也是一件利人利己的好事情。

二、开展群众文化存在的问题

1. 开展文化活动存在的困难

当前群众文化开展得最广泛的就是街头暴走或者广场舞。2017 年青岛一些爱好健身的人组织了街头暴走团，他们打着热爱健身的幌子，在交通要道成群结队地行走，严重影响了社会公共秩序。试问这种是我们需要的群众文化吗？当然不是，我们应该宣传的是传统、正能量的活动，为社会带来有价值的东西，这个事件也反映出了我们基层群众文化活动群体对群众活动和法律及道德价值观关系的认识淡漠。广场舞是群众基础十分广泛的活动，但近年来由于缺乏引导，一些负面事件偶有发生，如某些老年人长期跳广场舞占据着年轻人打篮球、锻炼的场地，而现在年轻人本身锻炼的场馆也就不多，还要和老人一起争抢场地，有的甚至出现打架事件，这种也不是我们需要的人民群众文化活动。当前存在的问题需要相关部门进行调节，积极引导。

2. 当前文化活动的形式没有创新

现在开展最广泛的群众文化活动就是广场舞，广场舞形式太单一，参与人数不多，而且多限于50—60岁的人群，能够起到建设精神文明的作用有限。我们应该带动更多的人积极参与到文化活动中来。现在的年轻人长期接触互联网，可以有更多的创意和群众文化活动结合起来。所以我们还是要通过这种以点带面的方式，积极引导广大的青年人参与进来，将年轻人的创新思维、创意情愫、时代潮流与我们的活动相结合，从而创造出更大的价值。比如现在很多活动都是通过自媒体等手段进行传播，起到了很好的宣传效果，这样的活动不仅可以让广大市民全民参与，还可以留下很深刻的印象，我们也可以借助类似的自媒体和互联网的手段，积极有效地开展群众文化活动，吸引不同年龄段的人参与。

三、针对当前文化传播采取的措施

1. 积极引导，理清法律边界

利用区（县）站、村等文化馆站开展、普及各类文化活动、文化传播与法律之间的关系。所有的文化群众活动都不能凌驾在法律之上，这点是任何人或者任何事都不可以改变的，要避免出现类似前文所提到的暴走事件。组织各种群众文化活动必须进行备案，不能扰民、害民，要积极传播正能量，传播有用的价值观。

2. 文化活动结合互联网

文化馆是公共文化服务体系建设的重要节点，承载着组织辅导群众开展文化活动、丰富群众文化生活、实现全民艺术普及的重要职能。随着移动互联网和自媒体的快速发展，群众文化需求迅速增长，如何依托数字化互联网和自媒体建设并运营好数字文化馆，为群众提供更便捷、更优质的公共文化服务，建立互联网+公共文化服务新模式是当下文化馆提档升级、参与现代公共文化服务体系建设所面临的重大课题。在数字化、信息化和全球化的时代大背景下，应将文化馆的活动和数字技术相结合，创新运行模式，扩展和延伸服务功能。例如马鞍山市数字文化体验馆。体验馆坐落于解放路文化馆大楼内，建筑面积660平方米。体验馆内分为文化驿站、渊远流传、大师指路、独具匠心、民俗风情、超级主角、舞动青春、经典再现、指尖天籁和远程培训十大区域。十大区域利用虚拟场景、裸眼3D、全息投影、影像捕捉和微信分享等现代技术手段，将诗城文化、信息展播、诗词吟诵互动、非遗民俗展示和美术书法临摹、电影主角互换、戏曲场景、模拟乐器即时培训、舞蹈体验学习、在线远程辅导等进行有效融合，建立文化馆数字化实体互动体验空间。提升文化艺术普及的知识性、趣味性、参与性及体验感，让市民在数字文化体验馆接受文化艺术熏陶的同时，真实感受互联网信息化时代下文化活动和互动体验的无穷魅力。人民群众文化活动的培养与传播，已经成了当代精神文明社会的重要时代任务。

浅议当涂民歌保护与发展

作者 // 汪水华
单位 // 马鞍山市文化馆

当涂民歌是本地域内广大劳动人民日常生产、生活中创作的，它不仅是群众智慧的结晶，也是中华民族民间文化艺术的瑰宝。当涂民歌历史悠久，南朝宋武帝刘裕携群臣在白纻山演唱“白纻歌舞”时，既有专业歌伎献舞，也有业余歌手助兴演唱民歌。北宋时，姑溪居士李之仪有“田夫踏歌”24首。“扶老相邀到陇头，麦苗如洗未全抽。愿天不雨只一日，聊慰艰辛望丰收”，属于民歌范畴。在我国最早出现的“民谣”，其实就是民歌之意，“歌”“谣”相对，则有歌和乐之分，而“歌”系总名。《礼记》中说“歌，咏其声也”，范围就更广泛了，含有民歌在内。当涂民歌是千百年来劳动人民在生产、生活及与自然作斗争中以口头吟唱而流传的一种语言文学，一种带有节奏的民间音乐，它既是对人们真实生活的写照，更是人们情感充分表达和追求美好愿望的流露。当涂民歌数量众多，题材广泛，表现形式丰富多彩，内容涉及社会各个方面，不受任何拘束，见到什么唱什么，想到什么唱什么，干什么劳动唱什么，简洁精炼、合辙上口、吟唱成曲、优美动听。平原、圩区、丘陵山区的民歌各呈异彩、唱出了爱恨浓烈，也唱出了当涂之风，富有浓郁的江南水乡神韵和地域文化特色魅力。2005年，当涂民歌被文化部批准为第一批非物质文化遗产代表作项目，实已成为安徽省具有广泛的影响和持久的辐射力的地方文化品牌。在坚持科学发展观、建设和谐社会、大力发展经济建设的今天，如何保护和发展当涂民歌，这是摆在我们面前的一项重要文化工作，本文就此谈点拙论，共同商榷。

一、保护民歌的源头

当涂民歌是经无数本地劳动人民传唱、修饰润色而形成的一种民俗音乐。语言通俗易懂，音乐优美动听，可比可兴可夸张，源于生活而高于生活，是大众语言文学和民间音乐的升华，在我国民间文化艺术宝库中占有一席之地。当涂民歌源头广泛地产生于群众之中，例如情歌“要吃椒子莫怕辣，要上高山莫怕滑。哥若想妹莫怕鬼，半夜三更来我家。”形象生动、情真意切，把一个且思且盼的少女之情表现得淋漓尽致。还有一首唱农事的：“姐在田里薅草忙，哥拿草把跟上趟。会锣稗子不漏行，秧苗一日三尺长。”语言直白、自然流利、富有哲理，既包含着劳动的艰辛，又体现出美好的愿望，触景生情，真实无华。彰显出口语化中见意境，纯真之中见空灵，小点着意、大意含情、浅吟低诉，听了真叫人如醉如痴、赞不绝口。

当涂民歌源头虽然广泛，但经过时代的变迁，也使我们深深地感受到民歌源头在逐渐消退，生存环境在恶化，民歌面临着失传的危险。虽然20世纪五六十年代，当涂民歌有过一段辉煌的历史，曾唱响省城，轰动北京，受到老一辈无产阶级革命家的交口赞扬，得到全国音乐界著名人士的垂爱，吸引他们纷纷来当涂采风。但仅仅是在那一段时期，后来，当涂民歌便辉煌不在，声誉正与日消失，这就要我们从民歌源头上找原因了。当然，任何一种艺术几乎都要经历由鼎盛到衰落的过程，因为随着时代的进步、社会的发展、传统的劳动方式逐渐改变，现代化的农耕生产日益兴起，民歌产生源头渐渐减退、信口而唱的机会和能唱民歌的人少了。

保护和发展当涂民歌，首先还是要从保护源头做起。当然，我们不可能拖历史的后腿，走回头路，用镰刀割麦、用水车车水、用掼桶掼稻，让民歌回归到那样年代的源头里。但我们可以做好民歌的内涵与外延，以时代的发展和人们的需求去尝试当涂新民歌的创作。原曲调保留不变，词可以新填，风格可以演绎，在传统的基础上推陈出新，创作出既具有当涂民歌特色，又有大众化的品位的作品，既能让今天的中老年人喜爱听，又能让年轻人接受传唱。这样源头有了，传唱的人多了，当涂民歌自然会延续并兴旺起来。

二、保护民歌的生存环境

当涂民歌是在原生态环境下才得以生存的。如果认识不到这一点，保护和发展就无从谈起。原生态环境是和当涂山山水水相适应的，从我们搜集到的民歌中，可以看出当涂民歌绝大部分是在田间、圩区、河塘、稻床、牧场、农舍等原生态环境中，广大群众围绕身边事、目睐眼前景，一边耕种自乐，一边触景生情脱口唱歌。如今劳动人民的劳动方式方法也发生了改变，插秧用插秧机，收割用收割机，车水用抽水机，榨油用机器榨油，打鱼用机动船捕鱼等，随之，民歌也不可能像以前一样，与人们生产生活紧密相连，“风景独好”的民歌岁月已灰飞烟灭了。2005年，笔者深入市郊和当涂县部分乡镇调查、摸底、搜集民歌时，曾询问一位80多岁的李仁伯老人，他说：“年纪大了，过去会唱的民歌都忘记了，外加也没人学唱……”询问一位叫计忠良的20多岁的小伙子，他说：“谁喜欢唱那玩意儿，土里土气难听，我们爱听刀郎和周杰伦的歌……”可见，产生于原生态环境里的民歌从生存上发生了改变，老人淡忘和谢世、青年人不愿传唱，民歌的生存自然会走到一个新的“十字路口”。

从以上两个方面来看，如何保护和发展当涂民歌，需要我们周密地思考和细致地研究。眼下，当涂民歌有了新的保护和发展机遇，我们一定要紧紧抓住这个机遇，将民歌重新包装，与现代意识结合，无论从演唱上、音乐上，还是服饰上都可尝试与现代潮流结合，既不失民歌内在特色，又具现代文化内涵，多演出、多宣传、多扶持传承人，重新找回民歌的生存环境和新的契合点，为民歌提供内在“生存”动力，天籁之声的当涂民歌一定会焕发新的生命力。

三、保护和发展民歌的措施

保护和发展当涂民歌，首先需要各级政府部门及社会各界的重视、支持、协助、参与。这是一项保护工程，光有口头所言不行，一定要有实际措施和长远计划，并能提供机制保障。一是成立研究机构，让从事民歌研究的人才坐下来一门心思做好保护和发展民歌的有益之事。二是有经费保障。光干着嗓子喊要保护和发展民歌是无力之语，高谈阔论解决不了任何问题。目前，就我们所知，一提到保护和发展当涂民歌，不少领导部门认为这是件花钱的事，不是推诿就是说财政困难，无力解决。有些领导口头说要保护民歌，喜爱民歌，重视民歌，但实际做起来敷衍搪塞，流于形式而已。三是开拓民歌文化市场。开发利用当涂民歌为今天的经济建设服务，这是当务之急。今天，我们面临着文化大发展大繁荣的机遇，利用好这一有利因素，能对民歌的保护和发展起到事半功倍的效果。四是尽可能地建立当涂民歌博物馆，广泛征集民歌资料，除了将现在掌握的民歌词、曲、照片、声像资料整理归档展出，还可以将历年来民歌手演出的文字材料、乐器、服饰、道具等实物陈列出来供人欣赏，让广大群众既有听的歌曲，也有看的实物和录像画面。与此同时，还可建立一支经过精心包装的演唱民歌人才队伍，做到看、听、演三位一体，尽力拓展民歌生存空间。五是可在学校开设相关教学课程，重视培养小歌手。六是把民歌作为当地文化品牌精心打造，整理出版民歌集、音像光盘，举办具有省级以上的民歌艺术节，树立更多的传人，扩大民歌在当代的影响和知名度。七是将民歌功妙置入本地域风景区，既作为展示，也可以作为经营项目，向游客出售制品，形成保护、发展、研究、经营为一体的文化产业格局，合理开发利用，使民歌融入现代生活，焕发新的生机。

如何使传承历史、惠及后代的当涂民歌发扬光大，生生不息，世代相传，这需要各级领导的关心和支持，也需要文化人的不懈努力。欣闻，当涂民歌已成为国家、省、市非物质文化遗产代表作项目，认定了传承人，这是件鼓舞人心的好事。我们相信，有各级领导部门的重视，加之文化工作者在保护和发展民歌上下功夫，历史悠久的当涂民歌，其独特魅力定会充分展示，永远光彩夺目。

如何加强基层综合性文化服务中心建设
——试论特殊（疫情防控）时期群文工作者的素质提升

作者 // 王　兵
单位 // 马鞍山市博望区文化馆

基层综合性文化服务中心建设，是为了推进基层公共文化资源有效整合和统筹使用，提升基层公共文化设施的建设、管理和服务水平，也是马鞍山市创建公共文化服务标准化试点城市的一项重要指标。对此，探讨加强基层综合性文化服务中心建设具备显著实际意义。

一、基层综合性文化服务中心建设进展

博望区辖 3 个镇、37 个村、3 个社区，截至 2020 年 10 月，已建成 3 个镇、35 个村（社区）级综合性文化服务中心，镇综合性文化服务中心全覆盖，村（社区）综合性文化服务中心覆盖率 87. 5%，根据工作计划 2020 年年底博望区村（社区）综合性文化服务中心将实现全覆盖。目前来看，基层综合性文化服务中心的建设已经获得了下列成效。

1. 建章立制

一是制定实施方案。制定了《博望区基本公共文化服务标准化试点建设实施方案》《博望区基层综合性文化服务中心建设实施方案》，对基层综合性文化服务中心建设任务进行了分解，明确了责任单位，倒排了时间进度。二是规范服务。制定了《博望区公共文化机构服务标准》《博望区基层综合性文化服务中心管理暂行办法》《博望区开展基层综合性文化服务中心服务效能检查工作方案》《文化活动室管理制度》《电子阅览室管理制度》《图书室（农家书屋）管理制度》《青少年上网规定》等规章制度，明确基层综合性文化服务中心服务项目、服务标准和管理制度。

2. 加强督查指导

一是深入基层指导建设。每月深入镇、村（社区）指导建设中遇到的难点问题，现场指导硬件建设和软件资料整理等工作。二是实行“月调度”，推进任务建设。每月召开一次各镇文化站长工作调度会，每两月召开一次各镇分管领导调度会，逐项汇报综合性文化服务中心建设进展情况，研究解决工作中的难题，精准推进建设。三是定期督查通报。由区文旅体局会同区督查目标办定期对各责任单位建设进度进行督查。对进度较慢、工作不到位及虚报建设进度的单位予以通报。

3. 健全人才队伍

一是建立队伍。辖区三镇综合性文化服务中心皆配备文化专管员 3 名以上；2017 年开始，实施政府购买基层公益文化岗位试点工作，截至 2020 年 10 月，已为辖区 28 个村（社区）综合性文化服务中心配备了文化协管员，下一步将逐步实现村（社区）文化协管员全覆盖。二是建立制度。建立全区文化专管员、文化协管员培训、管理、考核制度，每年定期对文化专管员、文化协管员进行培训。同时加强管理，要求文化专管员、文化协管员制定年度工作计划，按月开展工作，定期报送信息和总结，并对他们进行年终绩效考核。

4. 加大投入力度

一是设立基层综合性文化服务中心建设专项资金，每镇补贴 30 万元专项建设资金，同时设立奖励资金 30 万元，待基层综合性文化服务中心全覆盖后对出色完成任务的镇给予专项奖励。二是基本公共文化经费纳入区财政预算。农村文化建设、文化惠民工程、政府购买基层公益文化岗位、政府购买公共服务等项目资金纳入财政预算，年拨付使用资金约 110 万元。三是积极争取上级支持。近年来，争取到中央社区文化活动室建设专项资金、省“送戏进万村”奖补资金、省农民文化乐园建设奖补资金、市基层综合性文化服务中心建设奖补资金、体育彩票公益金等资金共 300 多万元。

5. 实施基本活动量化

一是实施镇“114861”工程。即：每个镇综合性文化服务中心每月举办各类讲座、培训不少于 1 次，编办文化宣传橱窗不少于 1 期；每年组织综合性文化活动不少于 4 次，举办单项性文化活动不少于 8 次，开展文化下村活动不少于6次，形成1个特色文化品牌。二是实施村（社区）“121616”工程，即：每个村（社区）综合性文化服务中心每月放映1场电影，每年举办2场演出，每季举办1次培训，每年组织6场文体活动，形成1个特色文化活动品牌，每个农家书屋每年组织6场阅读推广活动。

二、基层综合性文化服务中心建设问题

尽管博望区在基层综合性文化服务中心建设中取得了一些成绩，但与公共文化服务标准化试点城市建设要求还存在一些差距，也面临着一些困难和问题：一是公共文化专业人员匮乏。虽然博望区各镇文化专管员配备较全，各村（社区）文化协管员也将逐步配齐，但由于经费有限，所招募的人员缺乏专业知识，同时大部分村（社区）事务较多，文化协管员多为兼职，不能保障综合性文化服务中心运行，更谈不上开展丰富多彩的文化活动。二是基层文化建设意识有待进一步提高。部分镇、村（社区）对农村文化建设的重要性认识不足，在开展基层综合性文化服务中心建设工作上缺乏主动性，缺少思考，更谈不上因地制宜，发挥特色。

三、基层综合性文化服务中心建设发展思路

首先，进一步加大基层文化建设投入。建立与博望区经济发展水平相适应、与财政能力相匹配、与区文化设施建设需求相符合的公共文化投入机制，确保财政投入的增幅高于本级财政经常性收入增幅。学习借鉴外地经验，在现有文化惠民补助的基础上，设立镇、村（社区）公共文化服务专项经费，将区、镇、村（社区）三级公共文化服务经费都纳入年初财政预算，并逐步提高公共文化支出占财政支出的比例，确保每年对文化建设的投入增幅不低于同级财政经常性收入的增幅。其次，进一步加大人才队伍建设。完善专业人员招聘制度，吸引优秀文化人才投身基层公共文化事业，积极引进政治和业务素质较高的艺术类、群文理论专业高校毕业生到基层文化岗位工作，提高专业文化人才的比例，逐步解决基层文化单位专业人员匮乏问题。最后，进一步加大文化工作考核力度。把公共文化服务体系建设作为镇党委、政府工作的重要工作，把文化建设与经济工作同步规划、同步部署、同步实施，列入财政预算和年度督查，以经济硬实力和文化软实力的共同提高来促进城乡和谐发

展。建议在年底综合绩效考核中，加大对镇和相关部门公共文化服务体系建设的考核权重。

四、结语

综上所述，加强基层综合性文化服务中心建设具有显著实际意义。在今后，需要根据基层综合性文化服务中心的建设现状，不断地探讨和创新建设思路，完善建设管理工作，促使文化宣传工作得到持续性提升，从而突显基层综合性文化服务中心的建设效益。

参考文献

［1］陆晓曦. 文化社区：城市核心区基层综合性文化服务中心建设的样本——以北京市东城区为例［J］. 图书馆杂志，2017，36（1）.

［2］陆和建，姜丰伟. 社会力量参与基层文化服务建设研究——基于社区文化中心的社会化管理实践［J］. 国家图书馆学刊，2017，14（5）.

抓好品牌文化建设　丰富群众文化生活

作者 // 徐振贵
单位 // 马鞍山市文化馆

品牌是大众认可信赖的标识，群众文化活动也应树起品牌意识。

群众文化活动品牌的打造，是一个实践和发展的过程，拥有品牌的群众文化活动往往要有深厚的群众文化基础，这样的品牌活动能赢得大批观众。但任何品牌活动都要在发展过程中不断地加以完善，无论在内容和形式上都要精益求精。

作为群众文化活动品牌，活动要有鲜明的特色，这才是群众文化活动能成为品牌、得以繁荣发展的关键所在。因此，打造群众文化活动品牌，一定要立足本地，根据本地群众文化资源，因地制宜，扬长避短，不盲目跟风，科学地选择确定群众文化活动的样式和载体，要根据本地群众文化活动基层和长项，体现本地文化的资源，不断挖掘当地群众文化活动的内涵，强化凸显群众文化活动的特色，通过持续不断的活动，提升群众文化活动的档次，真正将有个性、有特色的群众文化活动品牌奉献给群众，不断满足群众的精神文化需求。

我们开展的群众文化活动，是城市开展精神文明建设的重要组成部分，群众文化活动有利于提升基层市民的基本文化素质，也有利于更好地提高全社会精神文明程度。群众文化活动的品牌，能成为一个很好的抓手，进而促进我市基层群众文化的健康发展，极大地丰富市民的群众文化生活。

马鞍山市号称“江南一枝花”。1986 年马鞍山市文化馆组织开展的一个大型群众文化活动据此取名为“江南之花”。首届“江南之花”活动，来自厂矿、农村、部门、学校的数千名干部群众齐聚原金家庄区的原市体育馆，大家共同歌唱革命传统歌曲，各单位都积极参加，参与人数之多和场面的盛大都是空前的。更重要的是，各县、区和各单位都相继组建了自己的演出队伍，为今后马鞍山市群众文化发展和繁荣打下了坚实的基础。

2019年，“江南之花”已走过33个春秋。“江南之花”活动一年一个主题，一年一种表现形式。“江南之花”活动开展期间，全城就像举办文化嘉年华一样，全民参与，“千人同唱一支歌，万人同和一首曲”的盛大场景年年出现。节目都是马鞍山人自编、自导、自演，用不同的文艺表演形式赞美新生活、讴歌新时代，并以此促进企业文化、社区文化、校园文化、军营文化、乡镇文化、广场文化等活动的蓬勃开展，随之产生了“姑孰之韵”“社区文化节”等很多优秀基层文化品牌活动，如“群星艺术团”“映山红艺术团”等一大批极具生命力的民间艺术团体突涌而出，也培养了数万名群众文艺爱好者和群众文艺骨干。2007年，“江南之花”被原文化部授予社会文化艺术政府最高奖——群星（服务）奖；2017年被授予“全国文化馆（站）优秀群众文化活动品牌”称号。

“周末大舞台”是马鞍山市文化馆开展的又一个群众文化品牌活动，这个活动在我市也连续举办了10年，“周末大舞台”的主旨是“周末大舞台，有才你就来；周末大舞台，有你更精彩”。“周末大舞台”活动点燃了我市广大群众文艺爱好者参与文化、建设文化、享受文化的激情，同时也发掘了一大批群众文艺新人新作，取得了很好的社会美誉度。

十年芬芳，十年绽放。“周末大舞台”这个活动平台，让马鞍山市市民齐集一堂来展示自我风采，不仅丰富了市民的精神文化生活，也充分展示了马鞍山市作为第一批国家公共文化服务体系示范区和安徽省唯一一个国家公共文化服务标准化试点城市的风采。2018年，“周末大舞台”综艺大赛被安徽市委宣传部评为马鞍山市优秀群众文化活动品牌。“周末大舞台”活动不仅繁荣了马鞍山市群众文化活动、促进了马鞍山市的先进文化发展，同时也树立了我们群众文化工作者的良好形象。我们文化馆人争取通过自身的努力，将“周末大舞台”打造成为马鞍山市又一个群众喜爱的群众文化活动品牌。

同样有着30年历史的“李白诗歌节”也是我市的一个群众文化品牌活动。自1989年马鞍山举办首届中国国际吟诗节开始，马鞍山市在每年重阳节期间，都组织国内外的诗歌爱好者汇聚在这座诗城，凭吊诗仙李白，吟咏怀古览胜。从此马鞍山市被中国诗歌学会称为“中国诗歌之城”。

马鞍山是诗歌之城，爱好诗歌创作的市民达 2000 多位，比较有影响的有欧震、杨健等一批新生代诗人。据不完全统计，十多年来，马鞍山市出版了 50 多部诗集。诗歌如今已经渗透到学校、家庭、社会生活的各个方面，深入人们的生活中。有一两岁的小儿呀呀学语，却已在父母的教导下琅琅吟读诗歌了；刚上幼儿园的小朋友，亦在老师的指导下，开始了传统诗歌文化的启蒙；从小学到初中到高中，古诗诵读是每个学习阶段必不可少的课程……在马鞍山人的成长过程中，诗歌以其独特的魅力，影响着每个人的心灵，同时也传承着这座城市的文化基因。

上述三个群众文化活动都是在马鞍山市反响很大、市民参与度很高的品牌性群众文化活动，每年这些品牌活动的开展，不仅带动了全市群众文化活动的开展，而且极大地丰富了我市群众文化活动。所以，群众文化活动不只是生活方式，更是一种精神价值，它的意义在于给心灵以启迪，给精神以力量。在这个歌的世界、舞的海洋、诗的城市里，文化凝聚起马鞍山市转型发展的巨大正能量，激发了干部群众干事创业的精气神，营造了崇德向善的社会氛围，“聚山纳川、一马当先”的城市精神得到了市民的广泛认同和响应。

品牌文化具有很高的凝聚力和号召力，是群众文化工作爱好者通过长期文化活动的开展而在人们记忆里留下的一种无形资产。随着我国社会经济持续增长快速发展，人民群众对生活与居住的要求及标准愈来愈高，文化活动的形式也在不断变化与创新，树立品牌意识在不断增强，文化活动开展质量及活动效果也不断提高。可见，群众文化活动品牌的树立需要长期的坚持，在此基础上发掘当地的文化特色，同时借助新兴的网络技术与激励手段，不断提高群众文化工作者的创新意识及创新手段。

品牌活动开展得好、建设得好、传承得好，可以更好地丰富群众文化活动，更好地满足群众的精神文化需求。

浅析群众文化活动的吸引力

作者 // 尤元春
单位 // 马鞍山市雨山区文化馆

群众文化活动源远流长，生命长存，它随着历史的发展逐渐演变、蓬勃发展。群众文化活动具有强大的吸引力，是由于其能充分地满足各类人群求知、求乐、求美的需要。为此，笔者在从事群众文化工作实践中有以下深刻感悟和体会。

一、广泛的参与性

随着社会的进步、经济的发展和人们生活水平的提高，人们对文化生活的需求日益显得迫切和强烈。广大群众需要人际交往，需要自我表现，群众文化活动在形式和内容上都具有这方面的社会性，它能满足人们在这些方面的需求。

一方面是社会和谐了，生活好了，闲暇时间多了，广大人民群众需要愉悦身心，需要交朋结友，欢乐聚集，消磨时间，群众文化活动正好能够满足这种需求。

另一方面是一部分离退休的人群，他们寻求众人牵手在一起谈笑风生、展现自我才华、欢欢乐乐地展现自身的存在价值，群众文化活动能满足这类人的需求。其次是还有不少单身男女青年平时上班忙，时间紧，空闲少，交往圈子小，他们想通过参与群众文化活动扩大交友范围。群众文化活动也有可能满足这种需求。因此，群众文化活动对以上人群具有强烈的吸引力。

二、丰富的多样性

群众文化活动内容丰富，形式多样，如文学、音乐、戏剧、曲艺、美术、书法、摄影、唱歌、跳舞、游艺、棋牌、灯会等。另外，还有包罗万象的各种文化活动比赛等。这种多样的特点，能够充分满足不同年龄、不同性别、不同爱好、不同职业、不同层次群众的需求，因而具有强烈的吸引力。

三、较强的吸引力

群众文化活动无论在哪一个历史阶段，都呈现出独特的时代特色和功能作用，其形式和内容也随着历史的发展而发展。我们知道，在抗日战争时期，全国人民高唱《松花江上》《义勇军进行曲》；抗美援朝时期《志愿军战歌》《当祖国需要的时候》等歌曲唱响了祖国大地，都是为当时的政治服务的。改革开放以来，群众文化活动从形式到内容都有了较大的变化和发展，逐渐演变成当今的大好局面，如今它也有了新的内涵，但对人们依然具有吸引力。

愉悦身心是人们共同的需求，不论年龄大小，无论富贵贫穷，无论职业差异，无论文化高低，都需要愉悦身心。愉悦能消除疲劳，使身体得到休息，使紧张的神经得以放松，使单调烦闷的心情得到平衡。群众文化活动能适应人们这一普遍的需求，其吸引力是不言而喻的。

另外，以文学艺术为主要内容的群众文化活动，包含着丰富多彩的艺术美观学和社会审美学。人们通过文化活动产生美、学习美、欣赏美和积累美，逐渐提高个体的美学情趣和审美能力，树立崇高的美学道德和审美需求。

群众文化活动最大的特点是寓教于乐。人们通过文化活动，不仅能学习文艺、科普知识、提高技艺，而且能使相互认识深化、情感净化、道德高尚，进而实现自我教育、自我完善、自我创造、自我解脱。众所周知，群众文化活动是多层次的，不同群体都可以参与，尽情表现自我文化艺术方面的知识、技艺和才能。因此，使群众文化活动对需要自我表现的人具有吸引力。

群众文化活动除了要遵守社会道德、政策法规及活动规则之外，它没有考勤制度、任务压力、工作紧张和困难挫折及人事纠纷的烦恼。业余自愿，来去自由，没有约束，对有业余时间的人们具有吸引力。

综上所述，群众文化活动有如此众多的优点——广泛的参与性、丰富的多样性、较强的吸引力，所以对人们产生了强大的吸引力。为此，我们从事群众文化工作者必须真正认识群众文化活动的特点，在增强吸引力上下功夫，促进群众文化活动顺利而健康地发展，让群众文化活动为社会主义经济建设和精神文明建设做出更大的贡献。

嘉兴

文旅融合视域下文化馆景区分馆建设探析

——嘉善县文化馆云澜湾分馆建设个案研究

作者 // 戴旭锋
单位 // 嘉善县文化馆

人们常说："文化是旅游的灵魂，旅游是文化的载体。"一句话道出了文化与旅游之间的紧密联系。对于既是浙江省全域旅游示范县，也是文化馆总分馆服务体系实践地的嘉善来说，如何在文旅融合的背景下延伸总分馆的服务职能，提高公共文化服务的覆盖面，是摆在我们面前的一个创新课题。经过调研，笔者拟从完善文化馆总分馆服务体系建设入手，将文化馆的公共文化服务与旅游景区的服务融合，探索在旅游景区建设文化馆景区分馆，以促进公共文化服务，提升服务效能。

一、基础分析

1. 文旅融合相关法规为景区分馆建设提供政策依据

2016 年印发的《关于推进县级文化馆图书馆总分馆制建设的指导意见》（文公共发〔2016〕38 号）指出，要注重引导社会力量参与总分馆制建设，鼓励具备条件的学校、机构、企业在自愿原则下成为县级文化馆或图书馆的分馆；2017 年 3 月实施的《中华人民共和国公共文化服务保障法》第二十五条指出，"国家鼓励和支持公民、法人和其他组织兴建、捐建或者与政府部门合作建设公共文化设施，鼓励公民、法人和其他组织依法参与公共文化设施的运营和管理"；《国务院办公厅关于促进全域旅游发展的指导意见》（办发〔2018〕15 号）也强调了"推动旅游与科技、教育、文化、卫生、体育融合发展"。综上所述，推动县域内文旅资源的融合，推进文化馆总分馆制建设，发挥县级公共文化机构的辐射作用，提高公共文化服务的覆盖面已经成为一种政策共识。

2. 文化馆总分馆体系完善为景区分馆建设提供了建设思路

嘉善县自 2014 年启动文化馆总分馆服务体系建设以来，县域内文化馆总分馆体系已经运行多年，“两员”队伍已实现全覆盖，出台了《文化馆总分馆服务体系管理规范》，各项制度比较完备，体系化运行已经形成。如何让总分馆从体制内的“县—镇—村”三级体系延伸到体制外的企业具有一定的创新挑战。根据嘉兴市文化馆总分馆服务体系实践取得的相关经验，可以按政府主导、企业主体、共建共享、因地制宜为文化馆景区分馆建设原则，去拟定其服务功能、服务方式、服务内容和运行管理等方面的建设意见，使文化馆景区分馆建设既在原有架构下实现了体系延伸，也在建设标准上实现和原有规范的对接。

3. 企业良好的资源条件为景区分馆建设提供了现实基础

云澜湾景区是嘉善 AAAA 级旅游度假景区，共有员工 600 多人，年游客接待量 100 多万人次，景区所在的云澜社区共有住户 1200 多户。景区以文化旅游为亮点，配备专业的宣传、演艺服务人才，建有近 2000 平方米的公共文化活动场馆，每年举办的演艺类、展示类活动达 100 多场次，其中有：包含戏曲元素的主题酒店、举办雅集的云澜美术馆、推广传统文化的了凡书院、开展“五艺”传承的演艺中心。该景区也有意愿通过建设文化馆景区分馆开展更多公益性文化传承和体验活动，在服务广大游客的同时保障广大企业员工及周边百姓的文化权益，提升公共文化服务的覆盖面。

综上所述，在该景区开展文化馆景区分馆建设，推动公共文化服务向企业延伸，符合文旅融合的大文化背景，具备试点建设条件，也是相互促进、相互提升的双赢做法。

二、建设原则

建设好文化馆景区分馆需遵循以下原则：

1. 政府主导、企业主体原则

公共文化服务“是指由政府主导、社会力量参与，以满足公民基本文化需求为主要目的而提供的公共文化设施、文化产品、文化活动以及其他相关服务”。由此可见，文化馆景区分馆建设也必须坚持政府主导原则，坚持正确导向，做好顶层设计，体现文化引领的作用，符合社会主流价值观。坚持企业主体原则体现在坚持企业自愿，发挥企业在景区分馆建设上的积极性和主动性。文化馆景区分馆建设需企业整合文化空间，协调企业的文化资源为公共文化服务所用，突出公益性，在关注企业发展的同时实现社会效益的最大化。

2. 共建共享、融合发展原则

本着“能融则融、能融尽融”的原则，公共文化服务和景区的公共服务融合体现在服务理念的融合发展、文化设施与服务内容的共建共享等方面。景区分馆建设应树立大文化理念，在充分利用文化馆总馆公共文化服务资源的同时，将同属于公共文化服务的图书馆、博物馆、美术馆等场馆服务延伸到景区分馆，既能解决景区的文化服务内容偏少、品质偏低、泛娱乐化倾向严重等问题，也可以让公共文化服务链向企业延伸，产生辐射效应，惠及更多的群众。

3. 因地制宜、体系服务原则

根据企业文化特色立馆，强调因地制宜。景区企业应当结合自身文化资源及特色服务内容，主动与文化馆总馆对接，通过总馆的指导和资源联动增强景区分馆的内涵和特色，形成区域内文化馆景区分馆多样化、立体化的发展格局，并将文化馆景区分馆建设纳入县域文化馆总分馆体系，由县镇两级文化馆总分馆负责指导、协调和联系，实施总馆对景区分馆的绩效考核，突出分馆运行的实效性。

三、建设路径

如何在文旅融合与总分馆制之间找到共通点，创新服务方式，建设文化馆景区分馆，使文化馆的公共文化服务和景区的自身资源整合，变成本地公共文化服务增量，笔者建议从以下路径实施：

1. 定位理念，厘清职责

文化馆公共文化服务和景区旅游的公共服务互有交叉，从文旅融合的视角来看，两者能形成互补、互促的局面。因此在文化馆景区分馆的建设上，首先要定位理念，厘清职责。

其一，定位理念。有生命的旅游必定是以文化为核心的旅游。因此景区的文化分馆建设应定位在公益服务上。根据服务对象的需求特点，景区文化分馆应及时转变工作思路，在做好公共服务质量提升的同时努力做好文化传承，创设更多符合公共服务和景区发展的文化参与及体验项目，在提升景区品质的同时不断满足人民大众对美好生活的向往。

其二，厘清职责。将景区分馆纳入县域文化馆总分馆服务体系，就明确了景区分馆将承担公共文化服务的职能。所以在满足景区服务的同时，景区分馆也应完成以下的工作职责：在文化馆总馆的指导和支持下，按统一规范和要求，履行文化艺术辅导、文化活动实施、文化项目承办、特色文化建设等分馆职能，积极为本企业职工及游客、住户等相关人员开展公共文化服务，协调企业文化资源积极参与社会文化资源配送服务。

2. 明确架构，整合资源

要运行一个景区分馆，组织架构是基础，做好梳理发展目标，整合现有资源，明确分工任务，才能让机构运行走上正轨。

其一，明确组织架构。景区分馆由县级文化主管部门发文成立，规范命名为嘉善县文化馆云澜湾分馆，使用现有文化馆总分馆服务体系形象标识，并明确分馆的组织构架和管理人员：设分馆馆长，接受文化馆总馆的指导，参与总馆工作例会，做好景区分馆的管理工作；设景区文化员，接受文化馆总馆的业务指导和所在镇（街道）分馆的业务联系，参与总馆培训，以景区文化员为纽带来实现上情下达、下情上传；组建文艺部室和团队，对接文化馆总馆，让景区文化活动和公共文化服务等常态化；加强镇（街道）分馆与所辖景区分馆的联系。

其二，整合现有资源。优化景区的公共服务资源，根据需要将云澜湾景区的设施、人员、项目重新整合，提高文化阵地的利用率，提升公共文化服务从业人员的素质，增加公共文化服务的覆盖面和景区文化馆分馆的资源共享。比如在公共服务设施和信息服务上，在协商沟通的前提下，兼顾好双方的使用需求，把文化馆公共文化服务设施建设到景区，将旅游咨询、线路推荐嵌入公共文化服务场所；再比如把属于公共文化服务的城市书房、美术馆、非遗体验馆、传统文化体验资源、流动文化服务输送到景区分馆，实现县域内公共文化融合推广，为旅游注入更富吸引力的文化内容，让游客在旅行中获得多元化的文化体验和个性化的文化分享。

3. 融合服务，打造品牌

将景区的服务跟文化馆的公共文化活动相互融合，打造出文旅融合下景区分馆的服务品牌，不仅可以让公共文化服务更接地气、更有人气，同时也可以提升文旅融合的社会效益和经济效益。

第一，基础化服务。根据公共文化服务要求，每个文化场馆都要免费开放，公示服务时间。由于景区的特殊性，在免费开放上可采用企业优惠门票、政府补贴运行的形式执行，增加景区夜游服务；免费提供艺术培训、图书阅览、展览展示、非遗体验和 WiFi 等，开放景区的公共设施，使文化服务功能效益最大化，提升服务品质，并将景区分馆的所有公共服务项目列入文化馆总分馆服务目录。

第二，特色化布局。每个景区都有自己的特色，将景区特色与公共文化服务融合，坚持景区分馆特色化布局、差异性发展的原则，更好地促进旅游，弘扬文化，服务于民。如利用云澜湾公共开放场地开展文旅融合的展示、推介，建设当地文化、传统文化的体验平台，让非遗项目走进景区，使市民和游客能够零距离感受非物质文化遗产的独特魅力；建设具有个性化或较高艺术水准的文化设施，如电影院、音乐厅、美术馆等，引进艺术家设立工作室，开展读书会、文学社、书画社、艺术团活动等，让单纯的观景式景区产生有美景、有情怀、有温度的文化旅游体验。

第三，品牌化打造。以品牌化活动助推景区分馆项目化运行是提升服务效率的有效手段。比如云澜湾研学活动项目。该项目在服务内容上将非遗传承展示和景区的研学旅行活动相结合，推出了九大区域、五项课程研学实践，既让景区增加了旅游的内容和品质，又可以通过非遗项目在景区的展示让更多的人参与传习和体验，弘扬了地方传统文化；又如举办云澜湾草地音乐节，或者创作一场文化巡游作为景区保留节目，把嘉善的田歌文化、窑文化、水乡风情等结合进去，增加参与式、互动式的内容，为景区打造独具特色的文化旅游品牌。

4. 落实保障，规范运行

为确保景区分馆的有序运行，总馆通过制定运行制度、保障人员配置、落实运行经费等相关措施，推动文旅融合下景区分馆开展资源整合、联动服务，促进公共文化高质量发展。

第一，制度保障。制定分馆的公共文化服务规范及分馆业务工作规范，落实例会制等制度，管理好分馆公共文化服务阵地，开展免费开放服务，明确年终由游客、社区、总馆三方参与做好绩效评估，突出社会效益和服务满意度。

第二，人才保障。除了配备一个景区分馆馆长之外，景区分馆还应以企业内聘、总馆下派或者文化志愿者服务等形式配置至少1名思想政治素质过硬、作风正派、有一定文艺专长和管理能力的景区文化员，主要负责分馆的日常管理和文化活动的联络策划、组织实施，负责开展员工文化艺术培训及企业文艺团队组建、表演创作指导等特色文化服务等。

第三，经费保障。县文化主管部门应通过文化馆总分馆服务体系建设等渠道为景区分馆建设和运营提供必要的经费支持，也可以根据每年的绩效评估结果对合格的景区分馆提供奖励。景区分馆可根据实际承接政府部门向社会力量购买服务的公共文化类项目，鼓励规模较大的景区分馆采用委托运营的方式进行专业化服务管理。

四、建设意义

文化馆景区分馆的建设是一个新的课题，打破了公共文化服务的传统边界，让公共文化服务从体制内向体制外延伸，以文旅融合扩大文化馆总分馆公共文化服务的朋友圈效应，让游客在饱览美景的同时享受到公共文化服务延伸带来的好处。

1. 延伸了文化馆总分馆服务体系

公共文化服务是一种“以人为本”的服务，景区分馆融文化馆、图书馆、博物馆、美术馆等多馆公共文化服务为一体，形成本地公共文化服务的增量。主客共享式的文化馆总分馆景区分馆服务不仅能满足本地群众的基本文化需求，也能满足游客体验异地文化的需求，延伸了文化馆总分馆服务链，扩大了公共文化的覆盖面，在融合中补齐了公共文化服务的短板，提升了文化馆总分馆体系运行的社会效益。

2. 打造了文旅融合的示范样板

以文化馆景区（企业）分馆为试点实践打造文旅融合示范样板，有效解决了文旅融合“两张皮”的问题。一方面景区的服务不仅能够有效丰富公共文化产品供给，还能扩展公共文化的服务范围和对象，丰富服务载体和手段，推动公共文化服务效能提升；另一方面景区成立文化分馆，深植文化基因，做好文化服务，不仅无形中提升了景区的文化内涵与形象，而且有力地推动了地方文化的传播交流，既让游客游得更久，也让文化走得更远，让景区成为更有品位的文旅融合示范样板。

3. 积累了企业文化分馆的建设经验

经过云澜湾景区分馆建设的运行实践，对于建设文化馆总分馆服务体系企业分馆，我们得到以下几点启示：

第一，保障企业职工的文化权益是企业分馆的建设出发点。企业职工在为企业和社会创造经济价值的同时也有更多的文化需求，让企业职工也能共享公共文化服务的福利，让社会的优质文化资源向企业输送延伸，保障职工的身心健康，形成企业文化品牌，促进企业发展和社会和谐，是企业分馆建设的价值所在。

第二，文旅融合创新发展是企业分馆建设的着力点。企业分馆建设可以有基本的建设标准，但不适宜也没必要搞“一刀切”。根据企业自身特色，把原来的活动空间进行景区化改造，增加必要的文化设施，引入文旅资源，实行免费开放，支持申报企业景区，打造集文旅一体的公共文化服务的工业旅游的新景点，成为企业吸引职工、留住职工、惠及职工的网红打卡地点。

第三，主体选择与制度设计是企业分馆建设的关键点。企业是企业分馆运行的主体，建设企业分馆需要企业自身有意愿且具备建设的基础条件。建成的一个企业分馆可以服务一个企业，也可以服务一个园区，辐射周边百姓，企业文化员可以独立配置，也可共享使用，通过制度设计规范企业分馆的运行，强化总分馆之间的联系，做到信息互通、活动联办、资源共享。

五、结语

文旅融合是新时代文化发展的大趋势，文化馆总分馆服务体系作为现代公共文化服务的创新项目也应该在补齐服务短板、创新服务方式、扩大全民艺术普及度上有更多有益的探索与实践。嘉善通过文化馆景区分馆建设，积极探索公共文化服务和旅游公共服务在设施、服务、内容和管理上的融合，实现“文化+旅游”双轨驱动，使得景区文化分馆在服务好游客的同时将公共文化服务扩展到更多的群众，既推动了地方文化的弘扬，又助力了企业的公共服务，两者优势互补，融合共享，发展共赢，从而达成“打造好景区，让旅游引进来，提升好服务，让文化走出去”的文化馆景区分馆建设目标。

参考文献

［1］陈慰，巫志南. 文旅融合背景下深化公共文化服务的“融合改革”分析［J］. 图书与情报，2019（4）.

［2］专家说·聚焦公共文化发展新动能. 中国文化报［N］. 2019-11-07.

［3］毕绪龙. 论文化和旅游融合发展的六个关系. 文旅融合：公共文化服务新动能论集［C］. 北京：国家图书馆出版社，2019.

新形势下数字化建设和“文化走亲”结合发展探析
——以“线上文化走亲”为例

作者 // 顾　欢
单位 // 嘉善县文化馆

走亲，是中华传统民俗，是亲戚间联络感情、互相慰问的一种亲情交流方式。10 多年前，全国各地掀起“文化走亲”的大潮，政府主导、社会各界参与，以演出、展览等各种形式开展不同区域间的文化交流，一时之间构建了一种“相熟、相助、相融、相亲”的群众文化交流格局。如今，“文化走亲”已然走向全国，在地域相连、经济相融、文化相近、人缘相亲的江浙沪、渝鄂湘黔等地，文艺节目串门演出、文艺骨干互换互访、大学生支教交流，“文化走亲”开展得如火如荼。但是 10 年多发展下来，各地“文化走亲”形式渐渐单一，逐渐雷同一律。一方面，随着互联网技术的不断发展，数字文化馆成为时代发展的必然要求和产物。数字文化馆的建设为公共文化服务的发展带来了巨大的影响，通过融合互联网技术与文化发展，实现了线上线下的交流与互动①。这就给下一个 10 年“文化走亲”怎么走提出了新方向、新思路。另一方面，2020 年年初的一场疫情，无形中对文化馆数字化建设提出了更高要求，线下文化活动无法开展，线上文化活动“不断档”，如何运用互联网技术，通过线上平台开展文化活动，成了各地文化馆的第一要务。

一、“线上文化走亲”应运而生

2020 年 2 月开始，各地文化馆积极转变文化活动开展方式，创作了大量覆盖面广、有针对性、多样化的文艺内容，出现了“线下关门，线上开花”的场面，其中，文化走亲与文化馆数字化建设的结合成为新

① 郎建鹏. 浅析“互联网+”时代下文化馆发展策略和机遇［J］. 戏剧之家，2019（13）：243.

亮点。

3 月，嘉善县文化馆推出“文化走亲　云端悦展”，半年时间，与浙江省内的台州天台、金华兰溪、舟山普陀、温州苍南，以及省外的上海浦南、江西九江、新疆沙雅等地开展走亲系列展览，嘉善的“遇见西塘”风情摄影展“去往”这些地区，而天台的“镜像唐韵　诗旅天台”摄影展、兰溪的“水墨兰乡　画意兰溪”摄影展、普陀的“幸福普陀　风情海乡”渔民画展等展览“来到”嘉善，以视觉艺术作品展览为媒介，以“云端文化走亲”为手段，开展“线上文化走亲”。

4 月 20 日，杭州市下城区文化馆和沈阳市和平区文化馆携手举办“区域联动·乐享云端”“线上文化走亲”活动，两地老师、学员及众多网友在云端相遇，以乐会友，老师即时为学员进行示范。4 月 28 日，杭州市下城区与沈阳市和平区文化馆推出“线上文化走亲”活动，为喜爱文艺的群众送去了一场华美的艺术盛宴，让音乐在云端发声。同时，杭州市下城区文化馆还与贵州黎平、广东韶关等地开展“区域联动　乐享云端”两地“线上文化走亲”活动，推出“抖音线上连线互动”。

二、“线上文化走亲”开辟文化馆数字化建设新渠道

1. 传播速度快、范围广

“线上文化走亲”是利用互联网技术、结合传统文化走亲产生的新事物，它以互联网为依托，以计算机为载体，充分利用数字化技术进行传播，在微信公众号上发布对方的展览，在数分钟内就可传播至几百人、几千人，范围也不局限于走亲两地。

2. 局限性小、方式简单、节约资源

因其具有数字化传播的特点，与传统文化走亲相比，“线上文化走亲”打破了文化馆的时间及空间限制，局限性变得越来越小，操作模式变得更加简单，从而有效节约了资源，可以随时随地建立、完成。以嘉善县文化馆“文化走亲　云端悦展”为例，嘉善县文化馆在半年时间内完成了省内台州天台、温州兰溪等，以及省外江西九江、新疆沙雅等多地的“线上文化走亲”展览共计 12 场，如果在线下操作，人力、经费等将投入更多。

3. 文旅融合新动能

早在2009年，原文化部与国家旅游局联合发布的《关于促进全域文化与旅游结合发展的指导意见》中就有这样的表述：“文化是旅游的灵魂，旅游是文化的重要载体。”文旅融合，文化为魂、旅游为体、技术为用，“线上文化走亲”也成为文旅融合发展的新动能。以嘉善县文化馆“文化走亲　云端悦展”为例，云端展览增进了双方群众对彼此的认识，展现了两地的文化魅力，促进了两地的相互交流。一名看过线上展览的文艺爱好者说：“这样的走亲展览方式灵活，让老百姓足不出户就能领略到祖国各地的美丽风光、风土人情，看过之后，有种想去当地一游的冲动。”

三、“线上文化走亲”浮现新问题

“线上文化走亲”作为文化走亲和新媒体的结合，是符合时代潮流的，是文化走亲未来发展的新方向，目前发展势头大有可为，但新兴事物势必会出现一些新问题。

1. 形式单一

传统文化走亲因其开展时间较长，又具有扎实的基础，在十几年来长久的发展繁荣中，已经形成了较为稳定的模式，而“线上文化走亲”作为新兴事物，还处于萌芽状态，内容较为单调，形式较为单一。以往“文化走亲”从内容上来说，有文艺演出、展览展示、培训交流，从形式上来说，有选亲、招亲、送亲、结亲、留亲等，而“线上文化走亲”，目前看来，只有两地线上展览、演出，以及直播平台连线互动等较为简单的形式。

2. 互动少，流于形式

“线上文化走亲”因其形式局限于网络，不像传统文化走亲那样可以进行面对面的交流，真实的互动量减少。2019年，嘉善县文化馆赴丽水庆元开展山海协作文化走亲活动，无论是非遗展示，还是文艺演出，都受到当地群众的欢迎，当地群众能直观地感受到嘉善的文化魅力。有观众表示，虽然没有去过嘉善，但是却感觉跟嘉善很亲。就目前来看，“线上文化走亲”还达不到类似的效果。而为了完成“线上文化交流”这一项目，也容易造成为了走亲而走亲的局面，使“线上文化走亲”流于形式，浮于表面。以线上文化走亲展览为例，后期各文化馆复制粘贴之前的“展览”情况出现，拷贝即完成，流于形式。

3. 成效无法体现

传统文化走亲在实地开展，无论是展演展览，还是培训交流，都能实现纵向互动、横向交流，达到全民参与、全员覆盖，全面提升数量和质量的效果，效果也是直观的，而“线上文化走亲”开展后，产生的效果无法立马体现，两地的群众反应如何？走亲的目的达到与否？走亲的意义实现与否？都不得而知。

4. 群文工作者、群众参与度降低

文化走亲活动本身增加了广大基层群众参与文化、享受文化的机会，是群文工作者和群众之间的一座桥梁，是文化惠民的一场盛会。文化走亲活动中，群文工作者和群众广泛参与，一批文艺骨干得到锻炼提高，由此壮大了基层文化力量，而“线上文化走亲”人数受到限制，在“你来我往”的减少中，无论是群文工作者、文艺爱好者，还是群众，真正参与其中的人数大量减少，这就降低了广大基层群众参与文化、享受文化的参与度。

四、“线上文化走亲”问题对策探析

作为文化馆数字化建设推进中的一个新模式，“线上文化走亲”是一个非常必要的转型。新事物的产生必然会浮现新问题，积极面对这些新问题，并进行对策探析，是其稳定良好发展的必要条件，有其深远意义。

1. 回归文化走亲本源——“走”，更具“针对性”

“线上文化走亲”的重心并不是线上，不是传统文化走亲套上数字化的外套就变成了线上文化走亲。它是基于“文化走亲”的一种“互联网+”新模式，并不是说线上的就是不“走”了，要回归文化走亲本源——“走”。

国之交在于民相亲，民相亲在于心相交。如果“线上文化走亲”一味依靠互联网，而忽视了本源，那么这种新模式也就失去了意义。

在开展“线上文化走亲”之前，选取有过走亲基础的地方，或者在“线上”之前进行一次传统意义的文化走亲，走进当地，走近当地群众，了解当地的民俗特色、风土人情，感受当地的文化氛围、人文气息，这样，在开展“线上文化走亲”活动时，也会更有“针对性”和“方向性”。

2. 注重“结对”和“常亲”，更具“系统性”

传统文化走亲注重“结对”，意义重在“常走常亲”。“线上文化走亲”也并不是“一次性产品”，虽然“线上文化走亲”贴上了互联网时代特有的快速便捷标签，但是不代表“线上文化走亲”就成了速食产品，过度推崇速度和效率，也代表着毛躁和虚浮。

“线上文化走亲”也要“常走常亲”，在基于“走”的基础上，要有“系统性”。以嘉善县“文化走亲　云端悦展”为例，仅仅与一个地方开展一次云端展览的“线上文化走亲”是较为单薄的，在此基础上可以进行更深层次的线上走亲交流，例如展览云上评鉴、云上视觉艺术培训交流等。

3. 充分利用“线上”优势，重视“参与性”

享受和参与结合，不仅仅通过线上的平台给予群众文化享受，更要让群众参与进来，而参与方面，线上平台恰恰是有其自身优势的。以云端展览为例，开通交流平台，让欣赏展览的群众有咨询、请教的地方；开通上传通道，群众能够上传自己的作品，请专家对其进行线上点评。这样的创新形式，充分利用了互联网的优势；更重要的是，群众的参与度获得了极大提升，由此群众的积极性也大为提高。

“文化走亲”作为一项可全民参与的文化活动，可以在企业、村、镇、县、市之间交流互动①。相比于传统的“文化走亲”，“线上文化走亲”更应利用好互联网的广泛传播优势，在各地区之间广泛宣传、开展走亲活动，让更多的群众参与进来、互动起来，而不是“走马观花”“一看而过”，文化因传播而繁荣，文化因交流而精彩。如果把互联网优势最大限度地运用到“文化走亲”上，那么“线上文化走亲”或将成为一项真正全民参与的文化活动，有利于全民艺术普及。

4. 重实效、轻形式，更富“长效性”

文化走亲旨在探索一种互动、共进、更富长效性的文化交流模式。活动制定了明确的原则：坚持以“文”为媒，重在惠民；坚持以“走”

---

① 叶辉，俞海萍. 文化走亲，走出文化大繁荣——湖州公共文化服务体系建设调查［N］. 光明日报，2014-4-8.

为要，重在交流；坚持以“亲”为旨，重在共进①。

无论是以“文”为媒、以“走”为要，还是以“亲”为旨，文化走亲的最终目的一定是“长效”，这就决定了“线上文化走亲”无论怎么追求新形式、变换新方式，最终的落脚点还是要更富“长效性”。

建立一定的长效机制，不流于形式，注重实效性，重视实际意义。长效机制不是一劳永逸、一成不变的，它必须随着时间、条件的变化而不断丰富、发展和完善。简单的一次“线上文化走亲”效果并不明显，要有比较稳定、配套的走亲制度体系和有推动这套制度正常运行的“内生动力源”，即要有积极推动和监督运行的组织，在开展“线上文化走亲”时，不能光靠数字化部门来完成“线上文化走亲”，要和传统走亲一样，建立一套完善的“线上文化走亲”制度，成立一支专门的团队。

综上所述，“线上文化走亲”作为文化馆数字化建设的一个新方向，优势明显，只要能够始终秉持“文化走亲”的原则与内涵，注重“走亲”实质，充分利用互联网技术优势，将“线上平台”与“文化走亲”从内到外融合，那么“线上文化走亲”必定能发挥其最大作用，成为文化馆数字化建设的一大亮点，从而创新公共文化服务模式，助推全民艺术普及。

---

① 邢映纯，陈培娜. 以文为媒走亲戚 ——潮州市文化走亲活动走笔（一）［N］. 潮州日报，2014-10-27.

当前境域下地方文化馆行业组织构建初探

作者 // 黄　放
单位 // 嘉兴市文化馆

在一系列改革、创新、发展之探索与实践的推动下，文化馆已然获得了进一步深化改革的土壤与空间，当前各级政府提供的政策支撑及文化馆行业自身发展现状亦增强了文化馆建立相应行业组织的必要性与可行性。在当前境域下，建立规范的现代化行业组织是文化馆创新发展的直接动力。尤其是在一部分因条件、环境制约，尚不及创建文化馆总分馆制、理事会制的省份或地区，构建地方性的文化馆行业组织不失为当然之选。本文首先对文化馆发展所处的当前境域、构建之必要性与可行性进行阐述和界定，继而对文化馆构建行业组织的前置因素与后驱动力予以浅要分析，借此对文化馆构建行业组织的当然原则与应然策略展开深入思考和初步探索，以期为当下亟须建立相关行业组织的地方各级文化馆提供有效的参考或借鉴，抑或兼而产生些许规避误区、厘清困惑、衍生更多可能的价值。

一、构建文化馆行业组织的必要性与可行性

1. 必要性

（1）组织构建是地方文化馆深化改革的内在要求。

一个事物的产生不论有多少源自外界的可见和潜在力量，其自身内在的需求原动力是该事物萌生的首要必然条件，也是触发事物生成、发展的根本因素。文化馆发展至今，既有贯穿几十年漫长发展、演变而形成的历时性轨迹与规律之指引，亦有当下境域内各种有利因素合谋而生的共时性契机与要素的支撑，因而使得行业组织的构建既是文化馆顺应当前发展趋势自由而生的必要之举，亦是文化馆持续深化改革、加快自身现代化构建的内在要求。

（2）行业组织是地方文化馆公共服务的重要助力。

文化馆置身于公共文化服务体系范畴之内，其公共性这一首要社会属性日益彰显。为实现文化馆提供均等、标准的公共文化服务，以及保障居民基本文化权益这一公共目标，需要地方政府部门与社会组织共同注力，合力而治。在地方政府相关部门监督管理的同时，行业组织可以沟通协调之方式形成助力，共同寻求治理规范、定位清晰、结构合理、服务专业的文化馆建设、发展之路。

2. 可行性

（1）当前境域使然。

构建文化馆行业组织的可行之势首先是当前境域使然。以当下情势而论，大到时代背景及所处主流语境与视阈限度，再至文化馆当下发展形势，由此汇合形成的当前境域均为文化馆行业组织构建提供了丰茂的生存土壤与广阔的空间。“中办”“国办”2016 年便已就加强文化领域行业组织建设印发了指导意见，要求加强文化领域行业组织建设；全国文化馆协会的成功运作和建设经验为地方文化馆行业组织的构建提供了可供参考和借鉴的优良范本；近年来全国各地创建之势日盛的文化馆总分馆制、法人治理均已显现成效，文化馆的治理与发展越来越多地呈现出公共社会管理的特性，社会力量与组织机构从更多方位参与到文化馆建设。在此境域下，专业、规范的文化馆行业组织应然可生。

（2）构建条件成熟。

文化馆非新生之物，经过几十年的漫长发展，文化馆经历了多种体制与形式的破立、尝试与流变，尤其是在近些年的大力建设与大胆改革下，文化馆行业已然步入成熟、稳定的快速发展轨道，其管理制度更为规范，服务方式日益多样，创新能力逐渐提高，无论是外部政策环境还是内部技术介质均已趋向成熟，基本能够满足各地当前文化馆构建行业组织所需的充要条件，构建之势如导水入渠。

二、构建文化馆行业组织的前置因素与后驱动力

1. 前置因素

（1）前瞻视角。

在一个社会制度发展成熟、事物依内在规律产生和发展的时代，以

具有高度前瞻性的开阔视角为文化馆行业组织的构建与制度设计提供依据与支撑是毋庸置疑的先行之举。高度开阔的前瞻视角和理论视阈及专业的制度设计不仅可减少和规避创建中后期不应出现的错误与偏差，更可为文化馆行业组织的未来建设探寻更长远、更开阔的发展前景。

（2）开放思维。

足够的开放性与包容性是当下文化馆创新求变之路上最该具备的文化之维、发展之态。应摒弃狭隘浅陋、故步自封的陈旧思维、落后观念与态度，以开放的、包容的、思变的思维构建更具现代意义的文化馆行业组织，为文化馆的时代嬗变和动态发展寻求多元、多重、多向维度的可能性。

（3）自治理念。

自治性是行业组织最本质的特性，因而自治理念应当是行业组织构建的前置条件。文化馆行业组织构建之初，应当高度尊重其依法依规原则下的自我组织、自我管理、自主活动的自治权。也唯有真正尊重行业组织的主体地位和享有权利，才能真正实现成立、构建文化馆行业组织的初衷，真正激发其内在活力与发展动力，真正发挥其存在的作用与价值。

2. 后驱动力

（1）领导力。

此处所讨论的领导力不是指地方政府或文化主管部门在文化馆行业惯有的行政领导力，而是指行业组织本身在文化馆行业领域内所应当具备的领导力，是行业组织在行业领域内所具备的公信力、把控力、平衡力和影响力等相关能力的综合体现。唯有具备可信的领导力的行业组织方能真正对所处行业领域有所裨益。

（2）执行力。

文化馆行业组织的构建既需要事前的可行分析，更需要持续的后驱动力。执行力是建立在行业组织具备领导力的前提之下的另一后驱动力。无论是政策规划、行业规则还是文化馆服务规范及标准的制定与实施，均需一以贯之、不容忽视的执行力在地方域内推行，方能规避行业组织形如虚设，确保文化馆行业内约定秩序的建立与推行。

（3）创造力。

此外，文化馆行业组织自身的创造力也是保证行业组织后续活力、持续发展的重要依托。文化馆行业本身就是一个以艺术创造力为生命动力的行业，且文化馆近年来的管理、运作模式便处于一个不断创新的阶段，因而建立在此行业特性之上的文化馆行业组织更需要具备充沛的创造力与创新力，方能与文化馆行业相适应和相匹配。

三、构建文化馆行业组织的当然原则与应然策略

1. 当然原则

文化馆行业组织在构建之前便应考虑和遵循基于其自身事物属性、形式逻辑、规范目的内在而生的当然道理和原则，以获得更顺应其道、更合理可续的建设构想。

（1）紧密关联性。

毫无疑问，文化馆行业组织的结构体系、制度设计、职能定位等各方面与文化馆相关事务、业务紧密关联，协调处理文化馆在日常管理与活动之外产生的社会文化事务，协助地方政府部门制定符合当地发展实际的文化馆行业政策、规范与标准，对文化馆作为公共文化服务供给方提供的产品和服务的质量、水平、群众满意度等基本情况和社会效应进行监督和评估，并对外公布评估分析结果，促进文化馆行业规范运行和良性发展。

（2）不可替代性。

构建文化馆行业组织必须遵循的另一个当然原则是其不可替代性。众所周知，在当下的文化馆管理模式与创新尝试中，文化馆总分馆制、文化馆理事会制等创新模式已在诸多文化馆先行实践并取得显见成效。但总分馆、理事会等体系和机构大多倾向于参与文化馆内部事务的管理和决策，而创建较早、体系较为成熟的群众文化学会等社会团体则更多地致力于文化馆相关学术理论研究和基础知识普及，在处理文化馆社会事务方面甚少涉猎。而更多地进入社会公共空间、更多地涉足公共管理事务、更多地与社会其他领域产生关联、更多地面对社会公众多元的文化诉求是今后文化馆发展的可见态势。因此，文化馆在面对未来更广泛发展路径与前景的内在需求下成立相应的行业组织具有必然的不可替代的作用。

（3）相对独立性。

如前所述，作为民间性社会团体的行业组织，应当具有较高的相对独立性。而文化馆行业本身相较于其他公共事务而言就具有相对的专业独特性，故而其行业组织更当有别于隶属于政府部门的文化管理机构，其组织、事务、人员、经费均应在法定范围内实现内部自我管理，一般不由政府直接运作。政府可合法监督，加大扶持力度，优化构建环境，但应给予相对独立的空间和自治权限，以此提升行业组织的自我发展能力与自治能力。

2. 应然策略

（1）构建理念应与文化馆发展方向相一致。

文化馆行业组织的构建理念应当具备高度且开阔的理论前瞻性，与文化馆今后较长时期内的发展方向及发展态势保持一致。从近年来各级政府在文化馆等文化事业单位机制体制改革方面所做的行业规划和已经或即将推行的相关政策来分析，可以预见的是文化馆在新的历史时期将需面对的跨体制、跨领域、跨专业的转型升级是文化馆建设和发展的必然趋势和方向，新的社会人文环境、科技应用手段、公众文化诉求都将对文化馆建设与发展提出新的诉求，影响文化馆的前行方向。在此境域下，文化馆行业组织的构建理念势必应当贴合文化馆未来的转型与发展方向，在构建之初对文化馆发展趋势与前行方向做出合理的预测与评断，在构建理念、设立宗旨等方面力求与文化馆发展方向保持高度一致。

（2）顶层设计应与文化馆创新思路相适应。

文化馆当下正处于一个加快机制体制改革的创新时期，诸多传统制度桎梏不断被打破，更多革新中的管理运作模式、公共服务模式、数字化应用手段日益呈现新的生机。因此，文化馆行业组织的构建初期，其构架设计不仅应当适应文化馆的创新思路，更应当以开阔的前瞻视角对行业组织的定义、属性、权责地位、系统构架、制度与流程设计等顶层维度进行充分的理性论证并予以明确界定，为文化馆提供更多有价值、可操作的规范性指导意见与创新性思路启发。这也应当是文化馆构建行业组织的意义旨归。

（3）职能定位应与文化馆运行模式相匹配。

在文化馆行业组织构建过程中，还应进行精准、明确、恰当的职能定位，使之制定的相关权利、义务、行规、标准、业务范围等具体实施细则与同时期文化馆的运行模式、体系架构、管理制度、服务内容及形式相匹配。此外，对于当地文化馆已经创建了总分馆制度、理事会制度并已成立群众文化学会的地区或城市，在因当地文化事业发展和文化馆建设需要而构建行业组织的过程中，更应理性、谨慎地处理与政府、其他文化组织或机构及文化馆的多边关系，客观、合理地定位、规范其职能，既能与其他部门、组织机构互相补充，互相协助，又应在相互平衡中充分体现自身的不可替代作用。合理、精确的职能定位正是其专业化的具体体现。

综上所述，如何为文化馆行业组织寻求合理化的构建意义和存在价值，如何设定并发挥其真切作用与影响，是本文试图探讨的问题。以前瞻的理性视角和客观的审度判断来规避文化馆行业组织构建过程中可能出现的背离与错位，以专业的理论认知和明晰的制度设计来把握其构建及发展的脉络和走向，是本文之要旨。

参考文献

［1］中共中央办公厅 国务院办公厅. 关于加强文化领域行业组织建设的指导意见［N］. 中国文化报，2017-5-12.

［2］陈雪，李玉刚. 试论文化馆行业组织的构建与完善［J］. 信息周刊，2018（14）.

非遗传承“三课一忆”机制的海宁实践

作者 // 沈益平
单位 // 海宁市文化馆

《中华人民共和国非物质文化遗产法》明确“非物质文化遗产”（以下简称“非遗”）是指各族人民世代相传并视为其文化遗产组成部分的各种传统文化表现形式，以及与传统文化表现形式相关的实物和场所。我国非遗项目蕴含着中华民族特有的精神价值、思维方式、想象力，体现着中华民族的生命力和创造力，是全人类文明的瑰宝。

浙江海宁历史源远流长，文化遗存丰富，是良渚文化发源地之一。在这片600多平方公里的潮乡沃土上，孕育并蕴藏了斑斓多姿、匠心独运的非遗。这些非遗凝聚着海宁人民的艺术才华和智慧结晶，也彰显了海宁深厚浓郁的地域文化和精神内涵，更是所有海宁人民引以为豪的宝贵财富和情感追求。近年来，海宁市作为浙江省非遗保护综合试点县，坚持走“传承与创新相结合，保护和发展共促进”非遗保护发展之路，积极探索实践“三课一忆”机制，即群众通过非遗汇课厅、非遗传承课堂、非遗体验课程，唤起对家乡传统文化的美好记忆，从而有效提升非遗保护水平。截至2020年10月，海宁市拥有各级非遗代表作名录138项，其中人类非遗1项，国家级3项，省级12项，嘉兴市级31项，海宁市级91项。

一、非遗传承“三课一忆”机制的构建

随着时代的发展，当前非遗保护面临着新的问题，非遗如何融入现代生活？非遗如何助力乡村振兴？非遗如何助推文旅融合？这些问题都对非遗保护工作提出了新的要求和更高的标准。按照《关于实施中华优秀传统文化传承发展工程的意见》《海宁市“新时代文明实践”工作实施方案》部署和要求，海宁市着力探索非遗传承“三课一忆”机制运行，

从“新时代文明实践”工作需求出发，创新非遗传承实践活动模式。

1. 搭“三课”平台

“三课”指非遗汇课厅、非遗传承课堂、非遗体验课程。通过平台的搭建，传者“有生可授”，学者“有艺可学”，使海宁非遗的“传”和“承”得到健康有序发展。

（1）非遗汇课厅。在海宁市非遗场馆内汇聚着全市最具海宁地域特色的所有非遗精品课程，长期开展授课培训，定期进行展示汇报评选。采取优胜劣汰的评价体系，确保非遗传承队伍更加专业化，传承形式更加多元化，传承内容更加高质化。

（2）非遗传承课堂。在海宁各镇（街道）文化分馆、成人技术学校及非遗保护基地挑选辖区内最具代表性的非遗项目长期开展传承教学活动，保证广大传承人（民间艺人）有传授技艺、施展才华的舞台。

（3）非遗体验课程。对海宁全市各农村文化礼堂（社区文化家园）采取统筹设置、自主点单的形式配送非遗体验项目，满足广大群众了解非遗和学习技艺的需求。

2. “忆”美丽非遗

“忆”指广大群众通过“三课”的非遗传承实践，切身感受美丽海宁非遗，并唤起他们对家乡传统文化的美好记忆。

（1）匠人展示“忆”初心。非遗传承人（民间艺人）在活态展示中，使千百年来的传统技艺得以重生再现，让人追忆起昔日工匠大师的初心。让始终坚守的匠人得到荣誉感、幸福感和获得感的同时，也吸引更多的年轻人加入非遗传承保护队伍，使得非遗传承达到可持续性发展的目标。

（2）学员传承“忆”技能。学员长期接受传承者的口传心授，领略优秀传统文化的魅力，并深刻地牢记掌握非遗的精髓所在。经过传承者的传帮带，他们不仅是普通学员，还可以作为非遗传承者，亲自参与到非遗保护中去，从而实现非遗传承的全民化参与。

（3）群众体验“忆”乡愁。非遗来源于民间生活，是根植于民间的活态文化。“三课”实践活动让以前人们所熟知的传统技艺重新展现，普通民众在参与非遗传授和体验时，能唤起他们对“老底子”生活的美好乡愁，助力乡村文化振兴。

二、非遗传承“三课一忆” 机制的实践运行

非遗最大的特点是不脱离民族特殊的生活生产方式，是民族个性、民族审美习惯的“活”的显现。它依托于人本身而存在，以声音、形象和技艺为表现手段，并以身口相传作为文化链而得以延续，是“活”的文化及其传统中最脆弱的部分。因此对于非遗传承的过程来说，人的活态传承显得尤为重要，而“三课一忆”机制正是以传承人口传心授为主，通过实践把非遗的根留住，让文化基因得到延续。

1. 搭建机制框架

组织成立项目组，多次听取海宁市文旅体局、非遗专家组成员意见，确定具体项目实施方案。梳理“三课一忆”机制框架，确定在市级建立“非遗汇课厅”、镇级设立“非遗传承课堂”、村级配送“非遗体验课程”，开展不同类型的非遗传承实践活动。

2. 精选非遗课程

结合清明、蚕俗、端午、中秋等传统节日，从海宁非遗项目中精心挑选出一批以海宁皮影戏、硖石灯彩为代表并具有鲜明地域特色和形态特征的非遗实践课程。课程以汇报展示、传承教学、项目体验为主，力争做到全市每镇（街道）有特色，每月有主题，每周有内容。

3. 健全传承队伍

根据“三课”类型特点，从全市非遗传承人（民间艺人）和非遗学徒中挑选出 80 名作为志愿服务者，组建起一支业务精湛、乐于奉献、传承能力强并集老中青于一体的非遗传承队伍，发挥他们在传承历史文脉、传播优秀传统文化、传递社会文明新风尚等方面的重要作用。

4. 融合“三课”资源

融合“三课”资源优势，相互联动，相互弥补，既可以纵向下沉授课，也可以横向课程共享，还可以跨级上调展示。推荐精品课程积极参加国内外交流活动，以展现海宁非遗风采，提升影响力。还经常邀请国内知名非遗专家进行授课，为海宁非遗把脉问诊、指点迷津。

三、非遗传承“三课一忆” 机制的实践成效

非遗保护和传承不是虚无缥缈的概念，也不是仅仅体现为传承人活动的个体行为，而是落在实地、通过无数生动有力的实际活动体现出来

的社会实践。海宁市探索“三课一忆”机制，为广大群众提供了高质量、常态化、全覆盖的非遗传承实践，让本土优秀传统文化真正实现活起来、传下去，并取得了一定的成效。

1. 扩大传承群体，提升非遗影响

通过“三课一忆”机制实践，极大地提高了广大群众对非遗的保护意识，也吸引了更多的群众参与到海宁非遗的传承保护中去。2019 年，在“三课一忆”机制构架下，共举办海宁皮影戏、硖石灯彩、农民画、风筝、蓝印花布技艺等非遗传承实践共 89 期，3300 多人参与培训和体验，非遗展示活动 7 次。组织海宁非遗国内外交流活动 20 次，海宁皮影戏、硖石灯彩远赴新西兰等地参与交流展示。受疫情影响，2020 年创新举办了“三课一忆”2020 海宁非遗实践“云课堂”，让非遗传承人（民间艺人）与学员相约在“云上”，让学员足不出户就能感受到传统工艺的精华，领略海宁非遗的魅力。“云课堂”采用短视频、语音、图片、文字相结合的方式，将这些最具中华优秀传统文化味道的知识点，“掰开揉碎”讲给屏幕前的观众听。“云课堂”在海宁市文化馆微信公众号上陆续推出海宁皮影、硖石灯彩、海宁皮贴画、蚕茧画等课程，已推出 20 期，5000 余人在线上参与培训。“云课堂”的推出弥补了疫情防控期间无法开展线下培训的空白，也丰富了广大群众的文化生活，不仅受到群众的喜爱和欢迎，还得到了《中国文化报》、中国文明网、光明网等主流媒体的纷纷点赞。另外，根据海宁非遗题材创作的文艺作品《茶壶灯》《皮影情》《钱塘铁臂护家园》，在省、市级比赛活动中频频亮相、获奖，使得非遗成为海宁地域文化的优秀代表。

2. 健全队伍建设，提升传承活力

通过“三课一忆”机制实践，使非遗传承人（民间艺人）的专业素养和技艺水平都得到了较大提升。特别是一批以中青年为代表的非遗传承人（民间艺人）的快速成长，给海宁非遗传承注入了新的活力。2019 年，海宁非遗传承人（民间艺人）在国家级非遗比赛中获奖 4 项，省级获奖 9 项。中青年海宁皮影传承人张靓、高娟琴在全国木偶皮影优秀剧（节）目展演中分别获得优秀操纵表演奖；“90 后”灯彩艺人费志涛制作的硖石灯彩《四圣阁》获浙江省民间文艺最高奖“映山红奖”；青年艺人徐芦燕受邀参加 2019 年“文化和自然遗产日”非遗宣传展示全国（广州）主会场活动和第二届中国国际进口博览会的皮影制作技艺展示。2020年，海宁非遗实践“云课堂”的开设，让更多的年轻艺人有了自我展现和自我锻炼的舞台。“云课堂”主要以视频录像的教学形式，授课者不仅仅需要娴熟的技艺，还需要有清晰的教学思路和流利的普通话，这对年轻一代非遗传承人（民间艺人）来说具有较大的优势。再加上青年人良好的自身形象及教学的创意性，“云课堂”受到了年轻人的追捧和喜爱，使得这些非遗课程在青年学员群体中得到了快速传播，给海宁非遗的传承增添了更多的活力。

3. 重视长期培训，提升品牌效能

通过“三课一忆”机制实践，学员经过长期的系统培训后技艺进步明显，传承效果显著。2019年，斜桥镇中心小学的“皮影小传人”在第三届全国少儿皮影传习成果展演活动中荣获银奖；由学员组成的皮影戏表演队分别赴江苏省丹阳市、浙江省金华市婺城区和武义县参加“文化走亲”演出活动；海宁农民画学员10件作品入选省级画展，20余件作品县（市）级获奖和入选；海宁皮贴画学员举办了2次皮贴画优秀作品展。另外，“三课一忆”帮助海宁教育系统对老师开展硖石灯彩和剪纸培训，以此在全市中小学校进行推广。其中硖石灯彩40位学员参加了海宁市第三届“潮乡民艺”非遗传统工艺品及衍生品创作设计大赛，与众多灯彩传承人和专职学徒同台竞技，角逐奖项；数名剪纸学员参加了第三届全省学校剪纸邀请赛，并获得佳绩。海宁市各镇（街道）还通过“三课一忆”非遗实践课堂，纷纷打响了自己的“一镇一品”，如袁花农民画、海洲皮贴画、丁桥滩簧、尖山草编等，都成了当地文化旅游宣传的一张金名片。2020年，在2019年的基础上进行“一镇一品”的推广，如硖石的灯彩、许村的庙会、斜桥的剪纸、周王庙的蚕俗、长安的运河文化等，争取在全市十二个乡镇得到全覆盖。

疫情防控期间群众文艺创作的几点思考
——以基层群众美术作品创作为例

作者 // 唐　昀
单位 // 嘉善县文化馆

2020年新春佳节之际，新冠肺炎疫情席卷全国，举国同心共同战“疫”。1月中下旬开始，各地方美术馆和文化馆纷纷号召群众美术爱好者拿起画笔共同抗击疫情，发挥艺术抚慰心灵的作用。但因组织仓促、比赛模式雷同、主题重复等问题，让一些群众形成了“疫情当前、文艺无用”的观点。

事实上，在人类与战争、疾病、自然的抗争中，总是缺少不了艺术家的身影。世界美术史上关于战争主题的名作，都因其震撼人心的力量而将美术推向新的高度。如何将基层群众文艺作品创作推陈出新，提升一个新高度，是值得基层文化馆（站）长期研究的课题之一。

一、当前群众美术作品创作的现状

随着老一辈民间美术大师的凋零，群众美术创作后继无人的状况愈发严重。当代基层群众美术作品创作能力不足。受过专业美术训练的后辈，不安于继承传统现状，纷纷去做设计师或者走商业化道路。当前群众美术作品画面色彩越来越艳丽，画工越来越工整，甚至出现了模仿、复制，根本看不出当地特色。传统基层群众美术作品中的本真、情感、原始粗犷等内容一一缺失。

随着经济发展、公共文化服务推进，群众文艺创作比赛作品展览举办红火，越来越多专业职业画家进入群众美术作品创作行列。但是群众美术作品创作看似火热，实质上群众参与感越来越淡薄，基层传统特色在消逝，各地的群众美术作品大同小异，毫无特色。

二、当前群众美术作品创作者的特性

疫情防控期间，各类群众文学几乎都是与疫情主题相关的作品，而备受议论的还是群众美术作品，因其曾暴露出许多问题，一度被推向风口浪尖。因此，笔者分析了当前群众美术创作的几个缺点：

1. 创作者积极性不高

随着公共文化服务内容不断丰富，各地群众美术比赛和展览犹如雨后春笋一般涌现，创作类型多、范围广，群众美术创作者帮各地政府赢得了不少荣誉。同时，美术创作者本真的创作越来越少，画面越来越政府化和商业化，感觉如同加工工厂，创作者像流水线上的员工，毫无创造性可言。最终，群众美术创作者们的积极性越来越低，甚至有些优秀作者开始不喜欢美术创作，转行做其他工作。

2. 创作者视野狭窄

群众美术活动明显增加后，有些创作者开始“追逐名利”，参加比赛只看奖金多少，再决定是否参加。甚至有参赛者为了取得好名次，刻意去打听评审喜好，根据评审喜好去改变绘画方式。个别群众美术创作者取得一些成绩后，便沾沾自喜甚至自傲。比赛中，如果被评委或者美术评论家批评，有些群众美术创作者不肯虚心接受专家的建议，也无心提升创作水准。

3. 美术作品缺乏艺术内涵

经典美术作品都富有艺术内涵，集中地体现了创作者的审美经验、审美意识和审美创造。而现在，很少有群众美术创作者会去考虑作品的艺术内涵。疫情防控期间的美术作品，尤其是出自基层创作者的作品，题材撞车的很多，有些创作者直接将一线记者的照片描摹成美术作品。有的将 17 世纪荷兰画家约翰内斯·维米尔的画作《戴珍珠耳环的少女》改成《戴口罩的少女》，这一类型的画作国内最早出现在非典时期的微博上，今年疫情防控期间此类画作涵盖了油画、水彩、蜡笔画、电子海报等。而真正通过作者思考创作出来的作品，少之又少。

4. 创作者不重视基本功培养

不管是民间美术还是殿堂级艺术，要创作出优秀的作品都需要深厚的基本功。美术的基础是素描。基本功除素描之外，还应该包括色彩认知、一定的创作能力和美术理论知识。对于一些手工艺人，还应有一定的国画、书法基础。可是，很多基层群众美术创作者没有系统学习过基本功，又不愿意花时间去学习基础知识。只有夯实基本功，努力沉淀才能创作出优秀的作品。

三、繁荣基层群众美术创作发展对策

随着公共文化的深入发展，繁荣基层群众美术创作发展，离不开政府部门的扶持，建立和完善有效的奖励机制，促进基层群众美术创作发展对策如下：

1. 加强政府部门持续性扶持力度

群众文艺创作离不开政府的重视和扶持。有了政府部门的持续性扶持，繁荣基层群众美术创作发展便指日可待。

2. 文化馆应发挥培育导向作用

繁荣基层群众美术创作者队伍，需要文化馆发挥好培育导向的作用，可以学习各类美术高校培养美术生的打造模式，每年定个研究课题，与基层创作者一起研究打造具有当地特色的作品，使他们持续保持群众美术的创作力。文化馆需带好群众美术创作者队伍，引导他们夯实专业基础，让创作之路越走越宽。

3. 多方位组织培训班

文化馆可以多方位组织培训班活动，积极组织交流活动，也可以组织作者在文化馆通过互联网观看各地博物馆、美术馆，通过互联网视频会议组织线上文化交流活动。让作者感受各地文化，开阔眼界，更加了解自己的创作视域，在不断的学习培训中增强创作能力。

4. 努力挖掘基层真正特色

对于基层群众美术作品创作者来说，如何创作出具有当地特色、符合当地文化馆和文化站要求的作品，是值得思考的问题。可现如今，创作者普遍急于求成，没有耐心挖掘符合时代特色、符合当地特色的作品。因此，文化馆需要带领创作者静下心来，认真了解地方特色，挖掘时代特点，努力产出具有地方特色的群众美术作品和能够真正流传下去的作品。

5. 加大对青年作者的扶持力度

近年，基层群众美术作品创作者普遍年龄偏大，青年作者普遍融入不进基层作者群。年轻人大胆创新的美术作品，有时难以获得老一辈作者的认可。文化馆可以借鉴美术类专业院校的管理模式，每年制定研究课题，引领老一辈基层创作者和年轻一辈的创作者一起合作完成，既能互相学习，以新启老，让老一辈基层创作者了解到最新的美术技法，又能以老带新，让年轻一辈的创作者了解老一辈的创作手法是如何产生的，从而将基层美术作品创作手艺传承下去。

随着社会的快速发展，信息壁垒和空间壁垒被打破，把全民创作推向高潮，各地的文化馆（站）需要起到普及和挖掘人才的作用。期待各地文化馆（站）积极发挥主观能动性，共同促进文化馆（站）群众文艺创作走向，更好地满足当下人民群众对群众文艺创作的需求。

参考文献

［1］李冰洋. 欧洲浪漫主义文艺思潮视域下的音乐与文学的比较研究［D］. 南昌：江西师范大学，2013.

［2］张颖. 有关素描和色彩的关系探索［J］. 美与时代（城市版），2014（4）.

［3］刘军. 推动我国公共就业服务均等化的认识和建议［J］. 中国劳动. 2011（9）.

“经编布贴画”的传承与创新

作者 // 张　辉　童程东
单位 // 海宁市马桥成人文化技术学校、 海宁市马桥中心小学

海宁市马桥街道历史悠久，人杰地灵，境内有两条南北流向的主干河流，分别是麻泾港和桐木港。马桥在麻泾港和桐木港的滋润下，创造和积累了丰富的非物质文化遗产。非物质文化遗产是以民众口耳相传的方式世代传承的与民众生活密切相关的各种表现形态的文化。这种文化浸润着不同时代民众的世界观和社会理想与憧憬，承载着民众的智慧和人类的文明，体现着中华民族的民族精神、思维方式和文化传统。

从文化意义上讲，非遗传统手工艺是中华民族情感和理想的载体，是民众愿望和审美的具体表现，是我国文化艺术的源头和根基。继承发展和弘扬传统手工艺，也是世界文化发展的趋势，因为传统的民间文化是民族精神和情感、民族特质的直接表现，是民族亲和力、凝聚力之所在。工艺美术是一种活态文化，承载了民族的造物智慧，是民族文化的生动表征，是民族乡愁的载体。在文化转型和城镇化背景下，工艺美术的传承与发展更关系到如何用文化和艺术来涵养我们的经济和文化产业，使传统文化中精神的、心性的、情感的及道德的种种软性的构成成为民族发展的动力，具有工艺匠心传承的现实意义。

从美学意义上讲，非遗传统手工艺是有深厚文化底蕴和根基的，它是一种内敛的美、含蓄的美，符合我们中华民族的审美观。课题组充分利用各种媒体和展览介绍和展示传统手工艺的制作过程与传统手工艺精品，打破时间的隔阂，让现代人慢慢熟悉它，慢慢体会出它跨越时空的美。长此以往，全社会保护和传承传统手工艺的风气就会形成。

习近平总书记指出，“中华优秀传统文化是中华民族的突出优势，中华民族伟大复兴需要以中华文化发展繁荣为条件，必须结合新的时代条件传承和弘扬好中华优秀传统文化”，强调“要推动中华文明创造性转

化、创新性发展，激活其生命力”。

一、传统布贴画的发展

1. 布贴画的历史概述

传统布贴画在海宁民间源远流长，特别是在海宁马桥一带广泛流传。布贴画是古老的民间工艺，造型、色彩都很独特，具有很高的艺术价值。布贴画除具有其他绘画的一切特点外，还具有自身的特点。它充分利用布的颜色、纹理、质感，通过剪、撕、粘的方法表现抽象形象，色彩独特，具有笔墨不能取代的奇效，集工艺性、艺术性于一体。

2. 布贴画的基本分类

传统布贴画可以分为人物类、动物类、植物花卉类、山水风景类，民间故事传说类和喜庆吉祥类等。展现人物的作品有：农家女、传统仕女、母与子等。反映动物的作品有：天上飞的金龙、凤凰、仙鹤、小鸟等；地上跑的鸡、鸭、猪、狗、羊等。植物花卉类有：睡莲、白玉兰、荷花、牡丹等。山水风景的作品有：古城、宝塔、鱼鳞石塘、月色、冬雪等。民间故事传说的作品有：八仙过海、嫦娥奔月、六子争福、五子登科等。喜庆吉祥的作品有：吉祥如意、吉星高照、家和万事兴等。

3. 布贴画的现代发展

近年来，布贴画这门古老的民间艺术经过不断探索，又焕发了青春。它在原来的基础上融入了现代审美意识，无论在题材形式、线条造型、色彩搭配和制作工艺等方面都有了新的突破和发展。布贴画的特点就是“贴”，通过粘贴组合展现美的时空，体现艺人的想象力。同时也创造了新的艺术表现形式，它着力追求造型细腻大方、色彩艳丽柔和、做工精细考究、寓意喜庆吉祥。它继承传统绘画艺术风格，把民间艺术和现代艺术有机结合，既吸收了西方仿真油画的细腻手法，也更多地融入了中国画的工笔艺术和“大写意”之风，注重手工染色和布料色彩的合理搭配。从而使作品造型逼真大方，色彩艳而不腻，寓意悠远雅致。它用大胆夸张的手法把仿真刺绣和民间布贴画结合起来，创作出极富立体感、错落有致的艺术品，赋予作品极高的装饰性，给人以强烈的视觉冲击和美的感受。

二、经编布贴画的特征

现在，海宁中国经编产业园区的存在为传统布贴画提供了创新的动力源。经编产业园区是一个以经编针织为主的新兴工业园区，经编及相关企业占企业总量的85%以上。目前，园区已经打造成为“世界经编之都”。

1. 经编布的分类

经编布从外表来看有两大种类：其一，外表美观，布面粗疏，有很多孔眼，透气性强，由于花形多，所以比较适合作为装饰织物。其二，布面细密，市场上也比较常见。一般选择化纤为原料进行纺织，产量高，用作印花布或者包覆织物。

经编布从材质来看具体可以分为五个小类：

（1）涤纶经编：保留涤纶的部分特点，布料比较平挺，触摸感强，穿起来很有型。颜色种类多，有薄款、厚款之分，因此，风衣、西装套装、长裤等衣服也适合用这样的面料。

（2）起绒经编面料：这种比较适合用在冬装衣物上，因为织物的特点，容易清洗，干起来也比较快。布料厚实，触手很有质感。

（3）网眼经编：它的优势在于弹性强还有很好的透气性，主要用于夏季的衣物，而且它非常轻薄，非常适合作为夏季衬衫的面料。

（4）丝绒经编：它比较适合作为冬装面料，触感柔顺亲肤。

（5）毛圈经编：适用性比较广，具有很强的保暖性及吸湿性，手感比较厚实。

2. 经编布贴画的选料

经编布类的质地、色彩、肌理拓展了传统布贴画的创作手法，为这一古老的民间艺术提供了创新的土壤和营养。

在创作经编布贴画时，重在布的肌理和工艺加工上，因此对布的选择显得尤为重要。经编布贴画的肌理表现可直接体现不同的特性和质感，呈现自然的肌理之美。只有面对材料去思考，才能更好地利用材料的特性和质感来创作，而材料的内涵同样蕴藏在材料的肌理之间。

首先，在经编布料的选择上，要选择符合作者创作意图与表现情趣的“布”，各种质感的布料都蕴含了一定的形式美感。如果选材得当，既能有力地表现主题，又能起到强有力的烘托作用。例如表现一种具有简约、亲切、粗犷的主题就需要运用涤纶经编布料。运用这种面料使人具有亲近自然、返璞归真的感觉。运用涤纶经编这种富有光泽的面料，可以获得意想不到的艺术效果。那种闪动的光感，使画面呈现一种浪漫的情调，让人心情愉悦。这些都是经编布的本身肌理、质感给人带来的一种联想，在作品的制作中要充分利用这些联想，以引起观者的广泛注意和兴趣。

其次，要想做好经编布贴画，必须综合使用各种面料。如在涤纶经编作为主要表现方式的情况下，适当搭配网眼经编和丝绒经编，根据作品做便出适当的取舍。在选择经编布料时，尽可能不要超出三种布料，避免产生画面的凌乱之感。综合考量，小心搭配，精雕细琢，就可能创作出相对精美的经编布贴画。

3. 经编布贴画的色彩

种类繁多的经编布料给贴画制作提供了丰富的色彩选择。

对于一幅作品而言，色彩是吸引人注意力的最重要的因素之一。而对经编布贴画而言，色彩也是一种肌理，色彩能引起人的联想性知觉。这种感觉是人类长期的生理感受所积淀的视觉经验，具有一定的共同性，可产生共鸣。色彩刺激能影响人的情感或情绪，如鲜艳明亮的色彩可以使人兴奋，灰暗浑浊的颜色则使人感到压抑，红色和黄色给人以温暖、热烈和喜庆的感觉，蓝色和紫色给人以寒冷、沉静的感觉，绿色则给人以生机盎然的感觉。色彩的影响制约因素都是我们在创作过程中所要考虑的内容，在表现的时候既要有感性的构思，又要有理性的参考和调控。

在制作经编布贴画时，需要对画面的色彩不断进行“结构调整”，并且根据画面的需要进行换色。如将原来的纯色块换成灰色块，或将原来的浅色换成深色，或将原来的冷色块换成暖色块。英国艺术批评家兼画家拉斯金指出，每一种颜色都会因为你在另一个地方多加了一笔而发生变化。举例说某种局部的色彩，虽然它在一分钟之前看上去还是暖色的，当你在另外一个地方涂上了一层更暖一些的色彩时，它立即就会变冷。你刚把它涂下去的时候，它看上去或许是很和谐的，但当你再在它旁边涂上一种别的颜色时，它立即显得不调和起来。

在画面色块与色块的关系当中，色块与色块之间不是孤立存在的，而是一种相互依托、相互影响的关系，色彩是因为关系而存在的。因此在对经编布料的选择上，要充分考虑色彩的因素，使其更好地服务于画面的需要。

三、经编布贴画的发展前景

1. 经编布贴画的人才储备

经过前期的调查准备，马桥成人文化技术学校与海宁皮贴画创始人、中国民协会员徐荣大师进行了初步的探讨。咨询了市非遗中心相关领导和海宁市民协相关领导，他们都表示经编布贴画是一种推陈出新的民间艺术，有着广阔的发展前景。它集传统工艺和现代技术于一身，融古老与时尚于一炉，汇通俗与高雅与一体。徐荣大师正在研究设计创作经编布贴画，等待第一批作品完成，可以举行初步的开馆收徒成立仪式。

马桥街道各村还有许多心灵手巧的民间艺人，我们可以做个实地的摸排考察，争取他们的支持。还可以利用马桥中心小学教师和学生的资源，创编“经编布贴画”校本教材，在学校中开展教学和制作。

2. 经编布贴画的创新发展

“经编布贴画”还可以充分结合当下马桥经济文化教育等社会发展的大好形势，设计制作出大型浮雕式的作品，彰显大气与美好。

经编布浮雕是一种工艺装饰画，是一种创新性民间工艺。它运用多种独特的技能来完成工艺程序，填补了长久以来没有用布做浮雕的空白，也让布成为人类生活中更亮丽更有观赏价值的艺术品。经编布浮雕工艺画吸取了各种雕塑的手法，技术含量高，工艺技法复杂多变。它以工艺、美术、装饰为一体，吸取中西美术中各种技艺特点，把凹凸不平部位充分体现出来，表现出极强的、真实的立体感和自然感。为了让“布浮雕”作品产生立体浮雕感，应在贴好的布内创造性地填入腈纶棉。在构思、绘图、设计、制模等基础上，通过剪、刻、压、烫等一系列工艺来完成整件作品。

经编布浮雕工艺使传统的布贴画从平面走向半立体，有了古朴典雅的半立体效果，有了细腻多彩逼真的艺术效果和高雅大方的透视效果。

3. 经编布贴画的培训模式

（1）分班设组。

每班按值日生设立组长。把学员分成若干组，互帮互助。确定一个主题，并用纸画好图样，再找一张硬纸板。根据主题所反映的内容选用相应质地的布料。例如制作夏天内容的布贴画，应选用质地较薄的布，这样才能显示夏天的特征；制作小动物就需要选用质地厚的面料，如毛呢料子，并要指导孩子注意选用符合画中形象特征的颜色，如树干可用青绿或咖啡色，纹理最好是竖直的线条。把事先画好的形象剪下来，正面蘸上糨糊，贴在布的反面，然后用剪刀沿形象的轮廓线剪下来，粘在底板上。再用其他颜料剪出细小的部分，同样也贴好。如果需要的话，可用彩笔添画出其他部分。需要注意的是，在制作布贴画时颜色要搭配恰当。如果孩子色彩观念不强，可教孩子按实际物体的本来颜色拼贴布料；如果孩子色彩观念较强，可以让他自由搭配。还要注意的是，布局一定要合理，方法可参照绘画的布局方法。最重要的是，在剪贴时要注意安全，不要把手划破了。

（2）分阶段教学。

初级班：

① 创设良好的经编布贴画活动环境和心理氛围，培养学员对手工活动的兴趣。

② 发展学员手感的灵活性，左右手操作能力得到提高，促进学员全面发展。

③ 让学员学习简单的撕、粘、捏、折、剪等操作技能，在“经编布贴画”活动中逐步提高造型能力。

中级班：

① 增加“经编布贴画”的教育内容，进一步激发学员对经编布贴画活动的兴趣。

② 进一步发展学员手眼协调及手部肌肉控制的能力，进行刻、拼、拓、扎、贴等技能练习。让学员自主学习，自由探索，促进每位学员在经编布贴画活动中有个性地发展。

③ 通过“经编布贴画”系列活动，培养学员对美的观察力、理解力、感知力、鉴别力，加深对美的形式认识，积累大量关于美的形象的经验。培养学员做事专注、认真、仔细、耐心的良好品质。

④ 引导学员讲述自己的创作情感和自己的新发现，从各个角度介绍、分析、评价、展示自己和他人的作品（如内容、想象、新奇、独创、造型、色彩等），提高学员的口语表达能力和审美能力。

高级班：

① 让学员系统学习“经编布贴画”的各种表现形式和内容。培养学

员熟练地运用各种形式进行经编布贴画创作活动。

② 提高学员运用各种生活、自然、废旧材料进行形的概括、组合、变形的能力，进一步提高学员动手能力及观察力、想象力和创造力。

③ 通过“经编布贴画”教学活动，进一步训练学员手工制作的表现能力。

④ 有计划、有针对性地对学员开展“经编布贴画”教育活动，发展学员欣赏、评价美的能力。

⑤ 通过优化“经编布贴画”活动的教学方法，培养学员之间健全的人际关系和良好的合作与竞争能力。

（3）组办画展活动。

等到“经编布贴画”开发成功，我们可以在成校、经编大楼、市非遗中心等场馆举行展览。作品还可以参加各级各类的评比，大力培养本土人才加入各种艺术协会，争取培养出国家级会员。

操作示意图：

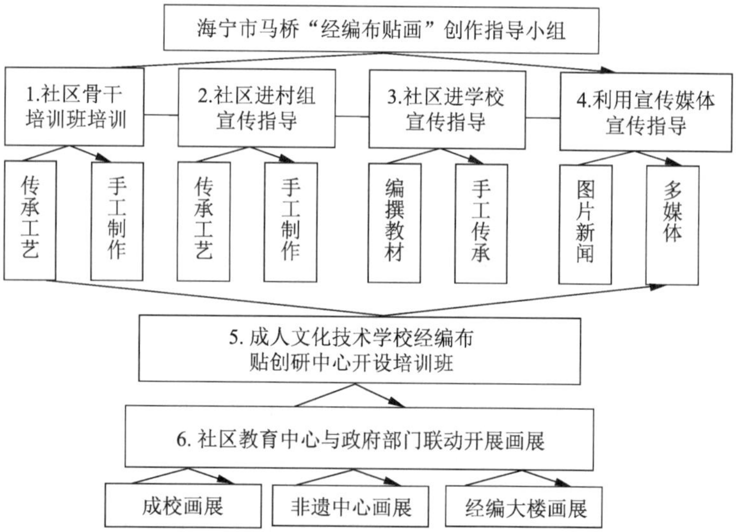

图 1　操作示意图

总之，海宁市马桥“经编布贴画”依托经编园区，有着雄厚的经济基础和丰富的原料来源。该画种可以开发成为“文创产品”，争取各部门的支持，走出马桥，走出海宁，走向全国，走向世界。

参考文献

［1］房艳. 布贴画的艺术探微［J］. 小说月刊，2019（2）.

［2］王晓. 布贴画艺术的基础教育创新微探［J］. 美术教育研究，2020（10）.

［3］裴钰. 民间手工艺题材纪录片的叙事研究——兼论个人作品《上党布贴画》［J］. 西北师范大学学报（哲学与人文科学），2020（6）.

保护中传承　利用中发展

——长三角一体化背景下嘉兴建设大运河文化带的优势、问题及建议

作者 // 邬鑫锋
单位 // 嘉兴市秀洲区文化馆

长三角地区包括上海、江苏、浙江、安徽一市三省，常住人口为全国1/6，经济总量占全国1/4，是中国最发达的经济区之一。大运河流经长三角1300多千米，占全流域的70%以上，经过15座城市近百座古镇，经济总量占大运河沿线城市的70%，对长三角地区的文化特性及居民的生活方式产生了深远影响。在当前长三角一体化上升为国家战略的背景下，运河文化带建设与长三角一体化建设必然互相融合、相互促进。嘉兴作为党的诞生地、红船起航之地，融入长三角大运河文化带建设对自身文化高质量发展至关重要。嘉兴融入长三角大运河文化带一体化的基础优势较好。

一、基础优势较好

1. 区位优势

嘉兴地处长三角中心腹地，是上海都市圈、环太湖经济圈、杭州湾经济圈的交汇处，既是地理中心，又是交通枢纽，一小时内可到达上海虹桥、上海浦东、杭州萧山三大机场，同城效应充分显现。目前，正在规划建设的沪嘉城际轨道“一号工程”、嘉兴军民合用机场等项目为积极推进提升综合交通运输能力和水平注入了强大动力。同时，嘉兴作为中国共产党诞生地和世界互联网大会永久举办地，每年吸引上百万来自全国各地甚至世界各地的游客前来参观、游玩，旅游业发展迅速。

2. 资源优势

目前，中国大运河项目已入选世界文化遗产名录，其中大运河嘉兴段有2处遗产点和6段河道入围。以秀洲区为例，该区王江泾镇的长虹桥

就是入围的其中一处遗产点。长虹桥作为大运河嘉兴段的起点，位于秀洲区王江泾镇东南侧，东西向跨大运河，是浙北地区平原软基上修建的最大石拱桥，具有悠久的历史和人文价值。

3. 平台优势

浙江省人民政府已正式发文批准设立嘉兴运河文化省级旅游度假区，为浙江省唯一以大运河命名的省级旅游度假区。该度假区将依托京杭大运河和独特的自然资源，着力发展旅游产业，以“传承运河文化、发展运河产业、激活运河经济、享受运河生活”为主旨，在总规划面积 32. 99 平方千米的区域内打造一个运河文化休闲度假地。

4. 立法优势

出台了《嘉兴市大运河世界文化遗产保护条例》。该条例共二十二条，规定了各级行政部门的保护职责，以及公民、法人和其他组织的保护义务。在随后制定的《关于大运河（嘉兴）文化带发展的实施意见》中更明确了“一核十镇百项千亿”工程建设目标，重点围绕一个中心城区和十个运河名镇建设，实施百个重大项目，带动千亿投资，在全市域范围内，着力推进大运河文化带发展，并提出到 2025 年，把大运河（嘉兴）打造成为世界文化遗产保护带、运河生态文明示范带、魅力文化旅游融合带和沿河开发开放经济带，塑造嘉兴“红船魂、国际范、运河情、江南韵”的城市新风貌。

目前，虽然嘉兴融入长三角大运河文化带基础优势较好，但仍存在一些问题。

二、存在的问题

1. 整体统筹规划难度大

长三角大运河文化带建设项目繁多，涉及江苏、浙江两省多个城市，涉及交通、水利、环保、住建、自然资源、旅游等多个部门，涉及文化、生态、经济等多个领域。在落实保护和开发利用责任上，主体过多，边界不清，职能交叉，工作协同难度大，影响保护和开发利用效果。这给长三角文化带一体化发展整体统筹规划带来了一定困难。

2. 大运河文化综合展示水平不高

传承大运河文化，不仅要有文物可看，还要有故事可听，更要有活动可体验。目前，江苏已获批建设大运河国家文化公园试点区，并争取到中国大运河博物馆落户扬州。中国大运河博物馆展厅面积达1.6万平方米，通过打造运河文化展示窗口，使其成为大运河沿线国家文化公园建设最重要的标志，同时通过积极推进扬州城国家考古遗址公园、大运河国际非遗文博园、隋炀帝墓考古遗址公园等文博园区建设，形成“一馆多园”的格局。而嘉兴目前尚无此类综合大运河博物馆可供游客参观、体验。

3. 大运河文化“智库”团队科研引领不足

目前，嘉兴对大运河遗产旅游资源开发的形式略显单一，尚无国内专业“智库”科研团队的引领指导，缺乏形成立体开发、综合开发的良好态势。而毗邻的江苏省，于2018年先后成立南京邮电大学大运河研究中心、大运河文化带建设研究院等专业科研机构，旨在统筹整合江苏全省的研究力量，为高质量建设大运河文化带提供思想和智力支撑。

三、建议

1. 做好“保护”文章，统筹机制列入长三角城市群发展规划

长三角大运河文化带一体化发展不是某个省或市单兵作战就能有效完成的，需要各级政府的通力合作。建议把长三角大运河文化带一体化发展列入长三角城市群发展规划，并编制长三角大运河文化带建设规划，从长三角一体化发展的高度和层面，完善大运河遗产保护工作机制，协调各省、市及各部门间的职责与责任，加强资源整合和统筹协调，统筹大运河文化带的保护与发展，为保证运河遗产的有效保护和合理利用承担自身应尽的职责和义务。嘉兴作为“初心之地”，各个部门更应共同协作，将嘉兴的旅游资源以党的诞生地为重点、以运河文化为纽带，把各县、市、区古运河段上的历史景点有机串联起来，融入长三角大运河整体文化带。

2. 做好“传承”文章，不断提升综合展示水平

一是挖掘好文化内涵。加强对大运河历史文化的研究，充分挖掘江南大运河文化对历史的重大影响及与中国漕运的内在联系，阐发大运河文化遗产的当代价值。建议嘉兴乌镇借世界互联网大会的东风建设数字运河馆，通过运用虚拟现实、增强现实等数字技术再现千年运河风貌。

二是构建体系化综合展。加快推进嘉兴秀洲区大运河博物馆（展示馆）落地建设，推进嘉兴运河文化省级旅游度假区建设，着力形成独具地域特色的大运河文化传播基地。同时，推进文化遗产活态展示和体验活动，吸引广大群众、学生积极参与。三是讲好运河故事。开展运河文化系列活动，收集好民间故事，挖掘好非遗项目，创作好文学和舞台作品，举办好一系列文体活动，展示嘉兴风采，演绎嘉兴风情。通过举办弘扬运河文化、传播本土风情、群众喜爱的论坛、节庆、庙会，以及举办运河文化旅游节、运河水乡摄影、“嘉兴走运”半程马拉松、运河骑行等活动扩大嘉兴大运河文化的影响力。

3. 做好“利用”文章，“智库”引领大运河长三角一体化高质量发展

嘉兴在大运河文化带“一核十镇百项千亿”计划的指导下，目前正稳步推进运河景观、生态廊道、培育旅游品牌等各类项目的建设工作，在项目推进中更希望得到专业科研团队的引领，以提升效果。建议成立长三角大运河文化带研究专业“智库”科研团队，指导引领全省科学规划与建设。同时，针对大运河公共政策、国家和地方战略的制定、区域协调发展政策的落实等一系列问题进行系统探索、研究、创新并提出战略建议，使嘉兴乃至全省在长三角一体化建设中脱颖而出。此外，将大运河作为激发嘉兴城市经济和文化发展活力的新要素、新动能，无缝对接长三角一体化重大战略，实现长三角城市群发展与大运河文化繁荣共同高质量发展。

参考文献

［1］上海市人民政府发展研究中心. 长三角一体化与高质量发展［M］. 上海：上海远东出版社，2020.

［2］李建平，杨文利. 图说北京大运河文化带［M］. 北京：经济科学出版社，2019.

［3］姜师立. 中国大运河遗产［M］. 北京：中国建材工业出版社，2019.

浅析疫情防控背景下文化工作者以文抗疫的使命

作者 // 俞　冰
单位 // 浙江省嘉善县文化馆

突如其来的新冠疫情，让人民的生产生活受到了巨大冲击，但在党和政府的关怀与领导下，全国人民众志成城，团结一致，终将在关键节点打赢这场疫情阻击战。

回顾疫情防控期间，由于病毒传播途径的广泛性，国家采取了诸如封城这样严厉的防控措施，旨在切断任何可能的传播感染途径。文化活动有其特殊性，其本身就依靠走亲交流的方式才能存续，乃至不断进步，发扬光大。切断传染途径也就是切断了文化交流发展的途径，文化发展面临停滞，是摆在广大文化工作者面前的一道难题。

一、广大文化工作者面临前所未有的挑战与考验

1. 线下场馆全面封闭，文化阵地缺失

原本随着人民物质生活水平的不断提升，其对于自身精神文化的需求也越来越强烈。他们日益频繁地依托博物馆、美术馆、文化馆等文化载体，有效地参与文化活动，甚至可以通过亲身体验对文化阵地提出一些建设性意见，促使文化阵地建设蒸蒸日上。可疫情就像一把枷锁，将文化阵地的大门锁上，被迫与公众拉开距离，时间一久，文化阵地的教化文娱功能就会减弱甚至被淡忘。

2. 谣言滋生，扰乱民众的抗疫决心

互联网时代信息畅通，但鱼龙混杂，辨析起来较为困难。有些不法分子为博取眼球，趁机制造一些谣言。有些群众听信谣言，不按联防联控的要求落实具体工作，动摇了抗疫的决心与信心，给国家防控工作带来不小难度。如不去从源头上加以干涉，必然会导致谣言流传，造成严重后果，不利于抗疫成果的产生与巩固。

3. 经济下行，餐饮旅游业等实业受到冲击

疫情来势汹汹，且集中在春节前后这个特殊的时段，客户纷纷退订宴席，取消出行计划，退守家中，让餐饮旅游业损失惨重，节后企业工人无法就位，工厂无法正常运转。这样的状态也直接影响到传统文创产业的发展。

面对疫情的挑战与考验，文化工作者不能随着场馆阵地的关闭而偃旗息鼓，无所作为。而是要适应新环境，充分调研公众需求，刻苦钻研文化传播交流的新方法，达到“以文抗疫，以文化人”的目的。

二、广大文化工作者以文抗疫的使命

1. 狠抓抗疫文化人才队伍建设

要完成疫情下以文抗疫的神圣使命，必须建设一支高素质的人才队伍。这支队伍必须经得起疫情的考验，有相当的使命意识与牺牲精神，勇于冲锋在前，勤干巧干，具有文化感召力，以人为本，服务意识强。这样才能得到人民群众的认可。党员干部作为领头羊，应在一线基层扎根，宣传大政方针，编演精品力作，为人民群众送去温暖与关爱，与他们共克时艰，迎接曙光。

2. 充分利用线上阵地开展活动

线下的场馆封闭，那就尝试利用互联网开展线上活动。以文化系统为例，图书馆、文化馆、博物馆都有自己的微信公众号，原本计划要在线下举办的活动，可以尝试放到线上。像书画摄影展览、文学作品赏析等静态类艺术形式及全民 K 歌大赛、故事演讲大赛等条件允许的动态类艺术形式，均可通过网络进行。通过拍摄的图片与录制的视频，运用网络载体，传达热情。期间，还可根据文艺爱好者的建议，配备网络解说等环节，让网上办活动所产生的社会效益与线下等同。针对一些文艺培训普及工作，也可以通过网络平台进行，有条件的甚至可以设置直播互动房间，增加喜好点赞环节，让教师能够潜心备课授课，形成竞争的长效机制。对于学员来说，足不出户就可以有效地提升自己的文艺素养。

3. 打造全民抗疫命运共同体

疫情就是命令，防控就是责任，疫情仰仗联防联控，必须要有统一的执行思想，才能够统一调度，紧密团结，文化工作者在这一方面就起

到了不可替代的作用。党和政府的一些政策方针的推行，需要通过一些老百姓喜闻乐见的文艺活动，才能够将方针政策传递落实到位。抗击疫情需要高度统一思想，文化工作者需在网络平台上结合当前形势，创作编导出一些脍炙人口的文艺作品。通过网络平台，让老百姓在疫情面前能够明确科学防控、步调一致的重要意义，充分调动抗疫积极性。文化工作者在表演文艺作品时，用自身的一举一动引导群众、感染群众，也让每个人为抗疫事业做出一份力所能及的贡献。

4. 丰富人民群众的业余精神文化生活

针对在家的群众，文化工作者可以利用数字技术对其进行年龄分段，分级分类推送健康的文娱信息，诸如选送优秀的影视资源，供群众欣赏，传导正能量。增强才艺需求供给，比如，开设成人网上才艺培训班，在家休息之余，可以培养或者强化自己的才艺水平。针对青少年要注意才艺培训的趣味性，多设置才艺互动游戏环节，以寓教于乐的方式助其快乐成长。这样才能消弭疫情背景下产生的枯燥与萎靡。针对隔离点与住院治疗的患者，可以通过网络多渠道对他们进行心理疏导，用相声小品等曲艺形式减轻患者心理负担。

5. 源头上杜绝谣言滋生的土壤

文化工作者是中华文化坚定的传播者与践行者，对于传统文化当中的精华之处，应该大力发扬。在疫情中，要发扬万众一心的抗疫精神，诚实守信的做人原则，百折不挠的奋斗精神，实事求是的务实作风，用自身的行动及作品感染更多的人，使其能够恪守做人诚信的原则。文化工作者更应坚持党的领导，拥护党的纲领与决定，发挥党员干部先锋模范作用。大力弘扬抗疫精神、红船精神，及时发布透明真实信息，宣传活跃在抗疫一线的广大医务工作者及公安干警无畏逆行的红色故事，用红色文化感染群众，构筑起抗疫长城。将谣言等不良信息扼杀在摇篮之中。

6. 助力文化产业，尤其是数字文创产业的发展

文化产业对于国民经济是一个十分有益的补充与推动，但一味按照老旧思路是无法持续给予经济推动力的，尤其在疫情背景下，要坚持突破创新，攻坚克难。首先，要充分利用各大网络平台，可依靠明星流量推销产品，将直播营销做到实处，做到人民的心坎里，助力经济复苏。

其次，文化工作者也可以将传统非遗项目结合时尚元素，让文创产品更具中国味，争取更多的受众，从而推动文创产业产业化发展。最后，利用数字技术，让群众能够足不出户预约完成参观心愿，并且全天候、360度无死角、实景游览如故宫博物院、大运河博物馆等大型文化场馆。在一些热门平台上，授权进行热门影视剧的播出。一系列惠民举措能够让经济一点点地复苏乃至强劲起来，减少疫情带来的损失。

三、结语

综上所述，在新冠疫情流行的背景下，我们需要锻造一支高素质的文化工作者队伍，坚定理想信念，具有奉献意识，以数字化为重要推手，助力经济复苏，丰富人民群众的精神文化生活，深刻践行文化志愿服务精神，号召引领大众学习抗疫精神，弘扬传承传统经典文化。广大文化工作者更要勠力同心，不断创新，开拓进取，努力营造全民抗疫、团结一致、以文抗疫的良好局面，迎接后疫情时代的明媚春光。